新军会操

中国近代军演早期形态研究

彭贺超　著

中華書局

图书在版编目（CIP）数据

新军会操：中国近代军演早期形态研究/彭贺超著. —北京：中华书局，2018.4
ISBN 978-7-101-12896-3

Ⅰ.新…　Ⅱ.彭…　Ⅲ.新军-军事训练-研究-中国-近代
Ⅳ.E296.3

中国版本图书馆 CIP 数据核字（2017）第 265389 号

书　　名　新军会操——中国近代军演早期形态研究
著　　者　彭贺超
责任编辑　张荣国
出版发行　中华书局
（北京市丰台区太平桥西里 38 号　100073）
http://www.zhbc.com.cn
E-mail:zhbc@zhbc.com.cn
印　　刷　北京市白帆印务有限公司
版　　次　2018 年 4 月北京第 1 版
2018 年 4 月北京第 1 次印刷
规　　格　开本/920×1250 毫米　1/32
印张 12½　插页 2　字数 210 千字
印　　数　1-3000 册
国际书号　ISBN 978-7-101-12896-3
定　　价　38.00 元

目　录

前　　言

一、“会操”概念厘定

“会操”一词是军事术语，古今语意不同。在今日，“会操”专指军队的队列训练。[①] 在清代，“会操”应是“会合操演”或“会合大操”的简称，属于中国传统兵学词汇。[②] 甲午战前，由于清军在编制、武器、战术、军事学术方面未发生系统性变革，其军事训练普遍以传统操法为主。“会

① 会操：“集中部属对已训课目、内容进行的操演。多用于队列训练。目的是检验训练效果，相互观摩，交流经验，取长补短，共同提高。通常由连、营、团级单位组织实施，并组成评判组，按指定的单位或个人顺序轮流操演，结束后进行讲评。”参见夏征农主编，郑申侠编著：《大辞海·军事卷》，上海辞书出版社 2007 年版，第 51 页。

② 中国第一历史档案馆编：《光绪朝朱批奏折·军务》第 53 辑，中华书局 1995 年版，第 441 页。

操”意指抽调某区域的清军在围场或校场进行的狩猎式或阵式训练，其表现形式如八旗大阅、木兰秋狝及绿营演练阵法等。

在甲午战后的军事变革进程中，“会操”一词被赋予新的内涵。袁世凯、张之洞学习德国军制分别编练的小站新军、南洋自强军及湖北护军营，均属于新式军队。新式军队在编制、武器、战术、军事学术方面发生了系统性的变革，连带而来的是军事训练方式和内容的变化。新军举行了多次对抗演习，这是中国陆军开始组织、实施近代军事演习的标志。这一时期新军对抗演习，主要是较小规模的攻守战、遭遇战形式的战术演习，影响范围有限。新军内部称之为“攻守战”[①]或“操行军队”、“演行军队”[②]等，尚未见使用“会操”一词。直到清末新政期间全国普练新式陆军，军事演习作为练兵的新举措、新思路，在全国新军中推而广之，“会操”一词才开始被广泛用来指称新军的军事演习。

1905 年练兵处大员奏请举办河间会操，奕劻、袁世凯等人称:“东西各国每于秋冬间举行大操，详求赴机应变之方，实行攻守战阵之法……征之经传，如周官四时治兵尤以冬阅为重，我朝大阅、大狩诸典亦以木兰秋狝为特严，皆期励戎行、习战法，协疾徐进退之节，练心胆耳目之用。”[③]这里的“冬阅”，即《周官》中的“仲冬教大阅”，是西周时期军队在冬季开展的狩猎式军事训练;“大阅”，是清朝皇帝亲自校阅八旗的军礼;“木兰秋狝”是清朝皇帝在秋季亲率八旗将士开展的狩猎式军事训

① 《新建陆军兵略录存卷四》，骆宝善、刘路生主编:《袁世凯全集》第 4 卷，河南大学出版社 2013 年版，第 242—244、247 页。

② 徐世昌著，吴思鸥、孙宝铭整理:《徐世昌日记》(点校本)第 21 册，北京人民出版社 2013 年版，第 10339、10340 页。

③ 中国第一历史档案馆编:《光绪朝朱批奏折·军务》第 53 辑，第 441 页。

练。“冬阅”、“大阅”、“木兰秋狝”均属于中国传统军事训练，与近代意义上的军事演习有着本质的区别。奕劻、袁世凯通过征引中国古代典籍或追溯本朝典制，将它们比附为西方近代军事演习的做法，只是为了使河间会操更加名正言顺而已。1905 年 11 月 1 日，阅兵大臣袁世凯、铁良奏报河间会操情形时，解释了本次会操与传统军事训练的区别："伏查此次会操，非第以齐步伐、演技击、肄威容、壮观瞻而已。盖欲以饬戎备、娴战术，增长将士之识力，发扬军人之精神，熟悉于进退攻守之方，神明于操纵变化之用”，其最终目的在于“实习战事”。[①] 应该说，自河间会操始，“会操”一词才有了新的内涵，正式蕴含近代军事演习之意。1906 年阅兵大臣袁世凯、铁良奏报彰德会操情形时，再次强化了“会操”一词的新内涵：“伏查会操宗旨，盖使各军官之调度指挥，各军人之动作服习，一一实验诸经历之地，而平日各行省督练之成绩，各部伍教育之程度，亦将以课其殿最，较其短长。”[②]河间、彰德会操以后，清政府官方和报刊舆论常常使用“会操”指称新军的军事演习。值得注意的是，由于新军大规模的军事演习多在秋季举行，时人也用“秋操”、“大操”称之。如 1906 年贵胄学堂某学生在笔记中对彰德会操有如下记载：“大操者，大阅合操之举，又名秋操，盖秋成之后，田野宏旷，既利于操演兵队，复不致有害田苗，所以恤民间之疾苦如此。今岁大操，以河

① 《会奏遵旨校阅陆军会操情形折(附各清单)》(14—378)，骆宝善、刘路生主编：《袁世凯全集》第 14 卷，第 209 页。

② 《续陈校阅陆军会操详细情形折(附清单六件)》(15—548)，骆宝善、刘路生主编：《袁世凯全集》第 15 卷，第 397 页。

南彰德为战地……大概考两军之调度布置及攻守一切情形。”[①]由于清政府没有硬性规定一个标准的专有词汇，所以，“会操”、“大操”、“秋操”三词均可用来指称清末新军的军事演习。本书以“会操”为主体词汇，实为行文之便，但不排除在引文或习惯指称时使用“秋操”或“大操”。

1904 年练兵处颁行的《陆军营制饷章》规定编练现役、预备役相结合的新式陆军，同时制定了现役、预备役新军的会操规则。对于常备军而言，“应习操法，分门教授，由浅及深”，在完成基本军事训练和各兵种专业训练后，“按期聚集，讨论方略，演习战法”，开展高级阶段的军事训练，即举行会操。[②] 对于预备役部队而言：续备军，“每年十月……由该驻弁调集各兵，带往听候会操，操期以一月为度”；后备军，“第二年、第四年，均须会操，其章程与续备同”。[③] 据学者研究，除常备军编成一定规模外，续备、后备军编练成效甚微，“以致迟到 1909 年末，在全国只有北洋的两个镇有足够后备力量，能在战时达到规定的兵额”；[④]“直至 1911 年，后备军仍然不见踪影”。[⑤] 因此，本书所谓的新军会操，专指常备军会操，即现役部队的军事演习。

就新军会操的情况看，按其目的大体可以分为三种形式。第一种形式是校阅性会操。各地新军编练成军之时，或训练满三年之际，均奏

---

① 《顺承王记秋操事》，顾颉刚著，顾洪编：《顾颉刚学术文化随笔》，中国青年出版社 1998 年版，第 145 页。

② 奕劻等撰：《奏定陆军营制饷章》，中国社会科学院近代史研究所图书馆藏，第 9 页。

③ 奕劻等撰：《奏定陆军营制饷章》，第 3—4 页。

④ [美]拉尔夫·尔·鲍威尔(Ralph Lorin Powell)著，陈泽宪、陈霞飞译：《1895—1912 年中国军事力量的兴起》，中国社会科学出版社 1979 年版，第 203 页。

⑤ [澳]冯兆基(Edmund S. K. Fung)著，郭太风译：《军事近代化与中国革命》，上海人民出版社 1994 年版，第 35 页。

请朝廷派员校阅，会操是校阅过程中的固定科目，其目的是为了检验、考核新军平时的训练情况。第二种形式是训练性会操。每年秋季各省新军自主举行会操，将新军各部置于近似实战的环境下对抗演练，其目的是为了提升新军的实战能力。第三种是集训练性和校阅性为一体的秋季大会操。1905年河间会操、1906年彰德会操、1908年太湖秋操及1911年永平秋操均属此类会操。这四次会操的时间均安排在秋季，每次操期均为四天，前三天举行诸兵种演习，最后一天举行阅兵仪式，兼具训练和校阅新军的双重目的。一方面锻炼官兵的战斗力，"在上者，试出其韬略以为指挥；在下者，服从其命令以勤职务"；另一方面检验新军各部的日常训练情况，"考军队程度之高下，验平日教育之得失"。[①]校阅性会操和训练性会操，分别是由校阅大臣和地方督抚主导，多在一镇或一协新军中举行，规模较小，会操地点也在驻地附近。相比之下，秋季大会操的级别最高、规模最大，通常由清廷钦派阅兵大臣，中央军事领导机构（练兵处、陆军部、军谘府）制定统一的会操计划，参加会操的新军包括多个镇、协，往往达到数万人，而且操地远离驻地，属于跨区域实施的大型军事演习。

二、选题的意义

近代意义上的军事演习最早出现于西方军队中，具有模拟实战环境、多兵种参与、分军对抗演练等基本特征。它是军队训练方式和内容

① 《会奏遵旨校阅陆军会操情形折（附各清单）》(14－378)，骆宝善、刘路生主编：《袁世凯全集》第14卷，第209页。

的一次革命,经历了一个长时期的酝酿过程。17 至 19 世纪西方经过三十年战争、法国大革命、克里木战争、普法战争等一系列战争后,建立了步、骑、炮等合成军事编制,其陆军战术也经过了横队、纵队到散兵线战术的演变。工业革命的蓬勃发展,在为西方社会带来巨大生产力之时,也为战争提供了新的物质技术基础,各种新式武器层出不穷。西方的军事学术也获得了极大的发展,俄、德、法等国先后制定和颁行了陆军训练操典及战斗条令。在惨烈的战争环境中,西方各国不断更新军队的编制、武器、战术及军事学术,相应引发了军事训练方式和内容的变革。俄国率先举行了近代军事演习,法、德等国军队紧随其后。19 世纪末至 20 世纪初,世界各国均频繁举行军事演习活动。[①] 直到 21 世纪的今天,军事演习仍然是世界各国军队常态化的训练科目,并为国与国之间观摩军情提供了一个重要的交流途径。更为重要的是,军事演习慢慢超越了单纯的军事训练功能,往往带有一定的战略指向性。

中国陆军组织、实施近代军事演习,最早可追溯至甲午后编练新军时期。

鸦片战争以后,面对西方列强侵略和国内起义的双重打击,清政府为挽救自身统治发起军事变革运动。晚清的国防力量,由前中期的经制兵八旗、绿营变为咸、同时期以湘、淮军为主体的勇营,再进而变为甲午后的新军。这些繁杂多变的军队名目背后,是晚清军事变革程度的日渐深入,即从军事技术层面到军事制度层面。尤其是甲午后的新军,

---

① 参见[苏]M. A. 加列耶夫著,王勤译:《诸兵种合成军队演习》,解放军出版社 1987 年版,第 7—81 页。

是清政府效仿西方军制编练的现代化军队，其编制、武器、战术、军事学术的全面变革，引发了军事训练前所未有的变化。从甲午战后局部区域新军的对抗演习，到清末新政时期全国新军多种形式的会操，近代军事演习被正式引入到中国陆军中，并经历了不断发展、完善的过程。这深刻地改变了中国军队军事训练的方式和内容，对于北洋政府时期乃至于后来中国陆军举行军事演习起着开风气之先的作用。若追溯中国军队近代军事演习的历史，则不可不谈清末新军会操。毕竟，它处于中国军队组织、实施近代军事演习的起始阶段，代表着中国近代军事演习的早期形态。表面上看，新军会操似乎只是军事训练的变革，但绝不仅止于此，它背后涉及清末新政时期军事领导体制、军事编制、武器装备、军事理论等一系列的变革。由此可见，新军会操既是清末新政时期军事改革成果的综合展示，也是中国军事从传统向现代转型的一个缩影。遗憾的是，以往研究大多集中于新军编练过程、内部制度、武器装备及其与辛亥革命的关系等方面，目前尚无一部以新军会操为研究对象的专著。虽然现有的一些专题论文对河间会操、彰德会操、太湖秋操、永平秋操有过考察，但它们均为个案研究，既忽视了新军会操的复杂形态，也难以揭示中国近代军事演习的发展脉络。因此，研究清末新军会操，既有助于扩大现有的新军研究视野，进一步拓展、深化清末新政时期军事改革的研究，也可以弥补以往学界忽视中国近代军演早期历史的研究缺憾，从一个侧面丰富中国近代军事史的研究。

基于此，本书以新军会操为研究对象，具体考察清末新军从西方引入近代军演并对之发展、完善的过程，客观评价其成效、问题及影响，力求系统、全面地呈现出中国陆军近代军演的早期面相。

三、国内外研究现状

无论是国内学界，还是国外学界，尚未见到一部以新军会操为研究对象的专著，基本是对河间会操、彰德会操、太湖秋操、永平秋操的概述性文字或专题论文，内容详略不等。

国内方面，相关论著多是关于新军四次会操的一般性介绍文字，鲜有具体而微的实证研究。文公直的《最近三十年中国军事史》提及清政府筹办河间、彰德、太湖、永平秋操的情况，对前三次秋操的兵力配置及演习过程有简单叙述。[①] 关于袁世凯的三本传记，也均提及袁世凯任直隶总督期间筹办河间、彰德会操的情况，如《袁世凯全传》[②]、侯宜杰的《袁世凯全传》[③]及李宗一的《袁世凯传》。李著对这两次会操均有积极的评价，称河间会操为"中国历史上第一次大规模的现代化的正式的野战演习"；称彰德会操为"一次更大规模的野战演习"。[④] 史全生的《中国近代军事教育史》介绍了中国军队近代军事教育的发展历程，其中寥寥数语提及了清末新军的四次会操。[⑤] 来新夏等著《北洋军阀史》梳理了河间、彰德会操的参演人数、编制，但仅将两次会操与袁世凯谋

---

① 文公直著：《最近三十年中国军事史·军制（第一编）》上册，周蓓主编：《民国专题史丛书》，河南人民出版社2016年版，第57—60页。

② 佚名：《袁世凯全传》，沈云龙主编：《袁世凯史料汇刊》(17)，文海出版社1966年版，第65页。

③ 侯宜杰著：《袁世凯全传》，当代中国出版社1994年版，第105页。

④ 李宗一著：《袁世凯传》，中华书局1980年版，第105页。

⑤ 史全生主编：《中国近代军事教育史》，东南大学出版社1996年版，第104页。

权造势相关联，某种程度上失去了考察新军会操本身的意义。[①] 唐向荣的《辛亥滦州起义》[②]、赵润生与马亮宽的《辛亥滦州兵谏与滦州起义》[③]考察滦州兵谏及滦州起义的历史背景时，涉及了永平秋操的筹备情况。与上述著作的关注点不同，尚小明的《留日学生与清末新政》揭示了留日学生在筹划河间、彰德、太湖及永平秋操过程中发挥的积极作用；[④]杨典锟的《日本陆军士官学校的中国留学生——以第一至第十一期毕业生为中心的分析》也揭示了留日士官生和日本军事顾问在河间、彰德会操中扮演的角色。[⑤]

另有四篇以河间、彰德、太湖、永平秋操为研究对象的专题论文，有助于深化我们对清末新军四次会操的认识。张华腾的《河间、彰德会操及其影响》、《北洋军河间会操兵力考订》是最早关注、研究新军会操的两篇专题论文。前文细致梳理了河间、彰德两次会操的目的、指挥机构、参演部队、战略任务及演习过程，并概括了两次会操的特点，分析了清末练兵成效及不足之处，最后指出两次会操对于清末政局的影响；[⑥]后文则是爬梳档案后对河间会操参演部队的人数做了扎实的考证，修正了以往对此次会操兵力统计的讹误。[⑦] 彭贺超的《1908 年太湖秋操

① 来新夏等著：《北洋军阀史》上册，南开大学出版社 2001 年版，第 179—181 页。

② 唐向荣：《辛亥滦州起义》，中国人民政治协商会议河北省滦县委员会编：《滦县文史资料》第 7 辑，1991 年内刊，第 31—38 页

③ 赵润生、马亮宽著：《辛亥滦州兵谏与滦州起义》，天津人民出版社 2003 年版，第 74—83 页。

④ 尚小明著：《留日学生与清末新政》，江西教育出版社 2002 年版，第 103—107 页。

⑤ 杨典锟：《日本陆军士官学校的中国留学生——以第一至第十一期毕业生为中心的分析》，《台大历史学报》2012 年第 49 期，第 25—29 页。

⑥ 张华腾：《河间、彰德会操及其影响》，《近代史研究》1998 年第 6 期。

⑦ 张华腾：《北洋军河间会操兵力考订》，《历史档案》1998 年第 4 期。

考实》、《宣统三年的永平秋操》则是考察太湖、永平秋操的两篇专题论文。前文依据相关史料，辩驳了以往学界对太湖秋操的错误认识，指出太湖秋操并没有因光绪、慈禧太后去世停操或熊成基安庆起义草草收兵，而是如期进行了三天的诸兵种演习，只是最后一天停办了阅兵仪式，这对于南方新军的现代化进程具有积极的意义；[①]后文同样依据史料辩驳了以往学界关于永平秋操动机、操期的错误认识，重现了永平秋操的筹备、终止过程，并从军事动员的角度考察了其对辛亥时局的潜在影响。[②]

国外方面，有两部学界公认的关于清末新军研究的力作，即美籍学者鲍威尔的《1895—1912 年中国军事力量的兴起》和澳籍学者冯兆基的《军事近代化与中国革命》。鲍威尔认为 1904 年至 1906 年中国军事改革成效显著，书中引用一些国内学者所不易接触的外文档案史料揭示了河间、彰德会操的成就及其不足，这一点弥足珍贵。[③] 冯兆基考察军事改革引起的社会反响时，提及了河间、太湖秋操期间军民关系的改善。[④]

国内外学者的相关研究成果，为本书深入研究新军会操提供了良好的学术基础。遗憾的是，以往研究仅仅聚焦于清末新军四次会操，进行个案研究，一方面，忽视了新军会操的多种表现形式及其制度化的过

① 彭贺超：《1908 年太湖秋操考实》，《历史档案》2012 年第 4 期。

② 彭贺超：《宣统三年的永平秋操》，《历史档案》2014 年第 2 期。

③ [美]拉尔夫·尔·鲍威尔(Ralph Lorin Powell)著，陈泽宪、陈霞飞译：《1895—1912 年中国军事力量的兴起》，第 179—193 页。

④ [澳]冯兆基(Edmund S. K. Fung)著，郭太风译：《军事近代化与中国革命》，第 135 页。

程；另一方面，缺乏宏观视角，无法从中国近代军演发展史的角度进行考察和评价。凡此种种，难以系统、完整地揭示新军会操的全貌及其在中国近代军事史上的地位。

四、研究思路

本书写作的目的，绝不在于考察某一次或某几次新军会操，而是以新军会操为切入点，揭示中国陆军近代军演早期史的相关情况。[①] 本书致力于回答以下问题：甲午战前清军的军事训练中为何没有产生近代意义上的军事演习？甲午战后新军从西方引入近代军事演习的过程及其表现形式是什么？近代军事演习进入新军后经历了怎样的发展、完善过程？期间取得了什么成就？遭遇了怎样的问题？在中国近代军事史上具有怎样的影响？

为此，本书在借鉴前人成果的基础上，开展研究时特别注意研究方法的改变，即不再局限于以往新军四次会操的个案研究，而是将新军会操置于中国近代军事转型进程中进行考察和评价。在研究内容上，既从宏观角度勾勒出近代军演进入晚清新军后的发展脉络，也从微观角度区分新军会操的复杂形式，由此揭示出中国近代军演的早期形态。

① 按：笔者在考察中国近代军演早期史方面有过一定的研究积累。本书中的部分章节就是在笔者发表的相关论文基础上形成的。其中，第二章的内容来自《甲午战后新军军事对抗演习述论》（《军事历史研究》2013 年第 4 期），第三章的第二节、第三节及第四章的第一节等内容来自《北洋新军会操研究》（《中央研究院近代史研究所集刊》2013 年第 80 期）。当然，本书并非完全照搬原论文的内容，而是利用新资料进行了较大幅度的修改。后文不再标注，特此说明。

在史料方面,除了官方档案、文集、日记、笔记、报刊外,还运用以往学界较少注意的中国社会科学院近代史研究所图书馆和档案馆、北京大学图书馆、国家图书馆馆藏古籍文献,以及“亚洲历史资料中心”(http://www.jacar.go.jp/)藏的日文史料。

第一章　甲午战前清军操法的演变

17 世纪至 19 世纪是西方军事飞跃发展的时期。西方军队的编制、武器、战术、军事学术发生了系统性变革，深刻地改变了军事训练的方式和内容，最终产生了近代军事演习。军事演习是军队完成基本军事训练和诸兵种军事技术、战术训练后开展的近似实战的综合性训练，属于军事训练的高级阶段。同一时期，中国在军事领域处于因循守旧的状态，清军内部没有发生系统性的变革。随西学东渐大潮而来的西方军事技术，一定程度上改变了清军的武器面貌。然而，清军仅有武器装备的片面发展，还不足以推动军事训练的转型。经制兵八旗、绿营依旧采用徒饰观瞻的传统操法，勇营淮军积极引入西式操法，却只是徒具其形而已。甲午战前，清军的军事训练几乎没有发生质的改变，未见有组织、实施近代军事演习的活动。

第一节　经制兵与传统操法的衰落

明末清初,既是中国历史上改朝换代的动荡时期,也是东西方世界接触、交流的时代。在西学东渐过程中,陆续来华的传教士利玛窦、汤若望、南怀仁等充当了传播西方科学技术和物质文明的主体。他们带来的相当一部分西方科学技术,尤其是军事技术为明清朝统治者所接受和利用。不过,西方军事技术的东传,只是在一定程度上改善了清军的武器装备状况,没有引发清军内部的系统性变革,经制兵八旗、绿营的军事训练仍以传统操法为主。

一、西方军事技术的东传与中断

早在明嘉靖年间,已有佛朗机炮、鸟铳这样的西式火器传入国内。明中后期,东北崛起的满族和遍地而起的农民起义使明政府陷入统治危机之中,“内有流寇之扰乱,外遭满清之侵略,库藏空虚,战多不利……西洋火器亦即于是时输入”。[①] 徐光启、李之藻、孙元华、张焘、焦勖等一批中国火器研制家,通过向利玛窦、汤若望等传教士学习西方的军事技术,引进、仿制了一大批红夷炮。[②] 在辽东战场,明军面对驰骋善射的后金八旗兵,红夷炮、鸟铳等火器一度成为战场利器,先后取得

① 徐宗泽编:《明末清初灌输西学之伟人》,沈云龙主编:《近代中国史料丛刊》第 56 辑,文海出版社 1970 年版,第 52—53 页。

② 王兆春著:《中国火器史》,军事科学出版社 1991 年版,第 219—224 页。

了宁远、宁锦大捷。后金八旗兵陆续装备西洋火器后，明军开始丧失武器优势，“目前火器，所贵西洋大铳，则敌不但有，而今且广有矣”。[①] 皇太极大量仿制红衣炮，并用于进攻大凌河、于子章台的战役中，连战连胜。这两次战役，极大改变了明军和后金军火器装备数量的对比。对于明朝而言，关外的明军丧失了大批西洋火炮，削弱了其防御能力。对于后金而言，积极装备红衣炮攻城略地，提高了其攻击能力，“至红衣大炮，我国（后金——引者注）创造后携载攻城自此始……自此凡遇行军，必携红衣大将军炮”。[②]

明末清初，战乱频仍，西洋火炮的巨大威力使明、清统治者认识到制器的重要性。明、清双方均从实用角度出发引进和仿制西式火炮，但二者对西方军事技术的态度存在微妙差别。明朝自尊自大的正统心态难以摒弃华夷之见而较为保守，新崛起之清政权则锐意进取而后来居上，致使双方的武器优势发生逆转。[③]

清廷入关后，重用传教士汤若望、南怀仁铸造火炮。镇压三藩之乱期间，康熙帝谕令南怀仁铸造机动性较强的火炮，“兵部大军进剿，须用火器。着治理历法南怀仁铸造大炮，轻利以便涉”。[④] 1674 年至 1676 年，南怀仁“共制大小炮一百二十位”，1680 年他“又奉旨铸造战炮三百二十位，继又造神威炮二百四十位”，1682 年，他又“进呈《神威图说》，

---

① 汤若望授，焦勖述：《火攻挈要》，中华书局 1985 年版，第 3 页。

② 《太宗文皇帝实录》，《清实录》第 2 册，中华书局 1985 年版，第 138 页。

③ 张小青：《明清之际西洋火炮的输入及其影响》，中国人民大学清史研究所编：《清史研究集》第 4 辑，四川人民出版社 1986 年版，第 89—90 页。

④ 清高宗敕撰：《清朝文献通考》第 2 册，商务印书馆 1936 年版，第 6587 页。

理论二十六,图解四十四”。[①] 康熙帝对西方军事技术表现出异乎寻常的关注,法国传教士白晋注意到其开明态度:“他一了解到欧洲人铸造大炮与迫击炮的方法,就大量仿造。他下令铸造大小不一的战炮,并训练一批炮手,使他们学会使用战炮和发射炮弹的技能。”[②]康熙时期,连年的战争刺激了各式鸟枪、火炮的改良和大批量制造,其中多数是由南怀仁采用西法设计、监造的。1691 年,康熙帝设立八旗火器营,“专司教演火器”。[③] 由于火器营仅是挑选部分八旗兵装备火器,并非全部八旗兵都是如此,当然不足以引起八旗内部的系统性变革。

自康熙后期,国内形势日趋稳定,火器的需求量和制造量日渐萎缩,清政府铸炮的频率和数量大幅度下降,火炮类型也无创新而墨守成规。[④] 虽然雍正、乾隆时期仍留用了一批传教士在宫中服务,但皇帝本人“对西方科学没有兴趣,追求的只是西洋玩物”。[⑤]

康熙以后,雍正、乾隆开始改变对西方传教士容留、利用的开明态度,厉行禁教政策。清政府又下令关闭江、浙、闽三海关,仅留粤海关一口对外通商。清政府严厉对待西方传教士和实施一口通商政策,一定程度上为中西交流设置了难以逾越的屏障。1793 年马戛尔尼访华时,带来欧洲工业革命最新科学技术,其中包括装备最大口径的火炮 110

---

① 徐宗泽编:《明末清初灌输西学之伟人》,沈云龙主编:《近代中国史料丛刊》第 56 辑,第 54 页。

② [法]白晋著,马绪祥译:《康熙帝传》,中国社会科学院历史研究所清史研究室编:《清史资料》第 1 辑,中华书局 1980 年版,第 237 页。

③ 清高宗敕撰:《清朝文献通考》第 2 册,第 6419 页。

④ 清高宗敕撰:《清朝文献通考》第 2 册,第 6587—6589 页。

⑤ 吴伯娅著:《康雍乾三帝与西学东渐》,宗教文化出版社 2002 年版,绪论,第 14 页。

门的“君主号”战舰的模型，榴弹炮、迫击炮等火炮，卡宾枪、步枪、连发手枪等枪械。[①] 但是，清政府以天朝上国的态度对其视而不见、听而不闻，西学的输入渐趋中断。西方军事技术对于中国军事领域的影响随之音沉响绝，清军武器装备趋于保守而鲜有创新。在康乾盛世之中，武器装备发展的停滞不前，更无引发清军编制、战术及军事训练变化的可能。

二、八旗的大阅和木兰秋狝

努尔哈赤时期，创设正黄、正白、正红、正蓝四旗，后又增设镶黄、镶白、镶红、镶蓝四旗，满洲八旗军由此建立。皇太极继承汗位后，增设蒙古八旗和汉军八旗，旗制与满洲八旗同，八旗制度得以完善。清廷定鼎北京后，为适应统治全国的新形势，将八旗定制为经制兵。根据居重驭轻、强干弱枝的原则，以十余万精锐厚集京师，编为禁旅八旗。禁旅八旗，依据编制和职责分为朗卫、兵卫。朗卫从镶黄、正黄、正白旗等上三旗中挑选优秀军士组成，负责宫禁安全。兵卫由骁骑营、前锋营、内府三旗、护军营、步军营组成，后增设火器营、健锐营和虎枪营，负责京城安全。同时，在全国各大省会、重要城镇、水陆要冲、边疆海防，实施八旗驻防，分畿辅驻防兵、东三省驻防兵、直省驻防兵、新疆驻防兵四类，主要是控制京师以外的重要军事据点，镇压全国各族人民的反抗，并监

---

① ［法］佩雷菲特（Peyrefitte，A.）著，王国卿等译：《停滞的帝国：两个世界的撞击》，生活·读书·新知三联书店 2013 年版，第 66—67 页。

视绿营。①

八旗以骑兵为主兵种，装备弓矢刀矛等冷兵器，尤重骑射。皇太极宣称骑射“系我国制胜之技”，被清朝统治者奉为圭臬。② 至雍正时期，仍秉持“满洲夙重骑射”的传统，八旗将士“不可专习鸟枪而废弓矢，有马上枪箭熟习者，勉以优等”。③ 清朝前中期西式火器的传入，只是改善了部分八旗的武器装备，大部分的八旗兵仍以冷兵器为主。

清政府根据禁旅八旗和驻防八旗的差异，制定“定期训练”和“随时训练”两类训练形式。“定期训练”，也称“京营训练”，领侍卫府三旗亲军、八旗骁骑营、前锋营、护军营、步军营、内府三旗、火器营、健锐营等定期开展的日常军事训练，以练习骑射、步射、鸟枪、火炮为主，春、秋两季合操。④ 驻防八旗，由各地驻防将军、都统负责训练，与京营训练类似。

“随时训练”是在八旗完成基本军事训练和军事技术、战术训练后，抽调部分八旗举行大阅和木兰秋狝。大阅是清朝皇帝检阅八旗的阅兵仪式，木兰秋狝是清朝皇帝率领八旗在围场以狩猎形式进行的军事训练。

八旗大阅，始于皇太极沈阳阅兵，初无定制。1633 年，皇太极亲自检阅八旗官兵，“是为大阅之始”。1656 年顺治帝规定，在南苑每三年一次大阅。康熙帝也经常在南苑、玉泉山、卢沟桥举行大阅，只是举行

---

① 陈高华、钱海皓总主编：《中国军事制度史：军事组织体制编制卷》，大象出版社 1997 年版，第 417—425 页。

② 《太宗文皇帝实录》，《清实录》第 2 册，第 179 页。

③ 赵尔巽等撰：《清史稿》第 14 册，中华书局 1976 年版，第 4123 页。

④ 赵尔巽等撰：《清史稿》第 14 册，第 4119—4120 页。

的时间、地点均有变通，“地无一定，时亦不以三年限也”。[1] 1728年，雍正帝将大阅制度化，对参加大阅的官兵数目、器械、营伍等均有明确规定。大阅之前，先由兵部奏请，皇帝批准后，阅兵大臣负责大阅的筹备工作，挑选八旗将士、选择大阅地点及日期、安排皇帝行程等。一切筹备就绪后，参加大阅的八旗将士依次排列于校场之上，“八旗各建号纛于本旗汛地，中列八旗汉军鹿角于阵前，次列汉军炮车，左右列满洲炮车，鸟枪护军马甲依次排列。八旗前锋在火器营兵之后首队之前排列，其次护军马甲，各按本翼本旗排列成阵，次队护军马甲，在首队兵后，按翼、按旗排列。又设两翼援兵于首队两旁，各张旗帜”。皇帝及王公大臣身披甲胄，侍卫亲军随行其后，由首队开始，自左翼而右翼，遍阅各营。尔后，各营开操，先由“蒙古画角”、“亲军海螺”、“传令海螺”等传令兵依次鸣号。“麾红旗，则炮枪齐发，鸣金则止，如此九次，至第十次连环齐发，鸣金三次，连环乃止。满洲炮至第七次停发，将炮驮载马上，入队随行。连环发毕，鸣金后，鹿角分为八门，首队前锋、护军马甲排开驻立。次队亦随进，在炮枪之后驻立。首队排齐候鸣螺，皆声喊前进。两翼应援兵，亦斜向前进，以次及殿后兵进。八旗火器营炮位、鸟枪护军马甲、首队前锋护军马甲，按数各赴本旗号纛相近处驻立。将鹿角分为八行，鸣螺而回，在原排列处排立。首队兵回后鸣螺，殿军亦结队回鹿角内，在原排列处排列毕。兵部堂官奏大阅礼成。”[2]清前中期，勤于武备的顺、康、雍、乾几任皇帝执行大阅颇有成效。但是，雍正帝曾批评大

---

① 赵尔巽等撰：《清史稿》第10册，第2665页。

② 《兵部·大阅·大阅规制一》，昆冈等修：《钦定大清会典事例》卷704，光绪重修本。

阅不宜实战之弊,“此第训练一端耳,遇敌决胜,在相机度势,神而明之,存乎其人,岂区区阵伍间遂足以制敌耶”?[①] 不过,八旗大阅相沿不废,直到嘉庆时仍如是举行,然徒饰观瞻而已。

木兰秋狝是八旗兵将野兽作为假想敌的狩猎式训练,这一点与仪式性的大阅颇有不同。女真族向以狩猎为生,“清自太祖奋迹东陲,率臣下讲武校猎习兵,太宗踵而行之”,八旗兵驰骋善射实得益于狩猎式训练。禁旅八旗行围始于顺治时期,1662 年,康熙帝设立行围住所之护军统领、营总等官职,负责行围事宜。1681 年,康熙出巡山海关、乌拉等地区,沿途考察地势并习武田猎,后选定古北口外水草茂盛、群兽聚集区域为行围地点,建立木兰围场,“木兰蒐猎始此”。[②] 雍正、乾隆两朝沿袭,完善规制、扩大围场规模。木兰秋狝时间均在秋季,为期二十天左右。每次围猎前,各地驻防将军、都统选调材官赴京肄习,以充作合围时的“围墙”。筹备工作就绪后,秋狝依照行军、出哨、布围、合围、射猎、散围、行赏、赐宴等程序进行。皇帝身披甲胄,携弓佩刀,亲率将士开赴围场。统围大臣按旗整队,设黄旗为中军,红、白旗为两翼,蓝旗为辅助部队,各军皆受中军节制。布围形式有“行围”和“合围”两种:“盖围制有二,驰入山林,围而不合,曰行围……合围者,则于五鼓前,管围大臣率从猎各士旅往视山川大小远近,纡道出场外,或三五十里,或七八十里,齐至看城,是为合围。”布围结束后,黎明之前,皇帝“入中军周览围内形势”,率御前大臣、侍卫及射手、虎枪手开始射杀野兽。散围

---

① 赵尔巽等撰:《清史稿》第 10 册,第 2666 页。

② 赵尔巽等撰:《清史稿》第 10 册,第 2668 页。

后，八旗将士将斩获的兽类进献，皇帝行赏赐宴，木兰秋狝至此结束。[①] 木兰秋狝之时，八旗将士全副武装，严阵以待，策马奔袭，围捕野兽，有利于提升八旗兵的作战能力。

嘉庆时期，清王朝已进入中衰期。由于养尊处优的王公大臣避劳偷安、八旗兵骑射荒废、围场管理废弛及马政管理混乱，木兰秋狝存在严重的腐败现象。木兰秋狝不复往日盛况，无论是规模还是效果都远逊于康、乾时期。虽然嘉庆帝有重振木兰秋狝制度的行动，但无法阻止其日渐衰落的趋势。[②]

三、绿营的阵式训练

绿营是清朝入关后建立的经制兵。绿营制度，继承明代镇戍制度而来。清政府为有效统驭辽阔地域，效仿明代卫所扼险设镇戍守的制度，从 1644 年至 1659 年，先后在直隶、山东、山西、江南、陕甘、河南、江西、湖广、四川、浙江、福建、广东、广西、贵州、云南设置绿营，由畿辅逐渐扩展至边疆。绿营的首要任务是镇压各地叛乱，维持地方秩序。此外，绿营还担负西北用兵、东南海防和边防、屯戍卫、差役以至河工、漕运、守陵等任务。绿营与八旗成为清朝两大军事支柱，共同构织成一张组织严密的统治网。清政府按照地形原则，划分为直隶、山东、山西、河南、两江、闽浙、湖广、陕甘、四川、两广、云贵等 11 个绿营军区。绿营营

---

① 赵尔巽等撰：《清史稿》第 10 册，第 2670 页。

② 何瑜：《嘉庆皇帝与木兰秋狝》，戴逸主编：《清史研究与避暑山庄：中国承德清史国际学术研讨会论文集》，辽宁民族出版社 2005 年版，第 175—181 页。

制分标、协、营、汛四级,标的任务是集中训练以备调遣,归总督节制者称为督标,归巡抚节制者称为抚标,归提督节制者称为提标,归总兵节制者称为镇标;协的任务是协守本镇的要害,归副将节制;营的任务,是分守本镇各地扼要的城邑关隘,归参将、游击、都司、守备节制;汛的任务是分汛备御,一般设在比较偏僻的县邑或是繁盛的市镇,不用特建专营。绿营兵种,分步兵、马兵、守兵三大兵种。①

绿营武器装备,既有甲胄、弓矢、刀斧、矛戟、椎梃、蒙盾、梯冲、金鼓等冷兵器,又有鸟枪、火炮等热兵器,处于冷、热兵器混用阶段。从1727年到1732年,清政府先后规定各省绿营装备冷兵器、热兵器的比例,进一步强化了绿营冷、热兵器兼用的原则。鸟枪兵一般占40%—50%,加上约10%的炮兵,热兵器约占60%左右。一直到19世纪中期,绿营中冷、热兵器的这一比例基本没有太大改变。②

绿营训练制度,沿袭明代。单兵战术训练,包括冷兵器、热兵器训练。冷兵器训练又分为进攻性和防御性训练。进攻性训练以弓箭训练为主,弓箭训练又分为步射和骑射。此外,还包括长矛、大刀、板斧等训练。防御性训练包括蒙盾、藤牌训练等内容。热兵器训练以枪、炮训练为主。单兵火枪训练主要是操练鸟枪;火炮训练包括炮手的火炮操作、瞄准、装填、测距、施放等动作要领,此外,各炮手还有协同动作、人马炮车驾驭训练等内容。③

---

① 详见罗尔纲著:《绿营兵志》,中华书局1984年版,第13—228页。

② 《中国军事史》编写组编著:《中国历代军事装备》,解放军出版社2006年版,第185页。

③ 张英辰、王树林主编:《中国近代军事训练史》,军事科学出版社2010年版,第56—57页。

绿营在完成基本训练和军事技术、战术训练后，实施高级阶段的军事训练，主要演练各种阵法，“绿营阵法，向习两仪、四象、方圆等旧式”。[①] 这些阵法皆为中国传统操法，主要是训练绿营的战斗队形，使各兵的动作保持一致，在同一时间使用武器。在枪炮技术简陋的时代，密集的战斗队形有利于发挥军队的战场凝聚力，集中力量抵御或打击敌人。不过，阵式训练容易滋生流弊，重虚文而忘实际，单纯追求步伐整齐、队形美观，却完全脱离了实际的战斗要求。康、雍、乾三朝绿营兵力强盛之时，士兵尚能通过不断的实战保持战斗力。到乾隆中叶，无事征战，脱离战场的士兵进行不切实用的阵式训练，自然无法再保持战斗力，沦为积弱之师。[②] 1785 年陕甘总督福康安上折批评绿营的阵式训练，“两仪、四象、方圆各式皆传自前朝，相沿旧样，平时较〔校〕阅虽属可观，临敌打仗竟毫无实用。在各营演试之时，明知所习非所用，不免视同具文，饰观塞责”。[③] 1804 年嘉庆帝在谕令中批评绿营阵式训练的流弊：“今绿营积习，于一切技艺率以身法、架式为先，弓力软弱取其拽满适观，而放枪时装药下子任意迟缓，中者十无一二，即阵式杂技亦不过炫耀观瞻，于讲武毫无实效。”[④]随着近代枪炮技术的迅猛发展，在战场上使用密集队形无异于自杀，绿营的阵式训练更是难以适应现代战场了。

明末清初的西学东渐，是中国认识世界的一个难得的机遇和途径。

---

① 赵尔巽等撰：《清史稿》第 14 册，第 4124—4125 页。

② 罗尔纲著：《绿营兵志》，第 257—260 页。

③ 仁和琴川居士编：《皇清奏议》第 10 册，沈云龙主编：《近代中国史料丛刊三编》第 99 辑，文海出版社 2006 年版，第 5356—5357 页。

④ 故宫博物院编：《钦定中枢政考三种》第 6 册，海南出版社 2000 年版，第 3 页。

西方军事技术的东传,一定程度上促进了中国陆军武器装备的发展。遗憾的是,入关后的清朝统治者在盛世光环的笼罩下自断其路,西方军事技术东传的渠道中断。在康乾盛世之中,八旗、绿营的编制、武器失去自觉改革的动力。加上清代厉行文化专制政策,军事学术也停滞不前,很多兵学家逃避现实、缺乏创新精神,只是"相互抄袭或复述古人的理论为能事","真正有价值、有创见的兵书很少"。[①] 即使清政府内部出现了批评八旗、绿营操法弊病的声音,但在编制、武器、军事学术因循守旧的情况下,很难在军事训练方面做出实质性的改革。鸦片战争结束后,魏源在《海国图志》一书中呼吁从战舰、火器及养兵、练兵之法三个方面学习"夷之长技",明确提出了"师夷长技以制夷"的主张。[②] 然而,道光帝并没有从战败中汲取教训,在学习西方军事技术方面踌躇不前,清朝统治者继续做着天朝盛世的迷梦。[③] "师夷"的主张受到鄙视,"天朝全盛之日,既资其力,又师其能,延其人而受其学,失体孰甚……反求胜夷之道于夷也,古今无是理也"。[④] 在天朝盛世观念的束缚下,"师夷长技"的呼声也逐渐湮没无闻,八旗、绿营依旧墨守成规,其军事训练的革新更无实现的可能。直到咸、同时期,绿营徒饰观瞻的阵式训练仍相沿不废,对它的批评之声也不绝于耳。咸丰时期,张集馨亲眼看到福建绿营杂耍戏般的操练情形:"抬枪约有十余杆,鸟枪不足百杆,其

① 《中国军事史》编写组编著:《中国历代军事思想》,解放军出版社 2006 年版,第 339 页。

② 魏源撰,陈华等点校注释:《海国图志》上册,岳麓书社 1998 年版,第 26 页。

③ 茅海建著:《天朝的崩溃:鸦片战争再研究》,生活·读书·新知三联书店 2005 年版,第 565—567 页。

④ 梁廷枏撰,邵循正点校:《夷氛闻记》,中华书局 1959 年版,第 172 页。

余短棍铁叉，藤牌数面，喧嚷跳掷，去而复来，以一布横档中间，由场上退入档左者，即可由右复出。”他进而批评说：“各项杂技操毕，复打连环数声，吹擂而退，不但临敌无用，即以操演论，亦复如同儿戏。”[①]同治时期，左宗棠也批评说：“其练之也，演阵图，习架式，所教皆是花法，如演戏作剧，何裨实用？”[②]

第二节　勇营与西式操法的引入[③]

迭经两次鸦片战争的冲击，八旗、绿营已不足恃，但继续享有清朝经制兵的地位。咸、同之际，太平天国起义再次横扫绿营，湘、淮军应势崛起，勇营在晚清历史舞台上崭露头角。第二次鸦片战争后，朝野对西方列强的侵略真正有了切肤之痛。士林弥漫的忧患意识逐步汇合成一股近代救亡思潮，在这一思潮的影响下出现了力倡西学的早期改良派和洋务派。其中，冯桂芬提出“以中国之伦常名教为原本，辅以诸国富强之术”，[④]即众所周知的“中体西用”论。在这一理论指导下，清政府

---

① 张集馨撰，杜春和、张秀清点校：《道咸宦海见闻录》，中华书局1981年版，第280页。

② 《闽浙兵制急宜变通谨拟减兵加饷就饷练兵折》，左宗棠撰，刘泱泱等校点：《左宗棠全集·奏稿三》，岳麓书社2009年版，第110页。

③ 按：第二次鸦片战争后，清政府先是聘请外国军官按照西式操法训练八旗、绿营，在天津、广州、福建、湖北编练洋枪队，然成效不彰。其后又在直隶抽调绿营筹建练军，参仿勇营军制、配备西式枪炮、练习西式操法，各省皆有效仿，但同样无甚成效。参见樊百川著：《清季的洋务新政》第2卷，上海书店出版社2009年版，第716—728、870—896页。洋枪队、练军在清末国防中并未占据重要地位，影响有限。因此，本节以勇营淮军引入西式操法为主线，不再赘述洋枪队、练军的军事训练状况。

④ 冯桂芬著：《校邠庐抗议(选录)》，中国史学会主编：《中国近代史资料丛刊·戊戌变法》(一)，上海人民出版社1957年版，第28页。

积极学习西方先进的军事工业技术。当时的淮军统帅、后来成为洋务运动中坚人物的李鸿章,在援师上海过程中切身体会到西方武器的先进,也呼吁“中国欲自强,则莫如学习外国利器”。[①] 淮军率先大规模地装备西式枪炮,在军事训练中先是引入英国、法国操法,后又改练德国操法。

一、勇营武器装备的现代化

晚清陆军大规模地装备现代化枪炮,首推淮军。镇压太平天国期间,湘军统帅曾国藩、淮军统帅李鸿章对先进的西式武器均有深切体会,只是二者对于采用西式武器的态度有所不同。面对弟弟曾国荃需用西式枪炮的请求,曾国藩以鲍超军中无西式枪炮也“屡当大敌”的事例,告诫说:“制胜之道,实在人而不在器。”[②]曾国藩给李鸿章的信中,也用和春江南大营中装备西式枪炮“无救于庚申之溃”的事例,阐述“在人而不在器”的思想。[③] 其后,曾国藩在给曾国荃的信中,虽然赞同购置、使用西式枪炮,但仍强调“我军仍当以抬、鸟、刀、矛及劈山炮为根本”。[④] 在曾国藩这一思想的指导下,冷、热兵器各半,成为湘军武器装

---

① 《李鸿章函(答制火器)》,中华书局编辑部、李书源整理:《筹办夷务始末》(同治朝)第3册,中华书局2008年版,第1089页。

② 曾国藩著,李瀚章编撰、李鸿章校勘:《曾文正公家书》上册,同治元年九月十一日,线装书局2015年版,第402页。

③ 《致李少荃中丞》,曾国藩著,李瀚章编撰、李鸿章校勘:《曾文正公全集·书札(二)》第12册,线装书局2014年版,第344页。

④ 曾国藩著,李瀚章编撰、李鸿章校勘:《曾文正公家书》上册,同治元年九月二十九日,第409页。

备的基本原则，“每营四哨，每哨八队，火器占半，刀矛占半，所带各营皆如此”。[①] 湘军一营之中，共分 38 小队，其中枪队（抬枪 8 队，小枪 9 队）有 17 队，抬枪、鸟枪仍是枪队之主体；炮队 2 队，装备劈山炮；刀矛 19 队，以长矛和长刀等冷兵器为主。对西式武器持保守态度，应该是湘军一以贯之的作风。中法战争期间，两广总督张之洞就说，“特是湘军营坚战勇，而于洋式军火每多不屑深求”。[②]

淮军初创时虽沿袭湘军编伍成军，但李鸿章并不墨守成规。尤其是援师上海期间，英、法军队的先进武器给李鸿章带来震撼的冲击，“其大炮之精纯，子药之细巧，器械之鲜明，队伍之雄整，实非中国所能及”。[③] 很快，在李鸿章的主导下，淮军开始大规模地装备西式武器。1865 年李鸿章奏称，淮军普遍装备了西式武器，“臣军久在江南剿贼，习见洋人火器之精利，于是尽弃中国习用之抬、鸟枪而变为洋枪队。现计出省及留防陆军五万余人，均有洋枪三四万杆，铜帽月须千余万颗，粗细洋火药月需十数万斤，均按月在上海、香港各洋行先期采买，陆续供支”。[④] 除各营改用洋枪外，淮军抛弃劈山炮而装备西洋炸炮，设置独立的炮队。1863 年初，在李鸿章军中，张遇春的春字营已有炮队两百名参与战阵，这是淮军正式成立专门的炮队，也标志着中国炮兵制度

---

① 王定安纂，王廷学校：《曾文正公水陆行军练兵志》卷三，文海书局 1884 年刊本，第 18 页。

② 《教练广胜军专习洋战片》，赵德馨主编：《张之洞全集·奏议》第 1 册，武汉出版社 2008 年版，第 299 页。

③ 《上曾中堂》，顾廷龙、戴逸主编：《李鸿章全集·信函(一)》第 29 册，安徽教育出版社 2008 年版，第 186 页。

④ 《复陈奉旨督军河洛折》，顾廷龙、戴逸主编：《李鸿章全集·奏议(二)》第 2 册，第 303 页。

的发轫。1864 年夏,淮军的开花炮队已有 6 营,分别是刘秉章 1 营、刘铭传 1 营、罗荣光 1 营、刘玉龙 1 营、余在榜 1 营、袁九皋 1 营。[①] 1868 年,镇压捻军起义后,淮军从西方购买并普遍装备了大批的前装滑膛枪炮,"如英国的博克萨、布仑司威克、洛威尔(Lovell)、卡德特(Cadet)、斯涅德(Snider)、格林纳(Grenner),法国的米涅(Minie)、德尔文(Dalvigne),以及德意志、瑞士等国的前装滑膛枪;有 8 磅、12 磅、24 磅、32 磅、68 磅、108 磅等轻型、中型和重型火炮"。[②] 此时,西方军队均装备后膛枪炮,而淮军配备的前装滑膛枪炮已经落伍。不过,西方各国也有一些新式后膛枪炮传入中国,如美国的林明登枪、英国的士乃得枪、德国的克虏伯后膛钢炮。李鸿章比较各国枪炮优劣后,"拟令各营酌换士乃得枪,而间以林明登,认真操习,由渐而精";至于火炮,先是购买德国"克鹿卜大小炮五十余尊",后又发现"美国格林连珠炮为精捷",购买数十尊"以备游击要需"。[③] 李鸿章时刻关注着西方军事技术的发展,他发现同治初年"洋人与我军所用者皆系前门枪炮,尚无后膛名目",其后,"西洋军实日新月异,各国尽改用后膛新式枪炮,操练精熟"。[④] 光绪年间,李鸿章又购置了德国的毛瑟枪、法国的哈乞开思枪等两种后膛步枪,饬令淮军更新装备,将士乃得、林明登前膛枪"一律改用哈乞开思、毛瑟等新式",试图仿照"西兵枪用一式"之法,初步实现制

---

① 王尔敏著:《淮军志》,广西师范大学出版社 2008 年版,第 85 页。

② 王兆春著:《中国火器史》,第 327—328 页。

③ 《附议复条陈》,顾廷龙、戴逸主编:《李鸿章全集 · 奏议(六)》第 6 册,第 161 页。

④ 《复总署 · 论购新式火器》,顾廷龙、戴逸主编:《李鸿章全集 · 信函(五)》第 33 册,第 350 页。

式划一。[1] 李鸿章还在原淮军炮队的基础上，陆续添购德国克虏伯四磅钢炮数百尊，参酌德军和淮军营制饷章创立炮队。[2] 淮军的武器装备紧随西方武器的发展步伐，经历了从新旧枪炮、冷兵器混用阶段到普遍使用前装滑膛枪炮的阶段，再到后膛枪炮的阶段。"要论中国近代军队首先有计划的有步骤的改用西洋新式兵器，使那运用古老简陋兵器的军队，改变为近代化兵器的军队，实自淮军始。"[3]

二、湘军坚持阵式训练

1853 年冬，清廷谕令丁忧在籍的礼部侍郎曾国藩办理湖南团练。曾国藩奉旨后上奏练兵对策，痛斥绿营积弊，指出绿营战败的原因在于未经训练、无胆无艺。为纠正绿营积弊，曾国藩决定效仿明朝大将戚继光的练兵束伍之法，确立了湘军军制。湘军编制以营为基本单位，每营 500 人，每营下辖前、后、左、右 4 哨，每哨辖 8 队，另有亲军 1 哨，辖 6 队，火器、刀矛各居其半。罗尔纲指出，湘军编制的进步性，体现在"能适应当时所有兵器，充分发挥各火器及长短兵器的效用"。[4]

湘军的军事训练，分"训"和"练"两部分。"训"实质是军纪和家法为一体的精神教育，"点名、演操、巡更、放哨，此将领教兵勇之营规也；

---

① 《复总署·复陈法越兵事》，顾廷龙、戴逸主编：《李鸿章全集·信函（五）》第 33 册，第 360 页。

② 《创办克鹿卜炮车马干片》，顾廷龙、戴逸主编：《李鸿章全集·奏议（七）》第 7 册，第 310 页。

③ 罗尔纲著：《淮军志》，《晚清兵志》第 1 卷，中华书局 1997 年版，第 51 页。

④ 罗尔纲著：《湘军兵志》，中华书局 1984 年版，第 79 页。

禁嫖赌、戒游惰、慎语言、敬尊长，此父兄教子弟之家规也”。[①] “练”则是对湘军技艺、阵法的演练，实质是军事技术、战术训练。练技艺属于单兵军事技术训练的内容，既有练习抬枪、鸟枪、连环枪法等火器训练；也有拳、棒、刀、矛、钯、叉等冷兵器训练；此外，还有跑坡、抢旗、跳坑等体能训练。经过基本的军事训练后，湘军也开展战术协同训练，主要练习中国的传统阵法。曾国藩对《握奇经》中的天、地、风、云、龙、虎、鸟、蛇八阵极为欣赏，他根据湘军人数多寡确定阵式训练的内容：第一，每10人为1队，作为操演阵法的基本单位，“皆习戚氏之鸳鸯阵、三才阵，以求行伍不乱”；[②]第二，以500人为操演阵法的基本单位，“以五百人，定为四面相应阵，以为凡各阵法之根本，各营均须遵照”。[③] 湘军开展的阵式训练，基本是古代各种阵法，没有超出中国传统操法的范围。

湘军坚持阵式训练，是统帅曾国藩练兵理念指导下的结果。在曾国藩看来，传统的阵式训练并非无用，只是绿营平时训练不熟，才导致战场上的失败。他称赞雍正朝李绂所创的三叠枪阵法、撒星阵法为击败天平军的“妙法”，并说，“古法可用者多，总在平日习惯，临阵不尽弃去，斯为有补也”。[④] 为此，曾国藩严定训练规则，要求湘军一月之中分日进行不同的训练科目：一、“每逢三、六、九日午前，本部堂下校场看试

① 《劝诫营官》，曾国藩著，李瀚章编撰、李鸿章校勘：《曾文正公全集·杂著》第14册，第343页。

② 《与骆中丞》，曾国藩著，李瀚章编撰、李鸿章校勘：《曾文正公全集·书札（一）》第11册，第106页。

③ 《复王璞山》，曾国藩著，李瀚章编撰、李鸿章校勘：《曾文正公全集·书札（一）》第11册，第146页。

④ 《复林秀山》，曾国藩著，李瀚章编撰、李鸿章校勘：《曾文正公全集·书札（一）》第11册，第112页。

技艺，演阵法”；二、“每逢一、四、七日午前，着本管官下校场演阵，并看抬枪、鸟铳打靶”；三、“每逢二、八日午前，着本管官带领，赴城外近处跑坡、抢旗、跳坑”；四、“每逢五、逢十午前，即在营中演连环枪法”；五、“每日午后，即在本营演习拳、棒、刀、矛、钯、叉，一日不可间断”。[①] 这最大程度上保障了湘军熟练掌握军事技术、战术，发挥如臂使指之效，“练阵法者，进则同进，站则同站……总不外一熟字。技艺极熟，则一人可敌数十人；阵法极熟，则千万人可使如一人”。[②]

湘军坚持的阵式训练，与绿营徒饰观瞻的阵式训练当然不同。首先，湘军在战争的环境中建军，其阵式训练讲究临敌实用。其次，湘军的编制、武器配合得当，有利于发挥其阵法的威力。最后，湘军的阵式训练纯熟，在战场上能够灵活使用。最终，坚持阵式训练的湘军在战场上击败了太平军，成功镇压了太平天国起义。

甲午战争中，面对淮军不断失利的局面，清廷派湘军宿将率领湘军开赴东北前线，抵御日军进攻。湘军对付太平军尚可，但在全面学习西方军制的日军面前就不堪一击了。甲午战后，针对轻视火器、固守阵式训练的湘军，广西按察使胡燏棻提出了严厉的批评：“湘楚各军……以为昔年曾经战阵，即无不能御之敌，承讹袭谬，沿而不改，此又一病也。”[③]

---

① 《晓谕新募乡勇》，曾国藩著，李瀚章编撰、李鸿章校勘：《曾文正公全集·杂著》第14册，第295页。

② 《劝诫营官四条》，曾国藩著，李瀚章编撰、李鸿章校勘：《曾文正公全集·杂著》第14册，第343页。

③ 中国社会科学院近代史研究所中华民国史组编：《清末新军编练沿革》，中华书局1978年版，第8—9页。

三、淮军引入西式操法

1860 年江南大营的第二次溃败，彻底击毁绿营经制兵的地位，为湘军的崛起提供了契机。湘军规模和防区的扩张，又埋下了淮军建军的伏笔。[①] 1861 年太平军连陷江、浙地区，直逼上海。江苏官绅代表钱鼎铭等人于 11 月 18 日前往安庆，向驻兵于此的曾国藩求援。曾国藩认为兵单饷乏，与李鸿章商议后，决定明年再派兵救援。其后，曾国藩举荐李鸿章任江苏巡抚，负责援助上海事宜。李鸿章回安徽招募张树声、张树珊、周盛波、周盛传、潘鼎新及刘铭传等人编练的团练，加上曾国藩调拨程学启部、郭松林部，淮军至此成军。淮军承袭湘军军制，“淮军的营制、营规，尽法湘军，淮军之于湘军，好似儿子之与母亲，湘军的制度便是由淮军来继承的”。[②]

淮军到上海后，内部发生变化，首先是武器装备的现代化。从抬枪、小枪、劈山炮、刀矛等冷热兵器混用，到全部更换为洋枪洋炮等热兵器。洋枪洋炮对于淮军无疑是陌生的，熟练掌握新式武器的性能和操作方法并不简单。淮军程学启部最先学习西式操法，主要是洋枪射击训练和队列训练。李鸿章称赞说：“西洋各国称强海上，兵法固甚雄整，尤恃洋枪炸炮为攻战利器。程学启随臣入沪，留心讲求……该部操习洋枪数千枝，整齐变化已与洋兵相埒。”[③]自 1863 年始，李鸿章“分令各

---

① 王尔敏著：《淮军志》，第 10 页。

② 罗尔纲著：《湘军兵志》，第 206 页。

③ 《为程学启请恤折》，顾廷龙、戴逸主编：《李鸿章全集 · 奏议（一）》第 1 册，第 478 页。

营雇觅洋人教练使用炸炮洋枪之法”。[①] 淮军各营聘请的洋将，大多出自常胜军，或经戈登举荐，或由驻上海的英、法军直接投效，计有白礼(Bailey)、毕乃尔(Penell)等 25 人。[②] 在操法上，淮军比湘军更进一步，“改用泰西阵法，鸣角出令皆夷语，则湘军所无”。[③] 当时，淮军学习的西式操法，主要是英、法操法。[④] 连一向坚持中国传统操法的曾国藩，看到淮军训练后，也不得不承认西式操法的优越性，“纯用洋人规矩，号令亦仿照洋人声口，步伐极整齐，枪炮极娴熟，余平日所见步队不逮此远矣”。[⑤]

淮军的军事训练，包括基本军事训练和军事技术训练。例如，队列训练，主要是“大小横队、纵队、四面转法、行进、停止、队形转换、操枪带数法、操枪不带数法、操枪上表尺法等”；射击训练，主要是“洋枪洋炮的射击学理、战术技术性能、枪炮弹药的识别、距离测量、各种姿势的瞄准和击发、地形地物的利用、武器装备的选择以及枪炮保养维修等”。同时，淮军又融合阵式训练和西式操法，进行步兵、骑兵、炮兵诸兵种的战术训练。步兵训练内容包括“二字阵、四迭阵、四锐阵、五方阵、六花阵、八字阵、八卦阵、回旋阵、撒星阵、方城阵、小方阵、双龙阵、梅花阵、浮梁阵、转移阵等”；骑兵训练内容包括“前后排阵、一字阵等”；炮兵训练内

---

① 《密陈剿捻事宜片》，顾廷龙、戴逸主编：《李鸿章全集・奏议(二)》第 2 册，第 67 页。

② 王尔敏著：《淮军志》，第 177—180 页。

③ 王定安著，朱纯点校：《湘军记》，岳麓书社 1983 版，第 138 页。

④ 按：淮军学习西式操法的教材，主要是在华外国军官翻译的英、法操典。李鸿章说得很清楚，“英法小操口令，此间均有抄本，毕乃尔所译”。参见《复刘爵军门》，顾廷龙、戴逸主编：《李鸿章全集・信函(二)》第 30 册，第 194 页。

⑤ 曾国藩著，贾泓杰、王诚伟整理：《曾国藩日记》中册，九州出版社 2014 年版，第 857 页。

容包括“配置位置选择、火力支援方法和战斗队形变换等”。[①]

淮军引入的西式操法,的确给中国陆军的军事训练带来了新的变化。不过,在实际训练中,淮军官兵们似乎只是注重射击训练,轻视其他相关的训练科目。1872 年 1 月,德国人李希霍芬游历到陕西,发现当地驻扎的淮军官兵,均是如此。“中国兵的座右铭是枪法好,对于操练与军纪——除非犯了最不可饶恕的罪才有军纪——他们一无所知”;[②]“他们的军官也认为他们看到的外国军队的操练与演练根本没必要,重要的只有一点,那就是善射。”[③]此时,淮军学习西式操法已经有近十年时间,官兵们的头脑中却只有射击训练,不见其他。这种片面的训练思想说明,淮军对于西式操法的认识还停留在肤浅的层面,尚不理解西式操法中以练为战的原理。

1872 年后,在普法战争中获胜的德国陆军名声大噪。淮军在军事训练中,逐渐改练德国操法。以驻扎小站的周盛传部为例,据他所说:“德国操法最利师行,卑部炮队三营操习已久,枪队各营亦先后改归德操。”[④]其他勇营,也效仿淮军练习德国操法,如驻守旅顺的毅军,在统帅宋庆主导下,“所习德国步队操法整齐,他军竟莫之能胜,其于西洋炮

① 张英辰、王树林主编:《中国近代军事训练史》,第 91—92 页。

② [德]李希霍芬著,[德]蒂森选编,李岩、王彦会译,华林甫、于景涛审校:《李希霍芬中国旅行日记》下册,商务印书馆 2016 年版,第 610 页。

③ [德]李希霍芬著,[德]蒂森选编,李岩、王彦会译,华林甫、于景涛审校:《李希霍芬中国旅行日记》下册,第 612 页。

④ 周家驹编:《周武壮公(盛传)遗书(附年谱)》,沈云龙主编:《近代中国史料丛刊》第 39 辑,文海出版社 1969 年版,第 490 页。

法讲求亦极精熟”。[①] 1876 年 4 月 15 日，李鸿章乘德国教习李劢协回国之际，选派官弁卞长胜、刘芳圃、查连标、袁雨春、杨德明、朱耀彩、王得胜七员随同前往德国学习军事。[②] 其中，卞长胜、王德胜、朱耀彩学习水师，杨德明、查连标、袁雨春、刘芳圃四人在德国陆军中历练三年，学习德军操法。查连标、袁雨春、刘芳圃三人回国后向李鸿章介绍了德军操法的精妙之处，使他了解到德军强劲的战斗力源自其军事训练之中，“据称德国陆军甲于天下，而步队尤精于马、炮各队，其得力全在每日林操，熟演料敌应变之法。每年夏秋大操，熟演露宿、野战、攻守之法，其法备于一哨，扩而充之，可营、可军”。[③] 这里的“林操”、“夏秋大操”，正是德军模拟实战环境开展的近代军事演习。虽然李鸿章和少数淮军军官对德国操法有了进一步的认识，但并没有给淮军的军事训练带来太大的改变。据 1886 年德国人恩司诺观察，中国军队学习西方军事时始终信奉武器决定论，“中国人坚信，欧洲军队的成功仅仅在于他们有更好的武器装备”。他在天津目睹了淮军训练后，指出片面发展武器的局限：“虽然引进现代武器使中国军队的实力有显著增长，但是中国人的保守和中国军官强烈的抵触情绪，阻止了他们在战术方面有任何根本性变革。”[④]在这种情况下，淮军所学到的西式操法也只能是射

---

① 周馥撰：《醇亲王巡阅北洋海防日记》，李德龙、俞冰主编：《历代日记丛钞》第 118 册，学苑出版社 2006 年版，第 396 页。

② 《卞长胜等赴德国学习片》，顾廷龙、戴逸主编：《李鸿章全集 · 奏议（七）》第 7 册，第 53—54 页；《武弁回华教练折》，顾廷龙、戴逸主编：《李鸿章全集 · 奏议（八）》第 8 册，第 514 页。

③ 《武弁回华教练折》，顾廷龙、戴逸主编：《李鸿章全集 · 奏议（八）》第 8 册，第 515 页。

④ ［德］恩司诺著，［美］熊健、李国庆译：《清末商业及国情考察记》，国家图书馆出版社 2014 年版，第 247—248 页。

击、口令、步伐等方面的训练。就笔者目力所及,还没有直接材料能够证明淮军举行过“林操”或“夏秋大操”。相形之下,常常能见到时人对淮军刻板学习洋操的批评之声。例如,英国人戴乐尔看到淮军模仿的德军直腿正步操法,讥之为“鸭步”。[①] 中法战争期间,两广总督张之洞批评“于洋械素知讲求”的淮军,“步趋洋操,颇显太板”。[②] 甲午战争期间,在战事失利的情况下,津海关道盛宣怀上折尖锐地批评淮军:虽然他们装备了西式枪炮,练习了西式操法,但成效极为有限,“仅学皮毛,不求精奥”。[③] 由此可见,淮军改练德国操法后,李鸿章等人对西式操法的主观认识确有进步,但在实际的军事训练中,淮军只是刻板学习德操,沦为一种形式的操练。

甲午战前,淮军学习西式操法,经历了从英、法操法到德国操法的变化过程。在这一过程中,李鸿章对西式操法的认识不断进步,甚至已经意识到军事演习在军事训练中的重要性。然而,这并没有改变淮军刻板学习西式操法的现状。其深层原因在于,淮军练习的新式操法并不是其内部系统变革的结果。也即是说,除了装备了现代化的武器,淮军在编制、战术、军事学术方面仍带有较为浓厚的传统色彩。这种不彻底的改革造成的后果是,淮军官兵们普遍对西式操法缺乏全面、深刻的理解,他们往往片面追求西方军队的射击、步伐、口令训练。总之,在淮军内部没有发生系统性变革的情况下,其引入西式操法时不可避免地存在重形式、轻实质的弊病。

---

① 罗尔纲著:《甲癸练兵志》,《晚清兵志》第 3 卷,中华书局 1997 年版,第 135 页。

② 《教练广胜军专习洋战片》,赵德馨主编:《张之洞全集·奏议》第 1 册,第 299 页。

③ 中国社会科学院近代史研究所中华民国史组编:《清末新军编练沿革》,第 4 页。

一支军队的军事训练方式和内容，是由该军的编制、武器、战术、军事学术等综合因素决定的。不可否认，武器装备的发展一定程度上会带来军事训练的变化。但是，军队内部若缺乏系统性变革，仅有武器装备的片面发展，很难从根本上改变军事训练的方式和内容。甲午战前清军对西学东渐的因应，无论是八旗、绿营，还是湘、淮军，基本限于军事技术层面。而且，清军主帅和将领普遍深受中国古代军事学术的影响，带兵、用兵时依旧沿袭传统的军事经验。这一时期，八旗、绿营采用的中国传统操法渐趋衰落，已不适合现代战争舞台。新崛起的淮军，不再局限于中国传统操法，开始引入西式操法。然而，在淮军内部没有系统性变革的情况下，其练习的西式操法，不过徒具其形罢了。即使李鸿章意识到德军"林操"、"夏秋大操"的先进，也无法使之真正融入淮军的军事训练中。在军事现代化道路上，单纯追求新式武器便冀望实现军事转型的想法未免过于理想化、片面化。对于晚清陆军来说，如何实现人与武器的有效结合，通过适当的军事训练方式和内容提升军队战斗力，还需要经历一个长期的、艰难的探索过程。

第二章　甲午战后新军对抗演习

甲午战争是中国近代军事变革进程中的转折点。甲午战争期间，湘、淮军接连溃败，击碎了清政府对昔日劲旅的期望，坚定了其彻底改革陆军的决心。甲午战败后，练兵自强的呼声高涨，“一时内外交章争献练兵之策，于是北洋则有新建军，南洋则有自强军，是为创练新军之始”。[①] 袁世凯、张之洞在局部区域试练新式军队，是晚清编练新军的起始阶段。新式军队系统学习德国军制，在编制、武器、战术、军事学术等全面改革的前提下，其军事训练的方式和内容也相应发生了质的变化。小站新军、南洋自强军、湖北护军营在完成基本军事训练和诸兵种军事技术、战术训练后，均举行攻守战或遭遇战形式的对抗演习。这是中国局部区域的军队开始组织、实施近代军事演习的标志。

---

① 刘锦藻撰：《清朝续文献通考》第2册，商务印书馆1936年版，第9509页。

第一节　袁世凯、张之洞编练新式军队

甲午战后，袁世凯、张之洞对旧军的军制、训练方面的缺陷均有反思，在编练新军中纠偏补弊。袁世凯小站练兵和张之洞编练南洋自强军、湖北护军营时均效仿德国军制，并聘请大量德国军官传授德国操法，从而革新了新军军事训练的方式和内容。

一、袁世凯的反思与小站练兵

小站练兵缘起于胡燏棻编练定武军。甲午战争中湘、淮军溃败后，德籍军官汉纳根向清廷建议，编练十万洋枪队。督办军务处经过权衡，未批准汉纳根的练兵计划，而是委派广西按察使胡燏棻编练定武军。其后，胡燏棻参仿德国军制练成十营，步队 3000 人、马队 250 人、炮队 1000 人及工程队 500 人，共计 4750 人。1895 年 11 月 19 日，督办军务处调派胡燏棻督办津芦铁路，改派浙江温处道袁世凯接练定武军。袁世凯早年投吴长庆部，在淮军中历练有年，但其视野没有拘泥于淮军的军事制度。他反思了甲午战争中湘、淮军“往往易为敌乘，迭见挫败”的原因，认为其根源在于“军制之未善”。他比较了中国、西方陆军在编制、训练方面的差异，分析由此引发的后果，“按泰西操法，每营分为四队，每队分为三大排，每大排分为二小排，均有弁目，层层节制，又节节策应，故战每制胜，即败亦不溃。向来湘、淮营制，以五哨为一营。若照西人操法分为四队，递分大小排，官弁头目各失其伍，平时仅可饰观，临阵最易溃乱”。[1] 换句话说,西方陆军编制与操法保持一致,平时、战时均易于节制,故能战场取胜;但湘、淮军编制不严密,却采取西式操法,二者疏离的缺陷注定其平时训练低效、战时混乱溃败的结局。袁世凯设计新建陆军编制时,正是针对这一缺陷进行改进,“必须参用泰西军制,始可照西法操练”。[2] 当时德国军制,仅一分军就达到 12000 人,炮队、马队、工程队还不算在内,规模庞大,需饷甚多。袁世凯从实际情况出发,变通办理,计划全军以 12000 人为标准,下辖步队 8 营(8000 人)、炮队 2 营(2000 人)、马队 2 营(1000 人)、工程队 1 营(1000 人),以步队为主,炮队为辅,马队巡护,工程队供杂役。考虑到当前财政支绌,以原定武军为基础编练新建陆军。12 月 16 日,袁世凯正式“接练新军”。[3] 是月 21 日,袁世凯奏报新建陆军成军,“分步兵为左、右两翼,左翼二营,右翼三营,炮队则分右翼快炮队、左翼重炮队、接应马炮队,共三队,马队则分为四队”。[4] 新建陆军步兵、炮兵、骑兵,加上后练的工程兵,合计有 7000 人。[5] 新建陆军是一支包括步兵、骑兵、炮兵、工兵的诸兵种合成军队,其编制采用营、哨、队、棚的形式,不同于湘、淮军的编制,类似今天部队中营、连、排、班的编制,各建制单位之间的关联更加紧密,也就容易达到层层节制之目的。

---

① 《新建陆军兵略录存卷一》,骆宝善、刘路生主编:《袁世凯全集》第 4 卷,第 77 页。

② 《新建陆军兵略录存卷一》,骆宝善、刘路生主编:《袁世凯全集》第 4 卷,第 77 页。

③ 《小站练兵营务札》(4—14),骆宝善、刘路生主编:《袁世凯全集》第 4 卷,第 13 页。

④ 沈祖宪、吴闿生编纂:《容庵弟子记》,沈云龙主编:《袁世凯史料汇刊》(9),文海出版社 1966 年版,第 75—76 页。

⑤ 按:1898 年 3 月 30 日袁世凯写给盛宣怀的信中提到新建陆军的规模:“倘有战事,又惟有以现练七千人……”。参见《致大理寺少卿铁路公司督办盛宣怀函》(4—47),骆宝善、刘路生主编:《袁世凯全集》第 4 卷,第 63 页。

1896 年 1 月 14 日，袁世凯致电督办军务处，除已领取曼利夏枪 1000 余杆外，仍请领取曼利夏步枪 5400 杆、曼利夏马枪 700 杆、六响手枪 1000 枝、57 毫米口径格鲁森快炮 40 尊、步队军官挂刀及骑兵挂刀各 500 柄。[①] 新建陆军的武器装备，初步实现了制式划一。

袁世凯还设立了专业化的军事管理机构和学堂。设督练处，自任督练官，下设参谋营务处、执法营务处、督操营务处，成为督练新建陆军的总机构。又设教习处、粮饷局、军械局、军医局，分别负责全军的训练、粮饷、武器及医疗等事。根据兵种设立相应的随营学堂，提高官兵的军事理论，有炮兵学堂、步兵学堂、骑兵学堂和德文学堂。而且，袁世凯想通过驻德公使徐景澄，聘请一批德国军人充任参谋官或教习。根据计划，他拟聘陆军参谋军务官 1 员、步队教师 2 员、马队教师 1 员、炮队教师 2 员、工程队教师 1 员、查验修理军械教师 1 员、步队兵目 4 名、军医教师 1 员、除军医教师就近在天津、上海聘请英、美人外，其余必须为德国人。[②] 不过，新建陆军后来聘请的并不都是德籍军官，也有来自其他国家者，他们均充作军中教习。其中，德籍军事教习有：巴森斯，参赞营务兼教练事宜；伯罗恩（Boren，Hansvon），德操教习；魏贝尔（Weber，Johann David），查验军械兼德文兵官学堂总教习；慕兴礼，德文学堂教习；施璧士（Spitz，von），稽查武弁兼分队教习；祁开芬（Kieckhäfer，Max），炮队教习。另有两教习：曼德，挪威人，马队总教

① 《致督办军务处电》（4—3），骆宝善、刘路生主编：《袁世凯全集》第 4 卷，第 1 页。

② 《北洋练兵案》，中国第一历史档案馆编：《清代档案史料丛编》第 10 辑，中华书局 1984 年版，第 244—247 页。

习兼马队兵官学堂教习;高士达,葡萄牙人,号令总教习。[①] 这些外籍教习,如伯罗恩、巴森斯、曼德等人,常常参与拟订操法、监督士兵训练、纠正操法等事,在新建陆军的军事训练中扮演着重要的角色。[②]

虽然新建陆军在编制、武器、训练等方面不断取得成就,但袁世凯始终没有机会将其增练到原定 12000 人的规模。戊戌变法启动后,新建陆军似乎迎来了有利的发展时机。然而,很快爆发的戊戌政变,几乎将新建陆军卷入政治斗争的漩涡。值得袁世凯庆幸的是,新建陆军不仅在政变中毫发无损,反而在政变后受到慈禧、荣禄的扶持。不久,袁世凯根据荣禄的命令,重新招募 2000 人,成为后来辎重营的主要兵源。[③] 1898 年 12 月 7 日,荣禄整合京津地区的军事力量,计划建立武卫五军:荣禄亲自统率新募亲兵万人驻扎南苑,为武卫中军;聂士成统率武毅军驻扎芦台,为武卫前军;董福祥统率甘军驻扎蓟州,为武卫后军;宋庆统率毅军驻扎山海关,为武卫左军;袁世凯统率新建陆军驻扎小站,为武卫右军。[④] 1899 年 3 月 31 日,荣禄奏称,改新建陆军为武卫右军。4 月 21 日,袁世凯接奉一颗木质的"钦命总统武卫右军关防",

---

① 《北洋练兵案》,中国第一历史档案馆编:《清代档案史料丛编》第 10 辑,第 251 页;中国社会科学院近代史研究所中华民国史组编:《清末新军编练沿革》,第 19 页;天津市政协秘书处编:《天津文史参考资料简辑之十二:北洋军阀集团的起源和形成》,1977 年内刊,第 4 页;[德]Elisabeth Kaske(白莎):《晚清在华的德国军事教官概况》,北京大学历史学系编:《北大史学》第 13 辑,北京大学出版社 2008 年版,第 342—343 页。

② 《新建陆军兵略录存卷七》,骆宝善、刘路生主编:《袁世凯全集》第 4 卷,第 251—261 页。

③ 刘凤翰著:《新建陆军(新军志第一篇)》,中研院近代史研究所:《中央研究院近代史研究所专刊》(20),精华印书馆 1967 年版,第 311 页。

④ 中国社会科学院近代史研究所中华民国史组编:《清末新军编练沿革》,第 25 页。

当日开用新关防。[①] 自此以后,小站新军进入了武卫右军时期。

二、张之洞的反思与南洋自强军、湖北护军营的编练

甲午战争期间,两江总督刘坤一奉旨北上督师,张之洞署理两江总督。面对中日陆军一败一胜的结局,张之洞也做出了反思。他认为:首先是对手的改变,“发、捻虽甚猛悍,然究系流寇,与敌国不同。日本用兵皆效西法,简练有素,饷厚械精,攻取皆有成算……故今日之敌,迥非发、捻可比”;其次,中国军队积弊较深,士兵临时招募、装备较差、训练缺乏,将领则暮气较深、克扣军饷、敷衍塞责;最后,呼吁改革陆军,“非一变旧法,必不能尽除旧习”。[②]

1895 年 7 月 12 日,张之洞奏称,计划仿照德国营制、饷项编练一支新军,故“以德国将弁为营哨官”。[③] 除了从北洋奏调德籍军官外,张之洞还委托出使德国大臣许景澄代为延聘德籍军官,计有 36 人。据德国学者统计,他们是:密尔斯门(Merschmann),来春石泰(Reitzenstein,Maximilian Gustav Freiherr v.),斯忒老(Strauch,Ernst von),泰伯福(Töpffer,Ernst),德百克(Dobbecke,G.),Aschbrenner,p.,Heinrich,Hans,赛德尔(Seidel,A.),柏登高森(Bodenhausen,Georgvon),特屯和恩(Tettenborn,

① 《开用武卫右军关防日期折》(4—129),骆宝善、刘路生主编:《袁世凯全集》第 4 卷,第 317 页。

② 《吁请修备储才折》,赵德馨主编:《张之洞全集·奏议》第 3 册,第 256—257 页。

③ 《筹办江南善后事宜折》,赵德馨主编:《张之洞全集·奏议》第 3 册,第 264 页。

Benno von), Schoeler, Joseph von, 昆特(Kuhndt, Max), Hanisch, Johann Friedrich, Wottrich, Arthur, Sims, Paul, 吉尔讷斯(Girnus, Otto), 南尔都福(Nauendorf, Leo von), 那汉斯(Nayhaus－Cormons, Otto Grafvon), 马师凯(Maschke, Ottwin), 喀索维基(Quassowski, Willy), 何福满(Hoffmann, Friedrich Wilhelm), 齐百凯(Dziobeck, Carl), 宜安(Jahn, Josef), 伏德利西(Friedrich, Bernhard), 伏来思倍(Fressberger, Jul), Krause, Karl Gustav, Sciba, Carl, 德勒福思(Detlefs, Ernst), Larling, Otto, Möller, Friedrich, Gomoll, August, 麦泰思(Mertens, Wilhelm), 克罗纳(Krone, Hugo), 柏卢士(Bruisch, August), 季泰德(Dietert, David), 爱斯基(Ehses, August)。① 为了检验德国军官的练兵才能,张之洞从卫队、护军等营内挑选士兵,先交其训练,数月后取得了可观的练兵成效。

根据张之洞的计划,先练二千数百人为一军,照西方军制编为30营,定名为自强军,成军半年后,再行扩充,酌增人数一倍,后续扩充至万人为止。如果饷项难筹,则至少编练5000人。12月27日张之洞奏称,自强军编练成军,"现设步队八营,营二百五十人,分为五哨。马队二营,营一百八十骑,分为三哨。炮队二营,营二百人,分为四哨。工程队一营,营一百人"。② 自强军的规模约为德国陆军一军的四分之一,共计官兵2860人,驻扎省城江宁训练。在自强军中,从统带到各营营官、哨官均委派德国军官充任。其中,来春石泰为全军统带,斯忒老为步队第一营营官,特屯和恩为步队第二营营官,泰伯福为炮队营官,那

---

① [德]Elisabeth Kaske(白莎):《晚清在华的德国军事教官概况》,北京大学历史学系编:《北大史学》第13辑,第343—346页。

② 《选募新军创练洋操折》,赵德馨主编:《张之洞全集·奏议》第3册,第299页。

汉斯为马队营官。① 张之洞将“带兵操练之权”交于德国军官，另派中国武官充任副营官、副哨官，“约束惩责之权，则专归华官”。② 1896 年 2 月 14 日张之洞奏称，计划扩充自强军规模，“应再添练步队六营、炮队二营，合成步队十四营、炮队四营、马队二营。除工程队一百人不并计外，新旧合计共练成步队、炮队、马队二十营，计将及五千名”。③ 不久，张之洞回任湖广总督，刘坤一重新接任两江总督，自强军的扩军计划遂遭搁浅。刘坤一未继续扩大自强军规模，仅对自强军人事、营制略作调整，如改委候补道沈敦和总理自强军营务处；将原设马队 2 营汰弱留强，合并为 1 营。④

自强军规模较小，与新建陆军内部编制大体类似，是仿照德国陆军营制创设的一支包括步、马、炮、工诸兵种的合成军队。自强军的武器装备基本是德制或奥制新式后膛枪炮，全军武器初步实现了制式划一。枪械方面，步兵装备毛瑟枪和曼利夏无烟快枪，前者“系寻常操演用之，即临阵亦甚灵便”，后者“系备用者，较毛瑟尤为精利……此枪宜妥为存储，如当有事之秋，再发给抵敌”。⑤ 火炮方面，装备德制 80 毫米口径克虏伯后膛钢炮和英制 75 毫米口径的麦克信后膛快炮。⑥

---

① 《督宪核定洋统带拟立全军各营规条》，沈敦和编次，洪恩波参校：《自强军创制公言》卷上，上海顺成书局 1898 年石印本，第 42—43 页。

② 《选募新军创练洋操折》，赵德馨主编：《张之洞全集・奏议》第 3 册，第 299 页。

③ 《统筹洋操新军的饷折》，赵德馨主编：《张之洞全集・奏议》第 3 册，第 353 页。

④ 《督宪刘附片奏自强新军移驻吴淞训练并马队二营归并一营缘由》，沈敦和编次，洪恩波参校：《自强军创制公言》卷上，第 13 页。

⑤ 《自强军洋操课程(卷五)》，梁启超辑：《西政丛书》第 21 册，上海书局 1897 年版，第 2 页。

⑥ 《军器学》(一)，沈敦和纂辑，洪恩波参订：《自强军西法类编》，上海顺成书局 1898 年石印本，第 27—45 页。

1896年张之洞重回湖广总督本任后，并没有放弃编练新军的设想。在湖北，张之洞沿袭自强军模式编练湖北护军营，继续完成未竟的练兵事业。张之洞接到回任谕旨之后就奏称：湖北战略地位关系紧要，计划将原德国军官训练的护军、卫队之"前营五百人调赴湖北，令其转相教习，以开风气"。[①] 张之洞回任后，将抽调的500人分编为前、后两营，添足额数，派尽先补用都司张彪充任前营管带官，四川补用参将岳嗣仪充任后营管带官，并派德籍军官贝伦司多尔夫（Bernstorff, Friedrich Graf von）充任总教习，选调天津、广东武备学堂学生充任分教习。同时仿照德国军制编练工程队1哨，由前营管带官张彪兼管。湖北护军营初创成军，共计前营步队3哨、炮队2哨，后营步队3哨、马队2哨，另设工程队1哨，官兵共计1000人，马100余匹。[②] 其后，张之洞饬令张彪新募工程兵400人，连同原工程兵100人，凑足500人，编成工程队1营。1898年10月4日，张之洞札委帮带工程队千总姚广顺充任营官，札委张彪督带湖北护军前营，兼带后营及工程营。[③] 1899年6月27日，张之洞札委姚广顺招募护军中营步队500人，营制、操法均与护军前、后营相同，札委刘温玉接任工程营营官。[④] 1900年8月25日，湖北护军营将旧有步队和新募步队2000人，仿照新建陆军章

---

① 《护军前营调鄂教练片》，赵德馨主编：《张之洞全集・奏议》第3册，第332页。

② 《设立护军营工程队练习洋操并裁营抵饷折》，赵德馨主编：《张之洞全集・奏议》第3册，第380—381页；[德]Elisabeth Kaske（白莎）：《晚清在华的德国军事教官概况》，北京大学历史学系编：《北大史学》第13辑，第346页。

③ 《札委姚广顺充当护军工程营营官》，赵德馨主编：《张之洞全集・公牍咨札》第6册，第168页。

④ 《札委姚广顺另募护军中营、刘温玉管带工程营》，赵德馨主编：《张之洞全集・公牍咨札》第6册，第244页。

程，改编为护军步队左、右旗。护军步队左旗四营，以旧有步队改编，派都司衔守备姚广顺充任督带官，武备学生徐嘉霆充任第一营营官，千总焦坤山充任第二营营官，千总沈栋梁充任第三营营官，千总李明章充任第四营营官。护军步队右旗四营，以新募四营改编，派游击王得胜充任督练官，县丞杨蓉充任第一营营官，千总李襄邻充任第二营营官，县丞白寿铭充任第三营营官，千总陈世贞充任第四营营官。马队，派千总黎元洪充任第一营营官。炮队，派千总杜长荣充任第一营营官。工程营，派千总刘温玉充任营官。全军统带由张彪充任，节制、训练护军步、马、炮、工各营。① 与自强军不同的是，湖北护军营中的营官均是中国官员充任，德国军官只是充任军中教习。

湖北护军营武器"多已改为后膛枪炮"，张之洞除向广东借调"步枪二千枝、七点五公分克虏伯炮二十八门"外，"又向德、日两国均购有武器"。② 据 1900 年英国海军观察员卜朗登上尉的观察，湖北护军营主战武器均为新式后膛枪炮，"步兵与骑兵都装备了现代武器，而炮兵则充分供给汉阳制造局造的克虏伯型六磅快炮"。③

与八旗、绿营或湘、淮军不同，小站新军、自强军和湖北护军营均是袁世凯、张之洞结合清军现状、参仿西方军制练成的合成军队。合成军队的优势在于编制的进步性，不同兵种相互配合作战，从而产生强大的

① 张之洞著，宋建昃、王雪迎点校：《督楚公牍》，国家清史编纂委员会编，宋建昃、王雪迎点校、孙昉等整理：《晚清文献七种》，齐鲁书社 2014 年版，第 148 页。

② 祁楚才：《湖北新军编练经过》，中国人民政治协商会议武汉市委员会文史资料研究委员会编：《武汉文史资料：张之洞遗事》第 1 辑（总第 23 辑），1986 年内部资料，第 94 页。

③ [美]拉尔夫·尔·鲍威尔（Ralph Lorin Powell）著，陈泽宪、陈霞飞译：《1895—1912 年中国军事力量的兴起》，第 107 页。

战斗力,“由于三个兵种(步、骑、炮——引者注)结合在较小的单位中,再加上三种战术队形的结合,各兵种间的相互支援达到了最充分的程度,散兵、横队和纵队形成现代军队巨大的战术优势”。[①] 新式军队具备合成军队的战术优势,这就需要开展与之相适应的新式军事训练,固守传统操法或刻板练习西式操法已无法满足这一要求。从德国聘请军事教习,传授德式操法,改革新军的军事训练,已经成为袁世凯、张之洞的练兵共识。德国分军对抗演习的训练模式,作为一种新的练兵思路和举措,被引入新军的军事训练之中。

第二节　小站新军的对抗演习

小站新军经历了新建陆军、武卫右军两个时期的发展和扩张。新建陆军时期,袁世凯在军事训练中正式实施对抗演习;武卫右军时期,袁世凯奉旨编纂新式军事操典,小站新军的对抗演习模式和经验教训得以进行理论总结。

一、新建陆军时期对抗演习的实施

新建陆军的军事训练,主要是学习德军操法。袁世凯对湘、淮军在甲午战争中战无不败、守无不失的局面痛心疾首,认为“敌兵仿照西方训练綦精,我军仍拘旧习,不思变通。彼巧我拙,彼利我钝,遂致莫能相

① 恩格斯:《军队》,中共中央马克思恩格斯列宁斯大林著作编译局编译:《马克思恩格斯全集》第16卷,人民出版社2007年版,第258页。

抗”。他指出，时至今日，学习西式操法实属刻不容缓，要求各将领“将操练枪械及行军用兵、布置攻守各法，切实讲求，躬亲学习，切毋胶执成见，自循覆辙”。[①] 为了保证小站练兵工作的顺利开展，袁世凯通过邀请同乡、同学、朋友、部下，吸纳淮系将领，调派天津武备学堂毕业生及开办随营学堂等途径，组成了小站练兵的文武班底。文职人才有徐世昌、田文烈、阮忠枢等；武职人才有段祺瑞、冯国璋、王士珍、曹锟、陆建章、李纯等。[②] 在小站班底的协助下，袁世凯编撰成《新建陆军兵略录存》（以下简称《兵略录存》）。该书共八卷，涵盖了新建陆军的建军原则、营制饷章、军纪内务、训练操法等方面的内容，是编练新建陆军的总纲领。

《兵略录存》制定了新建陆军循序渐进的军事训练原则，先开展基本的军事训练，“以步法、手法、阵法、操法为要务”；在此基础上实施军事演习，“其尤要者，在于听号令、便分合、知地势及枪炮用法之奥妙、行军攻守之变幻”。同时明文规定了对抗演习的时间、场地、形式和目的：“每年春秋，必须演习行军于数百里外，或约会他军作对垒遇敌之状，使将卒习知战法，历练劳苦，遇有征调，立即拔队，不复有迁延遗误之虑”。[③]《兵略录存》卷四之《行军规矩问答》中，首条便揭示了新建陆军对抗演习的实战特征，“问：操演行军时，官长、兵丁当存何心？答曰：当存与敌真战之心”。[④]

新建陆军以临敌实战为特征的军事训练理念，没有停留在纸面上。

---

① 《新建陆军兵略录存卷四》，骆宝善、刘路生主编：《袁世凯全集》第 4 卷，第 164 页。
② 张华腾著：《北洋集团崛起研究（1895—1911）》，中华书局 2009 年版，第 61—90 页。
③ 《新建陆军兵略录存卷一》，骆宝善、刘路生主编：《袁世凯全集》第 4 卷，第 89 页。
④ 《新建陆军兵略录存卷四》，骆宝善、刘路生主编：《袁世凯全集》第 4 卷，第 197 页。

《徐世昌日记》显示，1897 年 7 月至 1899 年 11 月，在小站新军中任参谋营务处总办的徐世昌亲历了数次新建陆军的对抗演习。[①]《新建陆军兵略录存》中也记载了 1897 年 10 月 15 日至 1898 年 4 月 29 日新建陆军在新城、白塘口与灰堆、葛沽、海挡外、同和庄、南天门、葛沽与双桥、葛沽西南茶棚等地举行的 8 次对抗演习。结合两种材料，将新建陆军的对抗演习情况列表，见表 2—1。[②]

表 2—1

时间		演习记录	资料来源
1897 年	7 月 7 日	早起，看行军攻守法	《日记》第 10318 页
	10 月 15 日	新城一带遭遇战	《录存》第 241 页
	10 月 21 日	白塘口、灰堆一带演练攻守战	《录存》第 241－242 页
	11 月 12 日	葛沽一带演练攻守战	《录存》第 242－243 页
	11 月 27 日	操行军队，西南行廿里在海挡外操演	《日记》第 10331 页
		海挡外演练攻守战	《录存》第 243－244 页
	12 月 7 日	晨起，同慰廷出演行军队至葛沽之南，往返约四十里	《日记》第 10332 页
	12 月 17 日	晨起，出看行军队，到北闸口之北，往返约三十余里	《日记》第 10333 页
		同和庄一带演练攻守战	《录存》第 244－245 页

① 徐世昌著，吴思鸥、孙宝铭整理：《徐世昌日记》（点校本）第 21 册，第 10318－10395 页。

② 按：表中各条资料来源，《徐世昌日记》简称《日记》，下同；《新建陆军兵略录存》简称《录存》。

（续）

时间		演习记录	资料来源
1898 年	1 月 2 日	看演行军队至北闸口之西北巨各庄一带，往返约五十里	《日记》第 10335 页
	2 月 14 日	晨起，到西小站操行军队	《日记》第 10339 页
	2 月 24 日	晨起，出演行军队，因风大而止	《日记》第 10340 页
	2 月 26 日	晨起，出演行军队到葛沽之南，往返约四十里	
	3 月 6 日	晨起，到南天门演行军队	《日记》第 10341 页
	3 月 16 日	晨起，出演行军队	《日记》第 10342 页
	3 月 25 日	南天门一带演练遭遇战	《录存》第 245—246 页
	4 月 6 日	葛沽、双桥一带演练遭遇战	《录存》第 246—247 页
	4 月 29 日	葛沽西南茶棚一带演练攻守战	《录存》第 247—248 页
	7 月 15 日	黎明起，到海挡外看演行军队	《日记》第 10352 页
	10 月 7 日	晨起，出演行军，走队至咸水沽，往返约四十里	《日记》第 10359 页
	12 月 11 日	晨起，赴石闸庄操行军队，往返约四十里	《日记》第 10364 页
	12 月 23 日	晨起，到茶棚看演行军队，往返约四十里	《日记》第 10365 页
1899 年	1 月 22 日	冒雪出演行军队	《日记》第 10368 页
	1 月 27 日	晨起，全军合操并演行军队，直至日西始收操	《日记》第 10368 页
	3 月 17 日	到海挡外看全军合操并演行军队	《日记》第 10372 页

上表显示，1897 年至 1899 年间，新建陆军在驻地附近举行过 22 次对抗演习，另有 1 次因大风天气中止。新建陆军举行对抗演习的频

率极高,有时,在一个月内就会举行 2 至 3 次。这充分说明,新建陆军举行对抗演习已经常态化了。我们可以通过《新建陆军兵略录存》中择录的 8 次对抗演习,更加全面地了解新建陆军时期对抗演习的实施情况。[①]

其一,新城对抗演习。[②]

1897 年 10 月 15 日,新建陆军分编东、西两军,在新城一带演练遭遇战。西军以步队左翼第一营、第二营及右翼第二营为主力,由督办袁世凯亲自指挥;东军以步队右翼第三营、右翼第一营为主力,由督操营务处指挥。两军均配置有骑兵、炮兵。

西军作战计划如下:1. 马龙标率步队左翼第一营、右翼第二营各 1 哨从北路绕往新城东北设伏,待东军开拔迎战时从后方偷袭。2. 左翼第二营前队何宗莲率部穿过东大站桥,沿南岸行进十五里处设伏,待东军主力从河北岸经过时拦腰攻击,不得使东军从北岸大路进军。3. 左翼第二营抽调 1 大排兵把守东大站桥口,接应何宗莲部,同时抽调 1 队驻扎要隘,阻击东军来路,并防备东军从南岸偷袭。4. 曹锟、陆建章、段芝贵各带 10 名骑兵,分三路侦察东军阵地部署情况、进攻计划及搜拿间谍人员。5. 东军开拔时,分编左路(右翼第二营)、中路(左翼第一营)、右路(左翼第二营)三路行军。左、右翼各派马队 1 哨巡逻侦察,遇事禀报两路统带并报督办袁世凯,中路派侦察骑兵搜索前进,遇事禀报。6. 派学兵及马队埋伏,以备散兵线冲击,并派马队 1 哨在阵地东

① 可参看下文所列武卫右军时期制定的《练习行军交战简明地图》,内中涉及新城、白塘口、葛沽、同和庄、双桥、茶棚等处周边形势,有助于直观了解新建陆军对抗演习的情况。

② 《新建陆军兵略录存卷七》,骆宝善、刘路生主编:《袁世凯全集》第 4 卷,第 241 页。

侧的苇塘巡逻，以防东军从苇塘偷袭。

东军作战计划如下：1. 派右翼第三营为右翼。2. 右翼第一营两队部署炮队前方、两队部署炮队后方，骑兵为先头部队，沿河北岸大路进军。3. 河南岸不再派左翼护队。

两军遭遇后，东军炮队开炮，掩护步兵、骑兵冲锋，进攻河堤，击退守堤西军一部。东军欲登堤时，遭遇西军何宗莲部伏击，攻击队形被打乱。加上道路狭窄、地势不利，东军攻击受挫。但西军惧于东军炮火猛烈，未轻易逼近攻击。东军右翼第三营与西军左翼第一营处于胶着状态，僵持不下。马龙标所设 2 哨伏兵被东军侦察兵发现后，便率队绕苇塘泅水转移，东军未重视该股转移之伏兵，仅派 2 排牵制搜查。马龙标所部伏兵运动至东军右翼第三营右侧猛烈攻击，东军不得不调右翼第三营防御右侧，导致中路空虚。西军主力趁势攻击东军中路，东军失利，演习结束。

其二，白塘口、灰堆对抗演习。[①]

10 月 21 日，新建陆军分编南、北两军，在白塘口、灰堆一带演练攻守战。南军由袁世凯指挥，北军由步队左翼长姜桂题指挥，南守北攻。

演习开始前一天，即 10 月 20 日，南军先开往白塘口以北驻扎，北军赴灰堆驻扎，各自派出侦察兵。

21 日，南军作战计划如下：1. 派步队右翼第三营 2 队、陆路炮 2 尊为右翼，沿海河西岸梯次设伏，炮兵为第一层伏兵，枪兵 1 队为第二层伏兵，防备北军包抄。2. 派炮 2 尊、枪兵 1 队扼守双港、蛮子营，阻击

---

① 《新建陆军兵略录存卷七》，骆宝善、刘路生主编：《袁世凯全集》第 4 卷，第 241—242 页。

大路来敌并守护退路；派炮队 4 尊及步兵 4 队在柴园正面设伏，以抵御北军主力。3. 炮队 4 尊、枪兵 2 队、骑兵 1 队为左翼，防守南马庄、北沙河庄一带，防备北军沿西大路抄袭后路；派枪兵 1 队在南、北马家庄之间设伏，并在小桥之南埋设水雷 20 具，以阻止北军渡桥；派马队 1 哨巡逻海河沿岸，防止北军乘隙渡河偷袭。

北军作战计划如下：1. 一路从河西岸进军。2. 一路从中路进军。3. 一路从北马家庄绕至葛黄庄，渡小河。

演习开始，海河西岸之北军，派 4 哨从大路进攻，派 8 哨分击南军两层伏兵。南军伏兵势单力薄，无法抄袭，处于胶着状态。北军增派 1 哨，企图渡过海河从东面包抄南军后路，因海河南岸巡防严密无法渡河。海河东岸地形平坦，西岸树林繁密，不利攻击。从大路进攻之北军 4 哨遭到守卫双港的南军炮兵、步队顽强抵抗，进退失据，只能伏地自守。

北军中路以散兵线队形进攻，因南军占据有利地势，攻击受挫。北军部队企图向西运动，经过小桥抄袭南军主力后路。南军桥后伏兵出击抵御，又得南马庄炮兵支援，北军计划受挫。北军中路从南军正面再次猛攻，仍无法突破南军防线，再次向西运动。南军又派援兵增援护桥部队，并侦察北军中路未设伏兵，遂派骑兵冲击。北军中路及大路各部迅速靠拢，抵御南军骑兵冲击，并派出骑兵截堵。南军迅速令马队退后，步队向北军密集射击。

北军葛黄庄所部，先派骑兵抢占该庄西北小桥，步队佯攻，企图消耗南军炮弹。同时，北军又派出马队，四处袭扰南军。南军多方抵御，派骑兵在北沙河庄、南小河沿岸巡逻，严防北军偷袭。南军炮火停止后，北军马、步主力突袭南军炮兵阵地，企图抢夺南军火炮。南军炮兵依托有利地形反击，桥南伏兵配合炮兵作战，步、炮协同击退北军。

其三，葛沽对抗演习。[①]

11月12日，新建陆军分编南、北两军，在葛沽一带演练攻守战。南军由督操营务处指挥，北军由步队左翼长姜桂题指挥，南攻北守。

南军作战计划如下：1. 派步队右翼第三营为中路。2. 派第一营为右路。3. 派第二营为左路，以学兵营附于中路之后为全军预备队，兼为左、右两路警戒；骑兵两队分左、右两部，为侦察部队。

北军作战计划如下：1. 派步队左翼第一营为右路，防守阵线右翼。2. 派第二营为左路，防守阵线左翼。3. 派炮队营为中路，防守正面阵线，另调火炮数尊在左路坟茔之后部署炮兵阵地，与中路炮火形成交叉火力阵线。4. 在阵线右翼草园内派步队两队设伏，诱敌抢炮时突袭敌军。5. 在右界村内设置伏兵，伺机抄袭南军左翼。6. 骑兵2队，1队在阵线左翼外堤后设伏，1队在阵线右翼内草园后设伏，伺机偷袭包抄南军。

演习开始后，南军进攻，遭到占据有利地形的北军反击，未敢轻进。南军仅以小排散兵队诱敌出击，但北军未轻易出击，仅发炮轰击。南军遭遇炮火打击后撤退，北军步队相继开枪，其阵地部署情形大半暴露。南军重整兵力，全线发起攻击，北军退而据险，互有胜负。葛沽对抗演习结束后，新建陆军总结了南北两军的战术表现，对不合战理之处提出修正意见。

---

① 《新建陆军兵略录存卷七》，骆宝善、刘路生主编：《袁世凯全集》第4卷，第242—243页。

其四,海挡外对抗演习。[①]

11 月 27 日,新建陆军分编东、西两军,在海挡外演练攻守战。西军由步队左翼第二营统带杨荣泰指挥,东军由步队右翼第三营统带徐邦杰指挥,西守东攻。

西军作战计划如下:1. 派步队左翼第一、第二两营部署三道防线,骑兵两队警戒左、右两翼。2. 调拨步队左翼第一营前队半哨,从阵线左翼大堤开赴西小站,防备东军从左翼偷袭。

东军作战计划如下:1. 派步队右翼第一营为左路。2. 派步队右翼第三营为中路。3. 派步队右翼第二营为右路。4. 骑兵在左、右路前方警戒,并侦察敌情。

演习开始后,东军进攻右界河堤,其阵线左翼空虚,为防备西军骑兵于此突袭,下令预备队防范,同时部署兵力防备后路遭袭。西军借草堆隐藏兵力部署,东军未知虚实,故派出散兵队形诱敌。西军发现东军散兵队形后,立即率全军出击迎战,致使右翼被东军包围。西军调兵增援右翼之时,左翼亦被包抄,全线溃退。此次演习,东军进攻颇为顺利,西军防御失利。演习结束后,新建陆军总结了东、西军攻守过程中的战术表现,提出改进意见。

其五,同和庄对抗演习。[②]

12 月 17 日,新建陆军分编南、北两军,在同和庄一带演练攻守战。北军由德籍教习巴森斯指挥,南军由袁世凯指挥,南攻北守。

---

① 《新建陆军兵略录存卷七》,骆宝善、刘路生主编:《袁世凯全集》第 4 卷,第 243—244 页。

② 《新建陆军兵略录存卷七》,骆宝善、刘路生主编:《袁世凯全集》第 4 卷,第 244 页。

北军作战计划如下：以步队左翼第一营、右翼第二营、炮队1队、骑兵2队编入。是日9时，开赴同和庄一带择地防守。1. 以左翼第一营防守阵线左翼，以右翼第二营防守阵线右翼。2. 同和庄右侧紧邻海河，可阻击南军偷袭阵线右翼，左侧空旷，可部署炮兵阵地。3. 骑兵2队，1队分散侦察，1队部署全军后方。4. 从右翼调拨步队1哨埋伏在同和庄后沟内，作为前沿阵线。北军指挥官将以上部署完毕，登同和庄民房之上，遥观南军攻势。

南军作战计划如下：以步队左翼第二营、右翼第一营及第三营，学兵1营，炮队1队，骑兵2队编入。1. 派左翼第二营警戒阵线右翼，学兵营和骑兵一部进攻北军正面阵线，皆为佯攻。2. 袁世凯亲率步队2营、炮兵及骑兵各1队全力进攻北军左翼。3. 先派炮兵进行火力侦察，探明北军左翼炮兵阵地部署情况后，以炮火摧毁北军炮兵，然后步队进攻，待北军派兵防御时，南军派右翼第三营、骑兵1队偷袭北军后方阵地。

是日10时，开始演习。南军进攻之初，已侦察到北军两翼未能全线展开，左、右翼皆易于偷袭。但北军右侧有海河天险，无法绕攻，南军便全力攻其左翼，企图从左翼包抄其后路。北军派左翼第二营牵制南军右翼，学兵营及骑兵牵制南军正面兵力；派右翼第一营及炮兵向南军左翼猛攻，同时暗派右翼第三营包抄南军左翼后路。北军虽侦知南军中、右两路佯攻，却未知其右翼第三营的包抄计划，故仅调兵增援全军左翼。南军右翼第三营成功运动到南军阵线左翼后路，北军一支骑兵抵达增援，奈何沟渠纵横无法防御，失败撤退。北军急调增援左翼之兵，以解后路被围之急。但南军已抢占三处村庄，攻击火力猛烈，北军援军决计撤回同和庄据守，却在撤退时遭南军重创。此次演习，南军因指挥官调度有方,攻击顺利;而北军则受制于不利地形,部署失当,处于下风。

其六,南天门对抗演习。[①]

1898 年 3 月 25 日,新建陆军分编东、西两军,在南天门一带演练遭遇战。西军由袁世凯指挥,东军由左翼长姜桂题指挥。

西军以右翼第一、二、三营为主力。东军以左翼第一、二营及学兵营为主力。两军各派骑兵侦察敌情,主力在南天门一带遭遇,进行对抗。

西军行军计划如下:1. 先派骑兵查探道路、侦察敌情。2. 派右翼第三营一部为先头部队,配备火炮 10 尊。3. 派右翼第一营为接应队。4. 右翼第三营一部为预备队。5. 预留马队一哨断后,防止被抄袭后路。全军按照以上阵形,从西小站渡河向东行军,接到侦察骑兵的敌情报告,停止前进,进入战斗状态。

东军行军计划如下:1. 先派骑兵查探道路、侦察敌情。2. 派左翼第一营为先头部队。3. 学兵营为接应队,配备火炮 12 尊。4. 派左翼第二营为预备队。5. 骑兵警戒全军两翼。全军按照以上队形,经过南天门大桥向西运动,也接到侦察骑兵的敌情报告,停止前进,进入战斗状态。

东西军遭遇前,各自根据侦察情报制定作战计划。西军方面:1. 以右翼第二营为阵线右翼。2. 右翼第三营为阵线左翼,配备火炮 4 尊。3. 右翼第一营为正面阵线,因地面平坦,部署火炮 6 尊。4. 骑兵

① 《新建陆军兵略录存卷七》,骆宝善、刘路生主编:《袁世凯全集》第 4 卷,第 245—246 页。

部署在阵线正面及左、右两翼。按照兵力部署，西军左、右两翼先派散兵线队形攻击，正面阵线炮兵进行炮击，以火力侦察敌情。东军方面：1. 派左翼第一营为阵线左路。2. 左翼第二营为右路。3. 学兵营为中路。4. 炮队分左、中、右三路。5. 骑兵部署全军左、右两翼。

东西两军遭遇后，开始演习。两军炮兵均部署在步兵之前，互相炮击，后因炮位相距较近，均撤到步兵之后。东军将兵力集结在全军两翼，企图包围西军，导致正面兵力较弱。西军乘机派马队从正面冲击东军正面阵线，所幸东军在正面阵线的沟渠内设有伏兵，使用密集火力击退西军马队。东军阵线左翼的冲锋骑兵缺乏步兵配合作战，被西军右翼第二营包围，损失惨重，影响到整个阵线左翼。此次演习结束后，新建陆军总结了东、西两军在遭遇战中的战术表现。

其七，葛沽、双桥对抗演习。①

4 月 6 日，新建陆军分编东、西两军，在葛沽、双桥一带演练遭遇战。东军由袁世凯指挥，西军由督操营务处指挥。

东军行军计划如下：步队左翼第一、第二营，学兵营 1 营，陆路炮 12 尊，侦察骑兵 40 名，从东大站开赴葛沽南约三里处择地驻扎，派兵警戒驻地，并派骑兵前往双桥一带侦察敌情。

西军行军计划如下：步队右翼第一、第二、第三营，快炮 10 尊，侦察骑兵 40 名，从盐水沽运动到双桥一带，右翼第二、第三营及炮队驻扎双桥之东，右翼第一营驻扎桥西，并派骑兵前往葛沽一带侦察敌情。

演习开始后，东军开拔，其先头部队行进约 500 米，侦察骑兵报告

---

① 《新建陆军兵略录存卷七》，骆宝善、刘路生主编：《袁世凯全集》第 4 卷，第 246—247 页。

西军来攻,相距仅 4000 米左右。东军下令快速抢占关帝庙高地部署炮兵阵地,然已被西军抢先占领。东军遂依托沿途坟冢部署炮兵,发炮轰击西军主力。同时,东军调派左翼第一营 2 队在海河沿岸防御,以防西军包抄;派左翼第二营 2 队从左面进攻西军右翼,被西军右翼第一营后队阻击;派左翼第一营 2 队及学兵营进攻西军正面阵线;派左翼第二营 2 队作为预备队。西军右翼第三营 2 队沿海河岸急速行军,企图包围东军右翼,东军侦知后调兵增援。西军因右路抵御东军包抄,左路进攻东军右翼时,导致正面阵线势单力薄,东军乘势派马队、左翼第二营 2 队协同攻击,企图将西军阵线拦腰截断。西军马队迅速撤退,派右翼第三营左队从左翼向南斜击,步队与东军形成胶着状态。演习结束后,新建陆军总结了东、西两军在遭遇战中的战术表现。

其八,葛沽西南之茶棚对抗演习。①

4 月 29 日,新建陆军分编东、西两军,在葛沽西南之茶棚一带演练攻守战,西军由步队左翼长姜桂题指挥,东军由袁世凯指挥,东攻西守。

西军作战计划如下:派左翼第一、第二营,骑兵 2 队及炮 8 尊、地雷 8 枝,是日 7 时开赴葛沽西南茶棚一带择地防守。1. 步队左翼第一营守卫阵线左翼。2. 步队左翼第二营守卫阵线右翼。3. 茶棚东、西两侧各设炮 4 尊。4. 派出骑兵 1 队 3 哨,1 哨从西向南巡逻警戒,1 哨归指挥官随时差遣,1 哨分班警戒阵线;其余骑兵 1 队在茶棚后方设伏。5. 正面阵线的堤路两边,各埋地雷数枝,以防东军偷袭。

东军作战计划如下:1. 派步队右翼第三营前、后 2 队,马队 1 哨,

① 《新建陆军兵略录存卷七》,骆宝善、刘路生主编:《袁世凯全集》第 4 卷,第 247—249 页。

炮 2 尊为先头部队。2. 马队 1 哨警戒两翼。3. 派桥梁队紧随先头部队之后，以备遇阻时进行工程作业。4. 右翼第一营右队、马队 1 队断后，防护后路。5. 右翼第三营 2 队、右翼第一营 3 队、右翼第二营全营及过山炮 6 尊为主力。6. 留马队 1 哨归指挥官随时调遣、传达命令。是日 8 时，东军从小站东经过行军桥，向东进军。

东军抵达东大站时，接到侦察情报，西军在葛沽西之茶棚一带据守。东军过桥向东运动，距敌 4500 米左右停止，派出骑兵侦察敌情。据情报显示，西军防线太宽，地势复杂，无法侦知西军主力所在。东军决定进行火力侦察，其作战计划如下：派右翼第二营前队、马队 1 哨为右路，右翼第一营后队及马队 5 骑为中路，右翼第三营后队及马队 1 哨为左路，兵分三路，步、骑协同佯攻，企图侦知西军兵力部署情况。东军探知西军马队数骑欲抢占正面的土窑，迅速调派马队 1 哨、炮 2 尊及步队 1 哨抢占该地。西军马队乘隙攻击，意图抄袭东军正面，东军步、炮猛烈回击，并派马队截堵，西军马队受创撤退。东军三路佯攻时，侦知西军急速调兵增援阵线右翼，知其阵线右翼必定空虚。东军决定声东击西，缓攻西军右翼，诱其派重兵防守左翼，同时暗调右翼第三营前、左、右 3 队及马队 2 哨集结，以包抄西军右翼；炮队紧随中路，利用炮火将西军拦腰截断，使其不能东西兼顾。西军将正面阵线后方的预备队全部增援阵线右翼，阻击东军右翼第三营等，暂时挫败了东军包抄阵线右翼的计划。东军从中路增派马队 1 队、右翼第一营、预备队 1 队从东面突击西军阵线右翼，诱使西军兵力东调，以便右翼第三营能够寻找战机从西面顺利包抄。若西军不分兵力东救，同样可从东面薄弱处击破西军右翼。但东军传令员误传军令，致使东军从中路调拨的援兵继续从西面攻击,未能实现预定计划。东军改派马队 1 队,决计从西军正面阵线右端突击,诱使西军部队集结,东军便可派步队乘隙突入其阵线。此时西军阵线左翼已被东军右翼第二营包抄,难以支持,而正面阵线又被西军攻击,无法分兵救援。演习结束后,新建陆军总结了东、西两军在攻守战中的战术表现。

袁世凯非常重视新建陆军的对抗演习,以上 8 次演习中,有 6 次亲自指挥一军参与演习。他在给弟弟袁世承的信中,两次提到军演之辛劳。1897 年 10 月 24 日的信中说:“兄近来时带各营操演行军对敌诸法,跑的头晕眼黑,尚能耐劳。”①1898 年 5 月 12 日的信中又说:“别来即天天考阅行军操法,昨始完事。甚疲惫,真不能支。”②正是在袁世凯的大力主持下,新建陆军多次举行对抗演习,其练兵成效才获得中外人士的赞誉。

6 月 13 日,侍读学士徐致靖密保袁世凯时,称赞新建陆军的对抗演习:“设为两军伪攻出奇诱敌之形,进退机宜,随时指授。故其兵士无日不经操练,无日不经讲究,虽在驻军,如临大敌。”③10 月 27 日,英国海军少将、下议院议员贝思福(Lord Charles Beresford)来到小站,停留了两日一夜,得以观摩新建陆军的训练情况,“纵观其操演兵丁之法,以及交战之阵图、对垒之军法”。新建陆军的对抗演习给其留下了深刻的印象,“先在本营操场操演阵式,后至旷野操演两军攻击之阵式。各将弁与兵丁等,皆娴习口号,熟谙行阵。可想见该军纪律之严明矣”。他

① 《致从弟袁世承函》(4—31),骆宝善、刘路生主编:《袁世凯全集》第 4 卷,第 56 页。

② 《致从弟袁世承函》(4—49),骆宝善、刘路生主编:《袁世凯全集》第 4 卷,第 64 页。

③ 徐致靖:《密保练兵大员疏(节录)》,中国史学会主编:《中国近代史资料丛刊·戊戌变法》(二),第 338 页。

高度评价了袁世凯编练新军的成效："袁军为中国最有名望之兵，一切营制，悉仿西法，久为泰西各国人所瞩目。"[①]

二、武卫右军时期对抗演习的理论化

甲午战败后的几年中，中国面临西方列强掀起的瓜分危机，"德人首发难端，袭据胶澳。嗣是俄人取金、旅，英人占威海，法人索租广州湾，交迫迭起，不一而足"。在山东境内，德国租借胶州湾后，"复进据日照，焚杀要胁，种种欺侮"。[②] 1899年清廷谕令武卫右军赴德州一带操演行军，5月7日袁世凯奉旨统带"所部各营（出八成队）"出发前往德州，参谋营务处总办徐世昌在小站"督率操练所留二成队伍并照料一切"。[③] 当天，行军至唐官屯的袁世凯致函徐世昌，叮嘱他留守小站期间认真练兵，"营内诸事，均请费神。惟要在将留营二成人操练实用如法，以为后劲"。[④] 武卫右军的大队人马被派往山东德州后，在小站留守的徐世昌不负重托，继续督促武卫右军余部开展对抗演习。是月30日，袁世凯回营，继续编练武卫右军。[⑤] 武卫右军时期开展对抗演习的情况，参见表2—2。

---

① [英]贝思福著，林乐知译，孙昉整理：《保华全书》，国家清史编纂委员会编，宋建昃、王雪迎点校，孙昉等整理：《晚清文献七种》，第403—404页。

② 《亟宜讲求练兵以绝窥伺折》(4—135)，骆宝善、刘路生主编：《袁世凯全集》第4卷，第321页。

③ 徐世昌著，吴思鸥、孙宝铭整理：《徐世昌日记》(点校本)第21册，第10376页。

④ 《致新建陆军总理营务处徐世昌函》(4—131)，骆宝善、刘路生主编：《袁世凯全集》第4卷，第318页。

⑤ 徐世昌著，吴思鸥、孙宝铭整理：《徐世昌日记》(点校本)第21册，第10378页。

表 2—2

时间		演习记录	资料来源
1899 年	5 月 17 日	晨起,出演行军走队,顺查北闸口、东大站两卡	《日记》第 10377 页
	9 月 21 日	到少林庙看演行军队	《日记》第 10387 页
	11 月 6 日	晨起,到海挡外全军操行军队,午后操毕	《日记》第 10392 页
	11 月 14 日	晨起,出演行军,午后撤队	《日记》第 10393 页
	11 月 18 日	到海挡外看演行军炮垒,午后操毕	《日记》第 10393 页
	11 月 20 日	晨起,出演行军队	《日记》第 10394 页

由上表可见,1899 年 5 月至 11 月,短短数月中,武卫右军实施了 6 次对抗演习,依旧保持着较高频率的演习活动,这在很大程度上保证了武卫右军的练兵成效。

武卫右军时期,除了继续实施对抗演习外,更在军事演习理论层面取得了较大的成就。袁世凯在山东期间,深受列强瓜分危机的刺激,上折奏称:“舍认真以练洋操之外,固别无善策以处此也。”鉴于全国陆军操法庞杂混乱,或者狃于传统操法不思变通,或者机械学习洋操,袁世凯主张统一全国陆军操典,“饬下统兵大臣,参仿各国戎政,详拟兵法、操法、军规、器械,立定划一章程,请旨颁发各直省军营,一体遵照,认真训练”。[①] 5 月 24 日清廷谕令:“着将该军平日训练情形,详晰陈奏,并将各种操法,绘图帖说,进呈备览。”[②]袁世凯回小站后,即刻令小站班

① 《亟宜讲求练兵以绝窥伺折》(4—135),骆宝善、刘路生主编:《袁世凯全集》第 4 卷,第 321—322 页。

② 《德宗景皇帝实录》(六),《清实录》第 57 册,中华书局 1987 年版,第 826—827 页。

底将武卫右军的训练情况编纂成书。袁世凯亲自参与编纂工作，他在7月25日、30日给弟弟袁世承的两封信函中说："连日赶修操书，甚忙"；[①]"连天大雨，方以修辑兵书为忙。"[②]徐世昌也在7月26日至8月6日的日记中，屡屡提及校订兵书的情形。[③]《训练操法详晰图说》（以下简称《操法图说》）编撰成书后，袁世凯为慎重起见，三次致函幕僚言敦源，要求他根据全书主旨，修改字句不妥、文理不顺、语句重复、前后矛盾的错误。袁世凯尤其强调，《操法图说》一书要另折附奏，书中字句不必追求深意奥妙，"只求文理通顺，事理明白即可"。[④] 8月23日，袁世凯将《操法图说》进呈御览，共计清册12本、阵图1本、图说清单1件，奉旨："览奏，已悉，图册留览。钦此。"[⑤]

《操法图说》既明确提出了新军的军事训练宗旨，又详细规定了具体的实施办法。《操法图说》再次强化了循序渐进的训练原则，"由浅入深，循序递进，始练以步伐身手各法，次练以布阵变化诸方，再练以行军、驻扎、攻守、调度之道"。[⑥] 换句话说，从新兵的基本军事训练，到诸兵种的专业训练。《操法图说》明确突出了以练为战的训练宗旨，"按战阵之规，作平时操练之式，即以操练之法，备异日战阵之需，自然劲旅能成，缓急足恃"。[⑦] 在这一宗旨指导下，《操法图说》规定了军事演习的

---

① 《致从弟袁世承函》(4—144)，骆宝善、刘路生主编：《袁世凯全集》第4卷，第328页。

② 《致从弟袁世承函》(4—145)，骆宝善、刘路生主编：《袁世凯全集》第4卷，第328页。

③ 徐世昌著，吴思鸥、孙宝铭整理：《徐世昌日记》（点校本）第21册，第10382—10383页。

④ 《致幕宾言敦源便函三则》(4—150)，骆宝善、刘路生主编：《袁世凯全集》第4卷，第711页。

⑤ 《训练操法详晰图说》，骆宝善、刘路生主编：《袁世凯全集》第4卷，第333页。

⑥ 《训练操法详晰图说》，骆宝善、刘路生主编：《袁世凯全集》第4卷，第333页。

⑦ 《训练操法详晰图说》，骆宝善、刘路生主编：《袁世凯全集》第4卷，第333页。

各项条令,将其列为新军军事训练的固定科目。

《操法图说》第二册强调了开展军事演习的必要性:“择地势,料敌情,分合进退,奇正互用,乃演战之通义,实临战之真筌”;演习时使用“无子之药弹”,只闻枪炮之声,不会损伤官兵身体,但要抱有“如临大敌”之心。[①] 该册具体规定了行军筹备、行军侦探、行军队形、行军通则、行军各部任务、夜间行军、行军地形、行军遇敌的各项办法。

《操法图说》第三册强调了开展攻守训练的必要性,“决胜疆场,谓之兵战。然兵战不外乎攻守”。[②] 在制定训练攻法、守法总则后,具体规定了地势攻守、城垣攻守、山岭攻守、林落攻守、村镇攻守、河渠攻守、要隘攻守及掩袭、预备队、后勤保障等各项办法。

《操法图说》第四册规定驻扎训练的原则:“凡行军驻扎,与遇敌驻扎,总期内可休息兵力,外可防范敌军。”[③]更为重要的是,该册以武卫右军的两次对抗演习为例,总结了遭遇战、攻守战的实施模式和经验教训。此外,还绘制有演习地图一份,参见图 2—1。[④]

《练习分军遇战纪略》一篇规定了演练遭遇战的模式:督练官为统监。全军分东、西两军,各派主将,秘授战略。东军交某人指挥,以步兵 2500 名、炮兵 400 名、过山炮 18 尊、马兵 2 队编成,某日某时开往新城一带,作为向西进攻之兵。东军行军、部署计划,全由主将负责。西军

---

① 《训练操法详晰图说第二册》,骆宝善、刘路生主编:《袁世凯全集》第 4 卷,第 352—353 页。

② 《训练操法详晰图说第三册》,骆宝善、刘路生主编:《袁世凯全集》第 4 卷,第 364 页。

③ 《训练操法详晰图说第四册》,骆宝善、刘路生主编:《袁世凯全集》第 4 卷,第 373 页。

④ 《训练操法详晰图说第四册》,骆宝善、刘路生主编:《袁世凯全集》第 4 卷,第 382 页。按:原图字迹模糊,本图在原图基础上,对于重点区域重新标注了名称。

图 2—1

練習行軍交戰簡明地圖

交某人指挥，以步兵 2500 名、炮兵 400 名、陆路炮 18 尊、马兵 2 队编成，某日某时开往白塘口一带，作为向东迎敌之兵。西军如何侦察、进军，也全由主将负责。具体以武卫右军时期茶棚一带遭遇战为例。东军在新城一带，派骑兵前往葛沽一带侦察敌情，西军在白塘口一带，派骑兵前往咸水沽一带侦察敌情。其后，两军主力在茶棚一带遭遇，演练遭遇战。演习结束后，由监战官查验、总结两军战术表现，认为“两军相遇，战法、兵力相等，其战阵得失，须因时制宜”。同时，记录了两军战术失误之处：东军变换队形不合战法、夜袭前未能确查敌军位置；西军先头部队宿营距主力太远易遭敌袭、右翼兵力单薄易于被击破等。[①]

《练习分军攻守纪略》一篇规定了演练攻守战的实施模式：督练官

---

① 《训练操法详晰图说第四册》，骆宝善、刘路生主编：《袁世凯全集》第 4 卷，第 377—380 页。

分别指派攻、守双方的主将。主将以学识较优之员充任,兵力部署、指挥情况需根据战场形势灵活应变。具体以攻守新城为例。先令统带一员,率领步兵 2000 名及炮、马队各 1 队,开赴新城为守军。主将抵达新城后,先熟悉周边形势,据此部署防守兵力。督练官率步兵 3000 名及炮、马各队,作为攻军。先派三路骑兵前往新城一带侦察,根据情报部署进攻兵力。两军在新城演练攻守战结束后,由监战官查验、总结两军战术表现,同时记录两军的战术失误之处。①

武卫右军时期编撰的《操法图说》一书,是对小站新军两个发展时期军事训练实践的理论总结,迥异于中国传统的军事操法。相较之前的《兵略录存》,《操法图说》更为系统、完善,它所构建的军事训练体系和内容,直到清末新政之初仍然具有指导意义。清末新政伊始,清廷谕令各省厘定常备、续备军操法,袁世凯奏称,此前所编《操法图说》已刊发所部作为标准操法,"现当仍依前法,姑无须再行厘订"。② 可以说,武卫右军时期的《操法图说》系统总结了小站新军的军事训练及其对抗演习的实施模式和经验教训,标志着小站新军对抗演习的理论化。

第三节 南洋自强军、湖北护军营的对抗演习

甲午战后张之洞编练新军,因其任职地域不同而分为两个时期。张之洞署理两江总督期间,编练南洋自强军,其营制、武器、训练均参仿

① 《训练操法详晰图说第四册》,骆宝善、刘路生主编:《袁世凯全集》第 4 卷,第 380—381 页。

② 《厘订营制饷章暨创练北洋常备军折(附营制饷章)》(10—397),骆宝善、刘路生主编:《袁世凯全集》第 10 卷,第 284 页。

德国陆军；张之洞回任湖广总督后，继续编练湖北护军营，一定程度上可以视为编练自强军活动的延续。南洋自强军、湖北护军营也在军事训练中实施了对抗演习。

一、南洋自强军的对抗演习

张之洞编练自强军之初，便指出了勇营刻板练习洋操犯了买椟还珠的错误，认为他们不过是"学其口号、步伐"，"于一切阵法变化、应敌攻击之方、绘图测量之学，全无考究"。为了纠正此弊，他在编练自强军时延聘大批德国军官，赋予其统兵、操练之权。他很欣赏德军的对抗演习："其操亦无定式，大率皆分为两军，一为官兵，一为敌人，教以两军相遇攻战守御之法。如此操演，当有实用。"[①]因此，张之洞特别强调，自强军学习洋操的内容应以临敌实用为宗旨，如"应敌攻守之方，图绘测量之学"，不能再像以前"徒袭口号、步伐之皮毛"。[②] 不过，张之洞未来得及督率自强军实施对抗演习，便回任湖广总督。此后，两江总督刘坤一继续督练自强军。当年夏季，自强军与两江督标亲兵营因操练场地发生冲突，刘坤一遂将自强军调扎吴淞。[③] 据时人观察，"（自强军）迥超侪辈之凡庸，乃旧存之营哨各官以相形见绌之故，不觉侧目而切齿……遂有护军营与自强军互争操场之衅……自强军则已命移驻吴淞，恐绝扩充之望"。[④] 1896 年 7 月 27 日至 8 月 10 日，自强军全部移驻吴

① 《筹办江南善后事宜折》，赵德馨主编：《张之洞全集·奏议》第 3 册，第 264 页。
② 《选募新军创练洋操折》，赵德馨主编：《张之洞全集·奏议》第 3 册，第 299 页。
③ 罗尔纲著：《甲癸练兵志》，《晚清兵志》第 3 卷，第 153 页。
④ 《新军可惜》，《万国公报》1896 年第 90 期，第 21—22 页。

淞。自强军虽未能继续扩充规模,但全军得以渡过建军初期的波动局面,不仅补足了士兵缺额,还拥有了稳定的训练场所,开启了军事训练的新局面,“各兵习练步伐,操演枪法,进退徐疾,渐有可观”。[①]

自强军的军事训练非常严格、艰苦,“军士自清晨七下钟时,操至午后五下钟时,始得收队回营,无一刻之偷闲,无一事之不举”。[②] 步、骑、炮各兵种开展单兵、哨、营等军事技术、战术训练,并有严格的时间规定,“步队各营以三个半月为单人操、数人操及数场操,两个月一营合操并打靶,三个月众营合操并打靶。马队、炮队各营须有九个月操演,可备大阅”。[③]

早在张之洞督练自强军时,就有学习德军分军对抗演习的设想,只是一直没有实施。1897 年 1 月 4 日,沈敦和考虑到自强军“于两军战阵之法未经演习”,采纳了来春石泰关于一军分设左、右两翼的建议,“以步队之八营分作左右两翼,如步队一、二、三、四等营为左翼,步队五、六、七、八等营为右翼”,由步队第一营兼第二营营官斯忒老充任左翼翼长、第六营营官柏登高森充任右翼翼长。[④] 自强军分设左、右两翼,为日后开展对抗演习提供了前提条件。3 月 25 日,沈敦和与来春石泰商议后,决定费资租赁宝山县东郊三官塘一带农田作为演习区

① 《会禀各营缺额兵丁可否令张镇往通海募齐俯赐核示祇遵由》,沈敦和编次,洪恩波参校:《自强军创制公言》卷下,第 7 页。

② 何良栋辑:《皇朝经世文四编》,沈云龙主编:《近代中国史料丛刊》第 77 辑,文海出版社 1972 年版,第 600 页。

③ 《督宪核定洋统带拟立全军各营规条》,沈敦和编次,洪恩波参校:《自强军创制公言》卷上,第 41 页。

④ 《禀请札委左右翼长督操四营伏乞酌核示遵由》,沈敦和编次,洪恩波参校:《自强军创制公言》卷下,第 24—25 页。

域。[①] 5月1日，自强军举行全军合操，并演习炮兵打靶，沈敦和邀请了驻上海的各国领事、武官等173人观操。[②] 自强军本次合操，是建军以来对步、骑、炮诸兵种训练成果的一次大检验，“首演走阵”；“次演步队第一营放枪手势”；“三演步队第七营战攻之法”；“四演马队下马操矛法”；“五演右翼四营合操手势枪法”；“六演炮队两营攻战法”；“七演左翼四营攻战法”；“八演马队上马、进退、冲突之法”。自强军的合操，总体上获得西方观操员的积极评价：“所演攻战起伏之法，皆极整齐。”[③] 自强军在宝山县三官塘的合操结束后，来春石泰向沈敦和建议，应学习德军野外行军对抗演习的做法，“酌派一二营长行二三百里，择山林空旷之地，分为二枝，一则据险固守，一则乘间猛攻，俨分主客，互决雌雄。其经过之处，夜则离村三数里，支搭帐棚，以为栖止。备带数日干粮，不许拦〔阑〕入村市。数日往还，更番调遣”。沈敦和认为，“此所以预习勤劳，亦即练其胆略，法诚至善，似宜仿行”。[④] 1898年冬，来春石泰禀请沈敦和，仿照德军购置背包、馒头包、铅质水瓶等军需物品，为野外对抗演习做准备。[⑤] 遗憾的是，笔者未能查到自强军此次对抗演习的详细史料，无法详叙其过程。不过，当时在中国考察的贝思福观摩过自强军

---

① 《会禀赁地合操俯赐批示立案并乞檄饬支应局给发租价由》，沈敦和编次，洪恩波参校：《自强军创制公言》卷下，第28—29页。

② 《禀督宪刘、两湖督宪张陈明自强军训练粗成接教〔练〕精艺情形乞鉴核批示由》，沈敦和编次，洪恩波参校：《自强军创制公言》卷下，第29—31页。

③ 《译西报论自强军操法》，沈敦和编次，洪恩波参校：《自强军创制公言》卷下，第34—35页。

④ 《禀遵饬接练精艺情形暨工程队应否添设俯赐核示祇遵由》，沈敦和编次，洪恩波参校：《自强军创制公言》卷下，第39页。

⑤ 《禀据来统带请照德制购备背包馒头包铅质水瓶等项应否照数购置乞鉴核批示由》，沈敦和编次，洪恩波参校：《自强军创制公言》卷下，第55页。

对抗演习,并有积极的评价,“我曾见其操演阵法,并在荒郊旷野演习打仗围攻之法,军容整肃,技艺熟谙”。[①]

沈敦和很早就有编撰自强军操典的设想,“拟将自强军操法、阵法及枪炮体用、火药性质,选令洋将述明,另派员司编辑成书,为将来练习洋操之成法”。[②] 1897 年 11 月 29 日,沈敦和向刘坤一禀报说,《自强军西法类编》正在编撰之中,“将是军所有操法悉载编中,庶为习练德操之善本”。[③] 1898 年夏,《自强军西法类编》正式刊印,共计 18 卷,分兵法学、军器学、军乐学、工程学、测绘学、数学 6 大类,这是一部“其词率如口语、不取润饰”的新式军事操典。[④] 可以说,该书总结了自强军学习德操的实践经验,也是其军事训练理论化的成果。

从 1896 年夏移驻吴淞到 1898 年德国军官合同期满,自强军“在这个时期内,仍然保持着这支军队的人员、训练和装备的高标准”。[⑤]

二、湖北护军营的对抗演习

湖北护军营的训练内容,也是以临敌实用为宗旨,“专肄西法马、步、炮各队阵式技艺,枪炮药弹装卸、运用,机器理法,营垒、桥道测量绘

---

① [英]贝思福著,林乐知译,孙昉整理:《保华全书》,国家清史编纂委员会编,宋建昃、王雪迎点校、孙昉等整理:《晚清文献七种》,第 407 页。

② 《禀练将学堂购备桌凳及月需经费并编书薪费可否开支请示由》,沈敦和编次,洪恩波参校:《自强军创制公言》卷下,第 26 页。

③ 《禀呈书样书目并陈明书难遽竣乞鉴核批示由》,沈敦和编次,洪恩波参校:《自强军创制公言》卷下,第 54 页。

④ 《自强军西法类编序》,沈敦和纂辑,洪恩波参订:《自强军西法类编》,第 1 页。

⑤ [美]拉尔夫·尔·鲍威尔(Ralph Lorin Powell)著,陈泽宪、陈霞飞译:《1895—1912 年中国军事力量的兴起》,第 59 页。

图事宜”。[①] 湖北护军营成军后，张之洞计划将其塑造为湖北旧军改练新操的示范样板，“令分防各营，以十之一更番来省，教以新操，俟练成后，转授各营”。[②] 经过一段时间的训练，虽然湖北旧军的操法仍有缺陷，但张之洞利用护军营开风气的做法初见成效。1896 年 10 月 22 日湖北武备学堂提调姚锡光考察后说：“湖北风气渐开，颇改旧观，亦可喜也。”[③]为了更好地指导护军营的军事训练，张之洞也制定了一部新式军事操典。他“参考北洋新建军、南洋自强军及外洋练兵章程”，编撰《湖北练兵新章》，“已饬护军营遵照操练”。[④] 当时湖北全省营务处总办郑孝胥和湖北官员一起巡视护军营时，看到工程营所学皆是“地舆、测量、绘图、枪法”等新式军事学术，这远远超出了湖北官员所知的传统军事学术范围，以致于“督、抚、司、道相顾失色”。[⑤]

湖北护军营举行对抗演习前，张之洞做了较为充分的准备，比如，选择演习场地，学习日本军演的经验，购置军演物品等。

1898 年 6 月 15 日，张之洞选定洪山宝通寺一带作为演习场地，要求湖北护军营、武备学堂学生及防、练各营“均须常往洪山操演枪炮并应敌攻守之法”，自己也“随时亲往校阅”。为方便行军，他札派俞厚安

---

① 《设立护军营工程队练习洋操并裁营抵饷折》，赵德馨主编：《张之洞全集 · 奏议》第 3 册，第 380 页。

② 赵尔巽等撰：《清史稿》第 14 册，第 3939 页。

③ 姚锡光著，王凡、汪叔子整理：《姚锡光江鄂日记（外两种）》，中华书局 2010 年版，第 171 页。

④ 《咨行扎发湖北练兵新章》，赵德馨主编：《张之洞全集 · 公牍咨札》第 6 册，第 209 页。

⑤ 中国国家博物馆编，劳祖德整理：《郑孝胥日记》第 2 册，中华书局 1993 年版，第 809 页。

等人修筑从湖北武备学堂至宝通寺一带的马路，“以期往来便捷迅速”。①

同年10月28日，张之洞札派张斯栒、王得胜、姚广顺等人前往日本观摩日军在山城携津地方举行的军事演习，要求他们“务须将日本陆军操法，所有马队、步队、炮队、辎重队各种队伍、器械、营垒，均须悉心阅看体察，相机咨询考校……回鄂详晰禀覆，勿得粗心泛览，以致虚此一行”。②

1899年12月27日，张之洞对护军营统带张彪购置军演物品的报告做出批示。据统计，应购置雨衣2000件，背囊、鞍囊共2000个，马鞍36副，饭盒、水瓶、杂囊各2000件，紫铜大饭锅21个。由于日本制造的雨衣、背囊、鞍囊物美价廉，故令钱恂在日本购买；德国制造的马鞍、饭盒、水瓶、杂囊质量较高，故令汪洪霆向德国购买；至于紫铜大饭锅，令该营就近购买。所需经费，全部由北善后局照数汇寄。③

随着护军营基本军事训练及诸兵种军事技术、战术训练的纯熟，又经过一系列的前期准备工作，张之洞将实施对抗演习提上日程。

1900年1月21日，张之洞调集督、抚两标，汉阳协练军，护军营及武恺营、武防营、武功营、升字营，首次在武昌城郊的青山一带举行对抗演习。“由洋教习将各营分作两队，一为攻军，一为守军，互相比校。各

① 《札俞厚安等修武备学堂并校场至洪山宝通寺马路》，赵德馨主编：《张之洞全集·公牍咨札》第6册，第138页。

② 《札委张道斯栒等前往日本阅操》，赵德馨主编：《张之洞全集·公牍咨札》第6册，第174页。

③ 《批督带护军四营游击张彪遵饬查明护军四营需用行军队雨衣等项物件数目》，赵德馨主编：《张之洞全集·公牍批牍》第7册，第206页。

军于攻守进退之间，尚能悉听调度。”张之洞观操后，认为参演各军施放枪炮时，以护军营“最为纯熟不乱”。[①]

同年4月24日，张之洞札饬各军，准备调集护军营、武恺营、武防营、武功营、宜防营及督标、抚标、武昌城守营、汉阳协等各军，前往洪山一带举行对抗演习。参演各军统分甲、乙两军，每军由张之洞各派一将领充任指挥官。演习当日，各军编成假设的“敌”、“我”两军后，开展对抗演习，“两军互有进退，午前甲军进乙军退，午后乙军进甲军退，适得其平，并无轩轾。且所放皆系空枪空炮，并无真实弹子，但以能否听令合法为功过，不以进退为优劣”。[②] 为使洪山对抗演习更接近实战状态，张之洞批示善后局、江夏县，不准提前预备食物，自己及随从文武各员全部自行携带食物。同时要求操地不准设桌椅高坐，禁止任何进入演习地段的军官乘坐肩舆、摆列高坐、携带马扎等。[③] 4月26日，甲军在护军后营管带王得胜的指挥下，乙军在武恺营统带吴元恺的指挥下，正式在洪山举行对抗演习，张之洞观操后，认为“演习大致尚属可观”，护军营、武防中营及督标练军营“为较胜”。[④]

1902年春，法国军事观察家嘉杜佛莱上尉考察了湖北护军营，充分肯定了其练兵成效，“洋操队的编队操演和武器运用，可与最好的德

① 《校阅近省各营并操演防营行军队折》，赵德馨主编：《张之洞全集·奏议》第3册，第546页。

② 《札各营预备校阅行军队》，赵德馨主编：《张之洞全集·公牍咨札》第6册，第319页。

③ 《札北藩司等阅军观操须摒除旧习繁文》，赵德馨主编：《张之洞全集·公牍咨札》第6册，第319页。

④ 《札北善后局给发操练行军队奖赏(附单)》，赵德馨主编：《张之洞全集·公牍咨札》第6册，第322—323页。

国军队相比。确实,护军营的出操是十分壮观的"。同时,他对护军营的对抗演习也做了严厉的批评,"张之洞军队的野战演习与战斗训练,并不如他们的操法质量那么高……在野外演习的条件下,他们对各单位的控制几近失败。同时,统带们不能充分发挥他们的炮兵的作用,而士兵的射击术也只是中常"。①

甲午战后,袁世凯编练的小站新军和张之洞编练的南洋自强军、湖北护军营均是结合清军现状、效仿德国军制编练而成的新式军队。新军的编制、武器、战术及军事学术发生了系统性的变化,旧有的军事操法难以适用,革新军事训练的方式和内容已是势所必然。小站新军、南洋自强军及湖北护军营均实施了以步兵为主,炮兵、骑兵、工程兵为辅的对抗演习,或为攻守战,或为遭遇战。这是新军完成基本训练和诸兵种军事技术、战术训练后,开展的高级阶段的军事训练。新军的对抗演习,标志着中国陆军在军事训练中正式引入了近代军事演习。中国军队的军事训练从此发生重大变化,不再局限于中国传统操法或刻板的洋操,而是有了新的方式和内容。同时,我们也应看到新军对抗演习只是在局部区域的几支新军中实施,影响有限,并不能起到改变全国军队军事训练的作用。就全国军队而言,传统的操法或刻板的洋操仍因旧军的普遍存在占据着主流地位。处于军事转型期的中国陆军,欲实现军事训练全面又彻底的改革,仍需从广度、深度上推行军制变革。

---

① [美]拉尔夫·尔·鲍威尔(Ralph Lorin Powell)著,陈泽宪、陈霞飞译:《1895—1912年中国军事力量的兴起》,第133—134页。

第三章　清末新政时期新军会操

20世纪最初十年间，清政府为挽救自身统治推行了一场涉及政治、经济、军事、教育等方面的改革活动，这是中国从传统向现代转型的重要时期。现今史学界称之为“清末新政”。在清末新政的大背景下，新军编练不再局限一隅，而是扩展为全国行动。清朝覆亡前，各省均编练有规模不等的新式陆军，为军事演习的普及提供了新载体。清末新政时期，新军会操有三种表现形式，按其目的可分为校阅性会操、训练性会操及集校阅性、训练性为一体的秋季大会操。清末新军会操，当然不是对甲午战后新军对抗演习的简单延续，而是在借鉴日本军演模式的基础上有所发展、有所完善。

第一节 全国编练新式陆军

甲午战后袁世凯、张之洞在局部区域编练新军,开启了新军编练的第一阶段。庚子变局后,清政府启动新政,地方督抚奉旨编练常备军、续备军,进入新军编练的第二阶段,此为全国普遍编练新军的发端时期。1903 年 12 月练兵处成立以后,于 1904 年 9 月颁布标准化的《陆军营制饷章》,饬令各省督抚遵照统一章程编练新式陆军,陆军部又于 1907 年规定编练三十六镇新军,此为新军编练的第三阶段,也是全国陆军的剧变时期。

一、从常备、续备军到三十六镇新军

(一)清末新政伊始地方督抚编练常备、续备军①

1901 年 1 月 29 日慈禧以光绪帝名义颁布新政上谕,要求内外臣工参酌中西政要,就政治、经济、教育、军事改革建言献策,限两个月内覆奏,标志着新政的启动。从 21 位地方督抚所上变法奏折情况看,他们对军事改革的态度并不一致,具体可分为不确者、缓改者、急改者三类。直隶总督李鸿章、云南巡抚李经羲、陕甘总督崧蕃、云贵总督魏光焘、山西巡抚锡良与江苏巡抚调任云南巡抚松寿等 6 位督抚没有上覆奏变法折,练兵态度不确,约占总数的 29%。两广总督

① 本小节参阅笔者的《清末新政伊始地方督抚编练新军研究》(《中央研究院近代史研究所集刊》2016 年第 91 期)一文完成,内容、注释均有删改。

陶模、湖北巡抚景星、护理陕西巡抚端方、署浙江巡抚余联沅、四川总督奎俊、甘肃新疆巡抚饶应祺等6位督抚在覆奏变法奏折中，主张暂缓军事改革，约占总数的29%。山东巡抚袁世凯、江西巡抚李兴锐、安徽巡抚王之春、闽浙总督许应骙、河南巡抚于荫霖、署云贵总督丁振铎、贵州巡抚邓华熙、两江总督刘坤一与湖广总督张之洞等9位督抚均将军事改革置于重要地位，并拟订具体变革办法，约占总数的42%。在表态的地方督抚中，赞成军事改革者显然占多数。从赞成军事改革的督抚奏折中，一方面可看出督抚群体在军事改革方向上的共识，如筹建新式军事学堂、裁撤旧军、编练新军、设立巡警等，这成为清廷进行军事改革的重要推力；另一方面亦可发现地方督抚改革主张的多样和分歧，是他们缺乏全局观念的直观写照，而且地方督抚受限于自身的军事知识，所提改革主张水平不一，缺陷难免，如对西方军制认识肤浅，常以中国古代军制相比附，难以深刻理解其精髓。从事后的历史看，地方督抚的变法奏折，的确为清政府颁布编练新军政策提供了参考依据，但其思想局限性又埋下新军编练成效不彰的伏笔。清末新政伊始，旧设兵部和新设督办政务处，均无力承担中央练兵决策的重任。在中央缺乏一个专门的新式军事机构的情况下，清廷唯有依靠各层级官员的意见和方案，颁布军事改革政策。其中，地方督抚作为地方最高军政长官，即使所提练兵主张缺陷难免，但拥有比其他层级官员更为丰富的练兵经验。因此，清廷认为地方督抚的练兵方案总体上优于廷臣的方案。最终，清廷采纳了地方督抚具有共性的练兵方案，颁布了一系列军事改革谕旨。

8月26日清廷上谕：各地裁撤丧失战斗力的绿营及庚子事变期间

临时招募的勇营,“节省虚耗之饷,另练有用之兵”。[①] 其目标是重新配置国防资源,为编练新军提供饷源。是月 29 日上谕:废除武科考试,“嗣后武生童考试及武科乡会试,着即一律永远停止”;[②]9 月 11 日上谕:各省应于省会建立武备学堂,“以期培养将才,练成劲旅”。[③] 废武科和普设武备学堂二者环环相扣,其目标是实现军事教育的转型,为编练新军培养、选拔新式军官人才。9 月 12 日上谕:“将原有各营严行裁汰,精选若干营,分为常备、续备、巡警等军,一律操习新式枪炮,认真训练,以成劲旅”。[④] 在谕旨中,清廷指明了以陆军为主体的军事改革方向。具体而言:其一、改变军警不分的现状,建设维护国防安全的正规部队和维护地方治安的巡警军;其二、效仿征兵制,编练正规化的现役常备军及预备役性质的续备军。这一谕旨意味着清政府正式颁布编练新军政策。政务处奉旨后,由提调徐世昌执笔,拟订了咨行各省裁军练兵事宜公文。在咨文中,政务处向各地将军、督抚传达并阐明编练新军的目标:常备军,“挑选年少精壮、朴勇敢战者,优给饷银,严加训练若干营,按省份大小酌定一二大枝,于省会及扼要处所屯驻,不得零星散扎”。续备军,“分札训练,饷数差减,亦使足以自给,亦按省份大小酌定若干营,考中国历代兵家之理,采德、日陆军兵学之法,延聘教习,实力训练,以成劲旅”。巡警军,“应将旧有各营裁去老弱浮惰,饷或仍旧或酌增,另定操章,酌量归并若干营,分拨各处,兼归州县钤束,专为巡防

① 中国第一历史档案馆编:《光绪宣统两朝上谕档》第 27 册,广西师范大学出版社 1996 年版,第 148—149 页。

② 中国第一历史档案馆编:《光绪宣统两朝上谕档》第 27 册,第 152 页。

③ 中国第一历史档案馆编:《光绪宣统两朝上谕档》第 27 册,第 172 页。

④ 中国第一历史档案馆编:《光绪宣统两朝上谕档》第 27 册,第 173 页。

警察之用”。[1] 政务处咨文，进一步确立了常备军、续备军的编练方式及职能，但很难说真正理解西方征兵制的精髓。就兵源来看，均来自绿营、防勇的裁存之兵，不过是根据兵源素质分配而已；就服役时间和方式来看，完全没有征兵制中定期征召和退伍的应有规定，如此便忽略了常备军退伍后转入续备军的环节，常备军适时更新兵员和储备后备兵员的优势便无从发挥。政务处咨文暴露了清政府高层对西方征兵制的隔膜，这一点与地方督抚的朦胧认知并无实质区别，均存在严重的偏差。

自镇压太平天国以后，地方督抚事权膨胀，成为影响晚清政局的一股重要力量。在洋务运动、戊戌变法期间，地方督抚上奏折表达意见，为清政府的改革决策提供参考依据，间接参与中央决策。庚子变局后，清政府权威严重下降，启动新政之际更加看重地方督抚的意见和主张。在兵部、督办政务处难以独立承担军事改革决策重任的情况下，地方督抚群体弥补了中央军事机构职能缺失的遗憾。可以预见的是，清政府未设立专门的新式军事机构前，督抚们仍将在军事改革中扮演重要角色。在设计、实施练兵方案过程中，地方督抚完全占据着主导地位。

地方督抚接奉 9 月 12 日练兵谕旨后，多数未能拟订出练兵方案并在规定的时间内覆奏，仅有闽浙总督许应骙、浙江巡抚任道镕及江西巡抚李兴锐 3 人覆奏。[2] 1902 年 3 月 11 日，清廷斥责地方督抚未能按时

---

① 《政务处咨行各省议裁兵练军事宜公文》，《北京新闻汇报》1901 年 10 月 26 日，第 2 页。

② 参见中国第一历史档案馆编：《光绪朝朱批奏折・军务》第 35 辑，中华书局 1995 年版，第 46—48、56—59 页；罗尔纲著：《甲癸练兵志》，《晚清兵志》第 3 卷，第 174 页。

覆奏,“迄今数月,奏到者尚属寥寥”,要求各地将军、督抚迅速拟订常备军、续备军营制饷章,由政务处核议后制定统一章程。[①] 在清廷的严旨下,安徽巡抚王之春、云贵总督魏光焘、山西巡抚岑春煊、广西巡抚丁振铎、两江总督刘坤一、甘肃新疆巡抚饶应祺、直隶总督袁世凯、陕西巡抚升允、湖广总督张之洞、贵州巡抚邓华熙等先后设计出本省常备、续备军的编练方案。其中,在日籍军事顾问立花小一郎、铸方德藏的分别协助下,袁世凯设计的直隶方案、张之洞设计的湖北方案最为完备,不仅制定了常备、续备军章程,而且规划了地方练兵机构、军事学堂等配套方案。其余 11 省练兵方案的主体内容多局限于营制饷章,在完备度上远远不及直隶、湖北两省方案。就各省常备、续备军方案来看,既有一定的共性,也有很大的差异性。共性体现在:第一、新军名称一致,均确立了常备军、续备军名称。第二、新军驻防大体相似,常备军驻扎省城训练,续备军分驻地方。第三、续备军由旧军改编而成,并非由退役的常备军组建,均未理解征兵制的精髓。在共性之外,细节则千差万别:第一、士兵来源不一,或重新征募新兵(如山西),或改编绿营(如新疆),或改编勇营(如浙江、江苏、贵州等),或改编洋操队(如陕西)。第二、兵种完备度颇不一致,因各省地理形势不同或财政困难,缓设马队、工程队(如江西、贵州)。第三、编制问题,各省之间不仅一军所辖营数不同,且各级建制单位名称相异。这充分反映出地方督抚设计练兵方案时各自为政的乱象。地方督抚对西方军制的理解程度参差不齐,加上地方财力有限,容易陷入各自为政的混乱状态,不可能设计出整齐划一的练

---

① 中国第一历史档案馆编:《光绪宣统两朝上谕档》第 28 册,第 38 页。

兵方案。袁世凯已经预料到这一点,“各省多办不到,自然成因地制宜之局”。[①] 13位督抚的练兵方案上奏后,清廷仅将福建、山西、直隶、湖北等4省方案交政务处、兵部核议,其余各省方案均准如所请,交由督抚各自办理。这说明,一方面在未颁布统一的练兵章程时,清廷无力对各省练兵方案提出实质性的修正意见,多数准如所请;另一方面清廷并没有放弃统一军制的努力,故而将直隶、湖北、福建、山西等较优的练兵方案交政务处、兵部议覆,以求制定标准化的练兵章程。经过政务处讨论,认为直隶、湖北方案最为完备,决定由袁世凯、张之洞两人共同协商,尽快设计出标准化的营制饷章,“统筹全局,营制饷章应如何贯通画一之处,仍应请旨饬催张之洞、袁世凯妥速核议,以仰副圣朝整军经武、实事求是之至意”。[②]

1902年12月12日清廷上谕,首先批评地方督抚“奏报仍多空言搪塞,绝少切实办法,殊难望有成效”;其次,将直隶、湖北两省树立为新军编练的模范,“查北洋、湖北训练新军,颇具规模,自应逐渐推广”,令邻省派军官赴两省观摩学习后回本省推广之;最后,饬令袁世凯、张之洞协商练兵章程,“妥议会奏,请旨遵行”。[③] 这一道谕旨表明清政府练兵思路的转变,即不再企望地方督抚全部参与练兵方案的设计工作,改由袁世凯、张之洞协商制订标准化的练兵章程。

袁世凯、张之洞奉旨后,围绕“训练各省将目章程”、“常备军营制饷

---

① 《保定袁制台来电》,中国社会科学院近代史研究所编,虞和平主编:《近代史所藏清代名人稿本抄本(第二辑):张之洞档案》第90册,大象出版社2014年版,第35页。

② 《政务处议覆湖广总督张湖北巡抚端筹办湖北练兵事宜折》,《政艺通报》1903年第7期,政书通辑卷三,第5页。

③ 中国第一历史档案馆编:《光绪宣统两朝上谕档》第28册,第314—315页。

章”、“中国陆军操典”、“军服”等问题进行协商。其实,袁、张二人奉旨协商过程仍是各自为政,除了经过协商制定出“训练各省将目章程”外,其余如“常备军营制饷章”、“中国陆军操典”、“军服”等均因意见分歧无果而终。清廷依靠地方督抚统一军制的希望最终破灭。1903 年 12 月 4 日清廷设立练兵处,开始放弃地方督抚协商的决策模式。袁世凯作为练兵处会办大臣,也随即致电张之洞,终结了两人的协商活动。他在电文中说道:“我二人奉旨后,又添设练兵处责成此处筹办画一各项章制,自应由此处拟奏,我二人似可无庸议覆。”①

无论是政务处核议,还是督饬袁世凯、张之洞共同协商,清政府始终未能颁布标准化的练兵章程。各省督抚依据设计的练兵方案,相继进入实践阶段。在地方督抚练兵实践阶段,直隶、江西、山西、陕西、浙江、湖北、云南 7 省督抚遵照原案编练,其主要原因在于方案设计者与实践者为同一督抚。虽然湖广总督更替,但张之洞离职后,继任湖广总督端方仍是原方案设计者之一,萧规曹随。于此可见督抚任期的连续性,很大程度上保证了既定练兵方案的贯彻执行。福建、江苏、新疆、贵州、安徽、广西 6 省督抚均对原方案有所修正,变通办理。无一例外,以上 6 省督抚均有更替,不同督抚的练兵理念影响到练兵方案的执行情况。当然,各省财力也同样会导致变通办理的现象。延迟覆奏的广东等 6 省督抚,在设计、执行练兵方案时同样是各自为政。可以说,在清政府无力从中央层面主导练兵局面的情况下,地方督抚的练兵实践,与练兵决策时的表现一样,普遍带有随意和混乱的特征,注定无法完成统

① 《致湖广总督张之洞电》(11－1002),骆宝善、刘路生主编:《袁世凯全集》第 11 卷,第 550 页。

一军制的重任。

事实证明，地方督抚编练新军仅仅是借用“常备军”、“续备军”之名整合地方军队：就征兵制实施状况看，除北洋常备军真正仿行西方征兵制外，其他省份均是在旧军中挑选兵源，“惟北洋实系招募民兵，由常备退为续备，其余各省多系将原有防营改练为常备、续备等军”；[①]就编制看，除北洋常备军、湖北常备军采用西式军事编制外，其他各省常备军营制饷章多沿袭防营编制。两江总督魏光焘批评江苏常备、续备等军时说：“仅立名目，未更制度。”[②]魏氏的批评之语，其实是这一时期大多数省份常备、续备军的真实写照。

（二）清廷编练三十六镇新军

经过近两年的军事改革，地方督抚编练常备军、续备军时呈各自为政的乱象，未能实现统一全国军制的目标。各省编练的常备、续备军，根本不具备应对近代战争的能力。随着日、俄两国在东北的争夺日益激烈，战争阴云笼罩着龙兴之地。面对日、俄争夺东北的外患危机和统一军制的现实需要，清廷设立练兵处作为全国编练新军的总机关。1903 年 12 月 4 日上谕：“前因各直省军制、操法、器械未能一律，迭经降旨饬下各督抚认真讲求训练，以期划一。乃历时既久，尚少成效。必须于京师特设总汇之处，随时考查督练……着派庆亲王奕劻总理练兵事务，袁世凯近在北洋，着派充会办练兵大臣，并着铁良襄同办理。”[③]

① 中国第一历史档案馆编：《光绪朝朱批奏折·军务》第 35 辑，第 183 页。

② 《两江总督魏光焘奏陈编改南洋军制情形折》，台北故宫博物院故宫文献编辑委员会编：《宫中档光绪朝奏折》第 19 辑，台北故宫博物院 1974 年版，第 875 页。

③ 中国第一历史档案馆编：《光绪宣统两朝上谕档》第 29 册，第 324 页。

练兵处从“筹拟画一军制”入手,制定标准化的练兵章程后奏请钦定,再推广各省贯彻执行。[①] 1904 年 9 月 12 日,练兵处上奏《陆军营制饷章》,同日奉旨:依议。该章程计分《制略》、《营制》、《饷章》三部分,这标志着中央颁布了标准化的练兵章程,成为各省编练新军的指导性文件。

《制略》部分共计 29 条,提纲挈领地规划了编练新军的各项制度,具体内容包括立军制略、分军制略、常备军制略、续备军制略、后备军制略、督练制略、设官制略、补官制略、募兵制略、入伍制略、军令制略、训练制略、校阅制略、征调制略、奖励制略、惩罚制略、缉逃制略、恤赏制略、退休制略、卫生制略、薪饷制略、营舍制略、军服制略、标旗制略、军器制略、输运制略、服役制略、变通制略、选马制略。[②]

《营制》部分,规定了新军的内部机构及战时、平时编制。第一、规划了地方军事领导机构。各省编练新军一协以上者,在省城设立督练公所,下设兵备、参谋、教练三处。第二、分别规划了新军的战时、平时编制。战时,最高建制单位为军,下辖 2 至 4 镇不等,平时暂不编军,最高建制单位为镇。1 镇下辖步队 2 协,每协辖 2 标,每标辖 3 营,每营辖 4 队,每队辖 3 排,每排辖 3 棚;又下辖炮队 1 标,每标辖 3 营,第 1、2 营为陆路炮队,第 3 营为过山炮队,每营辖 3 队,每队辖 3 排,每排辖 3 棚;又下辖马队 1 标,每标辖 3 营,每营辖 4 队,每队辖 2 排,每排辖 2 棚;又下辖工程队 1 营、辎重队 1 营,每营辖 4 队,每队 3 排,每排 3 棚。其中,军、镇、协、标、营均设有司令部。一镇规模,共计有 12512 人。第

① 《练兵处奏遵旨议奏练兵事宜折》(11—1122),骆宝善、刘路生主编:《袁世凯全集》第 11 卷,第 624 页。

② 奕劻等撰:《奏定陆军营制饷章》,第 1—22 页。

三、规划了后勤机构，设粮饷、军械、军医三局。粮饷局，平时经理粮饷，战时作为行军粮饷分局；军械局，平时经理军械，战时作为行军军械分局；军医局，平时经理医务，战时由局添派员司照卫生章制分设医院。①

《饷章》部分，规定了新军官兵的薪资待遇。按照一军两镇计算，分正支额款、杂支额款及杂支活款三大类。正支额款，主要是督练处各员薪水、公费，全军官兵薪水、公费。杂支额款，主要包括柴草价，帐棚价，衣履价，医药费，倒补价，奖赏费，随营及辎重车挑键车油，随营及辎重车鞍套、过山炮队随营驮鞍等8项。杂支活款，包括17项，如全军应购枪炮、军火、腰刀、手枪等装备；应购骡马；应修筑步、马、炮、工、辎各队营房等；应购骑马、鞍毯、陆路炮队鞍套等；每营应购随营车及辎重车；工程、辎重两营应用器具材料等件，等等。②

同日，练兵处上奏《新定陆军学堂办法二十条》，从制度上统一了全国新军的军事教育权。该办法确立了清末国内军事教育的新体制：以陆军小学堂、中学堂、兵官学堂、大学堂为代表的正规化的四级军事教育体制；以速成陆军学堂为代表的速成教育；以讲武堂为代表的在职教育；以步马炮兵种学堂为代表的专门教育。练兵处还制定了《选派陆军学生游学章程》，从制度上统一了全国留学日本的军事教育权。该办法确立了清末赴日留学军事教育的新体制：规定了各省赴日留学军事的生额、资格、纪律、经费、归国待遇等。③

此外，练兵处又先后制定了新军军衔制、军服制式、军礼、军旗、军

---

① 奕劻等撰：《奏定陆军营制饷章》，第22—38页。

② 奕劻等撰：《奏定陆军营制饷章》，第38—45页。

③ 上海商务印书馆编译所编纂：《大清新法令（1901—1911）》（点校本）第3卷，商务印书馆2011年版，第566—573页。

语等各类练兵章程，这对于清末新军的正规化建设均有积极意义。从此之后，清末新军的编练进入第三阶段，即各省遵照练兵处颁布的标准化章程编练新式陆军。

《陆军营制饷章》之《立军制略》规定，各省新军成军后，由练兵处、兵部请旨派员校阅合格后，奏请钦定番号。袁世凯率先响应，于 1905 年 2 月 25 日奏称，北洋常备军各镇已遵照练兵处奏定章程改编，“拟即一律改为陆军各镇”。① 奕劻等奏称，自应遵照章程，派知兵大员校阅北洋常备军三镇，“如其章制、操法一律合格，即依次拟编号数，奏请钦定”。② 清廷派兵部尚书长庚、练兵处提调徐世昌为校阅大臣。长庚、徐世昌校阅后奏称，北洋常备军三镇编制、操法均符定章，因京旗常备军已具备成镇规模，拟编为陆军第一镇，“北洋各镇，即自第二镇起，依次递推。所有见〔现〕驻迁安之陆军应编为第二镇，驻保定之陆军应编为第三镇，驻马厂之陆军应编为第四镇”。③

1906 年 9 月 1 日，清廷谕令仿行宪政，次日颁布官制改革上谕。11 月 6 日上谕：“兵部着改为陆军部，以练兵处、太仆寺并入。应行设立之海军部及军谘府未设以前，均暂归陆军部办理。”④陆军部成立后，终结了练兵处、兵部双轨运行的局面，成为编练新军的正式中央军事机构。此时，自袁世凯奏请改编北洋常备军为新式陆军以来，全国仅有京

① 《拟改北洋常备军为陆军片》（13—425），骆宝善、刘路生主编：《袁世凯全集》第 13 卷，第 218 页。

② 《练兵处奏请派大员考验北洋三镇折》（13—503），骆宝善、刘路生主编：《袁世凯全集》第 13 卷，第 274 页。

③ 刘锦藻撰：《清朝续文献通考》第 3 册，第 9667 页。

④ 中国第一历史档案馆编：《光绪宣统两朝上谕档》第 32 册，第 196 页。

旗常备军、北洋常备军改编而成的陆军第一、第二、第三、第四、第五、第六镇，以及湖北常备军改编的陆军第八镇，其余省份的常备军改编新式陆军的成效不彰。1907 年 8 月 29 日，为加快各省编练新式陆军的步伐，陆军部决定“分配兵区，立定年限，依期如数编足”，全国共计编练新军三十六镇。[①] 同日奉旨：依议。[②] 直至清廷覆灭，三十六镇新军计划并未真正实现。武昌起义的爆发宣告了清廷练兵计划的破产，“武昌陆军先变，各省应之，而三十六镇卒未全立”。[③] 不过，1904 年至 1911 年间，清政府编练新军所取得的成效，依然是显著的。在军事编制方面，清政府在全国范围内按照西方军制建立了步、骑、炮、工程兵、辎重兵等诸兵种构成的合成军队，统一按照镇、协、标、营、队、排、棚的建制单位组织成军。在军事教育方面，清政府通过国内新式军事学堂和出国留学军事教育等途径，培养出一批具有现代军事素养的新式军官群体，拥有了自主编练新军的骨干力量。在武器装备方面，清末新军告别了旧军冷热兵器混用的阶段，而进入装备新式枪炮的热兵器阶段，且有制式划一的趋势。在军事训练方面，清末新军摆脱了中国传统操法，全面、系统地学习西方的军事操法。兹引“武昌起义前清末新军一览表”说明新军编练成果，参见表 3—1。[④]

---

① 奕劻：《奏为拟定全国陆军应编镇数按省分配立定年限以期依次扩充事》，光绪三十三年七月二十一日，中国第一历史档案馆藏：《军机处录副奏折》，档号：03-5766-018。

② 中国第一历史档案馆编：《光绪宣统两朝上谕档》第 33 册，第 160 页。

③ 赵尔巽等撰：《清史稿》第 14 册，第 3947 页。

④ 中国社会科学院近代史研究所中华民国史组编：《清末新军编练沿革》，第 88—89 页。

表 3—1

地区	原定镇数	武昌起义前实编数	成军年月	实力统计		
				官	兵	总计
近畿	四镇	陆军第一镇	光绪三十年	748	11764	12512
		陆军第二镇	光绪三十年闰五月	737	11731	12468
		陆军第三镇	光绪三十年一月	753	11883	12636
		陆军第四镇	光绪三十年二月	748	11056	11804
		陆军第五镇	光绪三十一年四月	748	11764	12512
		陆军第六镇	光绪三十一年正月	747	11846	12593
直隶	二镇	直隶混成协	宣统二年十二月			
山东	一镇	暂编四十七混成协	宣统二年十二月			
江南	二镇	陆军第九镇	光绪三十四年十月	789	8255	9044
		暂编二十三混成协	宣统元年十二月	274	4345	4619
江北	一镇	陆军十三混成协	光绪三十三年十月	376	2481	2857
安徽	一镇	暂编三十一混成协	光绪三十四年七月	253	4155	4408
江西	一镇	暂编二十七混成协	宣统元年十二月	231	4287	4518
河南	一镇	暂编二十九混成协	光绪三十四年八月	338	5618	5956
浙江	一镇	暂编二十一镇	宣统元年十一月	159	2384	2543
福建	一镇	陆军第十镇	宣统元年九月	455	6788	7243
湖北	二镇	陆军第八镇	光绪三十二年	702	10502	11204
		陆军二十一混成协	光绪三十二年	288	4612	4900
湖南	一镇	陆军二十五混成协	宣统元年三月	248	4056	4304

（续）

地区	原定镇数	武昌起义前实编数	成军年月	实力统计		
				官	兵	总计
广东	二镇	暂编四十九混成协	宣统二年十月			
广西	一镇	步两标，另桂林协	宣统二年七月			
云南	二镇	陆军第十九镇	宣统元年五月			
贵州	一镇	步一标，炮一队	光绪三十三年十一月	107	1846	1953
四川	三镇	陆军第十七镇	宣统三年三月			
山西	一镇	暂编四十三混成协	宣统元年十一月	262	4557	4819
陕西	一镇	陕西混成协	宣统二年五月	220	3936	4156
甘肃	二镇	名为一协，实仅一标，余皆旧军	宣统三年	221	4128	4349
新疆	一镇	陆军三十五混成协 伊犁混成协	光绪三十四年三月 宣统元年四月			
热河	一镇	步一标，炮一队	宣统二年十二月			
奉天	一镇	陆军二十镇	宣统元年			
		奉天混成协		303	3059	3362
吉林	一镇	暂编二十三镇	宣统二年二月			
黑龙江	一镇	黑龙江混成协	宣统二年十一月			
禁卫军		两协				
总计	三十六镇	十四镇，十八混成协，四标又一禁卫军				

二、从西式操法到日本操法

中国陆军采用西式操法训练，肇端于淮军引入英、法陆军操典。普法战争后,中国陆军开始以德为师,引入德国操法。甲午战后,中国军事改革的效仿对象出现了从德国转向日本的趋势;清末新政时期,在新军编练进程中,日本操法后来居上。此一时期,中国陆军学习德、日操法,已不再简单地停留在队列训练、军事技术训练等层面,而是主动学习其以练为战的精髓。

(一)从英、法操法到德、日操法

19 世纪 60 年代初,淮军与英、法军队在上海联合作战,程学启部率先采用西式操法,主要是洋枪射击训练和队列训练。其后,李鸿章在淮军中聘请英、法军官担任教习,教练使用炸炮、洋枪之法。当时,淮军引入的西式操法,主要是英国、法国的操法。

19 世纪 70 代以后,德国陆军享誉世界,也令李鸿章心向往之。淮军开始走上学习德军的道路,其表现是:大量购置、仿制并装备德式枪炮;聘请德国军官做教习;派遣淮军军官前往德国考察军事等。他们回国后,李鸿章专门从亲军营中抽调部分士兵,令他们传授德国操法,待学成后再派这些士兵进入各营充当教习。甲午战前,在相当长的一段时间内,淮军都是以学习德国操法为主。遗憾的是,淮军只注重德国操法中的口令、队列训练和射击训练。地方督抚大员和军队统帅考察淮军操法的优劣标准,常常看其步伐是否整齐、技艺是否娴熟。这最终导致了淮军在军事训练中追求外观的整齐而丢弃了训练的本质。张之洞批评淮军刻板练习德国操法时,称之为买椟还珠,实不为过。

甲午战后出现的小站新军、南洋自强军及湖北护军营,在编制、武器、战术上全面学习德国。大量的德国军官进入新式军队中,如新建陆军中的巴森斯等人、自强军中的来春石泰等人，他们指导新军的军事训练，在引入德国操法过程中发挥了桥梁作用。新式军队不再像淮军那样，只是简单停留在口号、步伐、射击训练层面，而是系统、深入地学习德国操法。小站新军编纂的《新建陆军兵略录存》、《训练操法详晰图说》和自强军编纂的《自强军西法类编》、护军营的《湖北练兵新章》，均是学习德操后总结新军编练经验教训的理论成果。1898 年 6 月 19 日清廷谕令：各省将军、督抚应将改习洋操视为练兵首务，“北省勇队着由新建陆军酌拨营哨之学成者分往教练，南省则由自强军酌拨，营规、口号均须一律”。[①] 清廷以谕旨的形式将新建陆军、自强军定为各省练习洋操的样板，无形中将德国操法定为各省学习洋操的内容。这一时期，德国操法一直在中国陆军引入的西式操法中占据着主流地位。

甲午战争结束不久，日本学习西方走上富国强兵的道路引起中国的关注，也出现了一股学习日本军事的新动向。1898 年前后，湖广总督张之洞在练兵时，从“师德”逐渐转向“师日”，[②]即是例证。张之洞先是派遣姚锡光、张彪等人前往日本游历考察军事学堂章程，后应邀派张斯栒、王得胜、姚广顺等人前往日本观摩军事演习。这为日本操法传入中国并对新军的军事训练发生影响，提供了有利的契机。不过，日本操法取代德国操法，要到清末新政时期编练新式陆军的过程中才最终实现。

---

① 中国第一历史档案馆编：《光绪宣统两朝上谕档》第 24 册，第 201 页。
② 李细珠著：《张之洞与清末新政研究》，上海书店出版社 2003 年版，第 221—224 页。

(二)日本操法后来居上

清末新政期间，中国军事改革的效仿对象从“师德”转向“师日”。连带而来的是，新军学习的操法，也逐渐由德国操法转向日本操法。最先将“师日”思想付诸实践的是湖广总督张之洞，他设计的湖北常备军营制“酌照日本陆军师团兵制”而成。[①] 北洋新军中同样出现了从“师德”转向“师日”的新趋向。直隶总督袁世凯聘请了大批的日本顾问和教习，教授日本操法。“北洋各学堂，昔用德国人教授，自袁慰帅任事后，渐改用日本武官，如青木中佐、立花少佐、嘉悦少佐、多贺大尉先后受聘，分任教授，亦甚得法”，“在队各将校，每日有讲堂功课二三小时，由队长以日本《指挥鉴》、《战术学》、《步兵操典》、《野外要务令》等译本……其靠拢教练、散兵教练暨野外演习，均仿日式，无大异同。”[②]除了湖北、北洋之外，东南、中部、西部省份新军也有改练日本操法的趋势。例如，1904 年两江总督魏光焘奏请江苏各军一律改练日操。他认为各营现习德、英、日操混杂不齐，日本效仿德操而兼采各国操法的优点，“将各营旗之习英、德操者，趁早改习日操，以归一律……同心同操”。[③]同年，河南巡抚陈夔龙饬令河南陆军，“一律改习日本操法”。[④] 陕西巡

① 《筹办练兵事宜酌议营制饷章折》，赵德馨主编：《张之洞全集·奏议》第 4 册，第 96 页。

② 中国第一历史档案馆：《北洋新军初期武备情形史料》，《历史档案》1989 年第 2 期，第 37—39 页。按：青木中佐即青木宣纯，立花少佐即立花小一郎；嘉悦少佐即嘉悦敏；多贺大尉即多贺宗之。

③ 《两江总督魏饬南洋各营一律改练日操札》，《东方杂志》1904 年第 3 期，军事，第 144—145 页。

④ 《改习日操》，《北洋官报》1904 年第 470 期，各省新闻，第 4 页。

抚夏旹也奏称，陕西常备军中教习仅能教德国操法，不能教“较灵、较简”的日本操法，学习日操实为“当务之急”。[①] 日俄战争过程中，日本在军事上屡屡战胜俄国，成为吸引中国军事改革转向的直接因素。正如时人所说：“今者幡然变计，始恍然于兵事之不可不讲，练兵练将，惟日孳孳，大抵以日本为效法。自日俄启衅，日军渡鸭绿江以来，战胜攻取，其士气之充、兵力之强、战术之变幻，尤足动吾人之观感。”[②]

1905 年秋，北洋督练处参照日本的《野外要务令》，编印成《野外勤务书》。该书分上、下两编，成为北洋新军学习日本操法的一份标准教材。该书在纲领中强调了以练为战的宗旨，尤其揭示了军事演习对于提升军队士气及战斗力的重要性。该书上编为“阵中勤务”，共计 14 篇，依次为“战斗序列”、“司令部与军队之联络”、“侦探事务”、“警备事务”、“行军”、“宿营”、“接济”、“给养”、“卫生”、“马匹之卫生”、“补充弹药”、“铁路”、“船舶运送”、“宪兵”。该书下编为“秋季大操”，共计 6 篇，依次为“总论”，“演习结构”，“机动演习”，“工队、野战电信队、接济及辎重桥梁队、宪兵”，“杂事”、“地图及进呈文书”，规定了军事演习主旨、类型及其组织、实施的办法。[③] 事实上，清政府筹办河间、彰德、太湖、永平秋操时，每次均会颁布秋季大会操教令，作为本次大会操的指导性文件。其中的一些规章条令，就是参照《野外勤务书》中的条款办理。此处以河间会操为例，说明情况。清政府颁布的河间会操教令中，其第四节“信号”之第十一条规定：“号音照《野外勤务书》下编第六十条所定办

---

① 中国第一历史档案馆编：《光绪朝朱批奏折·军务》第 35 辑，第 281 页。
② 廖宇春：《论中国武备》，《武备杂志》1904 年第 4 期，论说，第 2 页。
③ 北洋督练处：《野外勤务书》，1905 年活字本，北京大学图书馆藏。

理外,兼用信号以通声息。”其第六节“阅兵处与两军之连络”之第十七条规定:“由阅兵处所派之两军军属审判官,除遵照《野外勤务书》所定责任办理外,应随时使阅兵处与所属军互相连络。”其第七节“土地物产损坏赔偿及预防危险”之第二十七条规定:“各队除遵照《野外勤务书》下编第一百三十一至第一百三十七条办理处,如有田园灌溉以及用井等类足以危害人马者,务当留意。”[①]由于《野外勤务书》下编“关系秋操者居多”,次年练兵处便将印刷的下编一百本咨送各省督抚,“饬发各营队备用”。[②] 总之,《野外勤务书》的制订与颁行,反映了日俄战后新军全面学习日本操法的趋势,标志着新军初步构建了新的军事训练体系。这促进了中国近代军事学术的发展,使新军的军事训练,尤其是举行近代军事演习有了理论依据。

1906年练兵处先是颁发了《步兵暂行操法》,陆军部成立后又于1910年颁发了《新定步兵操法》,这些均是清政府学习日本陆军操法后,从中央层面制定、颁行的陆军操典。“从书本来看,清朝的新军在军事学术上也有进步。”[③]

清末新政伊始,中央缺乏一个专门的新式军事机构,地方督抚编练新军时各自为政,其编练的常备、续备军成效参差不齐,没有完成统一军制的重任。日俄战争即将爆发之际,清廷始有改革中央军事机构的尝试。清廷先是在中央设立练兵处,官制改革期间将练兵处、太仆寺、

---

① 彭贺超:《河间太湖秋操资料补辑》,中国社会科学院近代史研究所《近代史资料》编辑部编:《近代史资料》总130号,中国社会科学出版社2014年版,第228—232页。

② 《练兵处咨各督抚文》(15—572),骆宝善、刘路生主编:《袁世凯全集》第15卷,第428页。

③ 《中国军事史》编写组编著:《中国历代军事思想》,第431页。

兵部合并改组为陆军部，宣统年间又设立军谘府，同时在地方设立督练公所，形成了编练新军的二元军事领导体制。在制度层面，清廷颁布了一系列标准化的练兵章程。最终，各省遵章编练了一批新式陆军。而且，中国近代的军事学术，也在学习德、日操法过程中获得较大程度的发展。清末全国普遍编练的新式陆军，其变革的广度、深度均超过以往。军事演习在实施范围上不再局限于局部区域的几支新军中，而是在全国新军中普及，在形式上也不再局限于单一的对抗演习，而是具有多种表现形态。

第二节 新军会操的三种形式

清政府编练新军之目的，是建立一支维护清王朝统治的现代化军队。因此，新军的实战能力便成为清政府最为关切的议题。在新军编练过程中，如何最大程度地提升新军的战斗力，必须正面回答如下两个问题：如何训练？训练什么？甲午战后，局部区域的新军开展的对抗演习已对之作出回答。当然，全国新军普遍实施军事演习并非一蹴而就，而是经历了一个渐进的过程。清末新政伊始，地方督抚编练常备、续备军时无暇实施军事演习，“大部分军队都缺乏训练、武器和作为一支战斗部队所必需的士气。即使在德国或日本教习的监督下，当时也很少有部队作过野外演习”。[①] 直到练兵处成立后，各省陆续练成新式陆军，军事演习才真正在全国新军中普及开来。依据前言中会操的相关

① [美]拉尔夫·尔·鲍威尔(Ralph Lorin Powell)著，陈泽宪、陈霞飞译：《1895—1912年中国军事力量的兴起》，第 147 页。

定义,本节依照时间顺序考察新军"校阅性会操"、"训练性会操"、"秋季大会操"。限于史料,论述时或许无法面面俱到,甚至有笼统化的嫌疑,但据此可展示中国近代军演早期阶段的复杂形态。

一、校阅性会操

校阅性会操,是在新军编练成军之时或训练满三年之际,由清廷钦派校阅大臣,受阅新军在驻地附近对抗演练,其目的是检验、考核新军平时的训练情况。限于资料,此处仅按时间顺序梳理北洋新军校阅性会操的情况。

1905 年春,清廷钦派兵部尚书长庚、练兵处提调徐世昌,校阅北洋常备军第一、第二、第三镇。

4 月 2 日,北洋常备军第一镇在迁安举行会操。分编南、北两军,北军由步队第一协统领张怀芝任司令官,均穿灰色军服;南军由步队第二协统领刘超佩任司令官,均穿蓝色军装。黎明时刻,南、北军会战于迁安。南军因决战不利,由迁滦大道向滦州方向退却;北军尾追南军,向滦州方向追击。双方骑兵于丁庄附近遭遇,发生激烈冲突。南军退至赤峰山构筑防御工事,梯次配置兵力防守;北军于对面部署炮兵阵地,步队、马队协同进攻,双方形成对峙状态。演习结束后,阅兵大臣对南、北军兵力部署及战术进行点评。迁安会操后,陆军第二镇正式成军。[①]

---

① 《长庚、徐世昌考验北洋三镇陆军日记》,来新夏主编:《中国近代史资料丛刊 · 北洋军阀》(一),上海人民出版社 1988 年版,第 848—851 页。

4月7日，北洋常备军第二镇在东、西魏村举行会操。分编东、西两军，东军由步队第三协统领马龙标任司令官，均穿紫灰色军装；西军由步队第四协统领陈光远任司令官，均穿蓝色军装。东军在大沽登岸后，由姚庄向马厂方向西进；西军在任丘县附近集结，由黑龙港河向马厂方向东进。上午8时30分，东、西两军在东魏村、西魏村一带遭遇，东、西两军司令官据侦察情报部署作战任务。10时45分停操，东、西两军司令官分别讲评。东西魏村会操后，陆军第四镇正式成军。[①]

4月14日，北洋常备军第三镇在康庄举行会操。分编东、西两军，东军由步队第六协统领张永成任司令官，均穿灰色军装；西军由步队第五协统领雷震春任司令官，均穿蓝色军装。两军在西焦庄、迁安一带接战后，东军派混成第六协沿府河北岸西进，欲占领保定后威胁西军后路；西军派混成第五协到康庄附近坚守保定外围，并掩护西军左翼。两军在康庄一带遭遇，东、西两军根据作战任务及地势布置阵地，展开战斗队形。下午2时20分，东军司令官按照兵力配置进攻，西军司令官亦按兵力配置防御。停操后，东、西两军司令官讲评此次会操不足之处。康庄会操后，陆军第三镇正式成军。[②]

1906年3月9日袁世凯奏称，陆军第二镇训练早已满三年，亟应遵照章程简员校阅。同日奉朱批：着派袁世凯认真校阅。[③] 4月5日至

---

① 《长庚、徐世昌考验北洋三镇陆军日记》，来新夏主编：《中国近代史资料丛刊·北洋军阀》(一)，第854—859页。

② 《长庚、徐世昌考验北洋三镇陆军日记》，来新夏主编：《中国近代史资料丛刊·北洋军阀》(一)，第889—894页。

③ 《请简员校阅陆军第二镇折》(14—773)，骆宝善、刘路生主编：《袁世凯全集》第14卷，第537—538页。

14 日,袁世凯率领军学司正使王士珍等人,逐日校阅陆军第二镇。在校阅完第二镇名额、内务、军事教育、军事技术、操法、实弹射击后,全镇步、马、炮、工程、辎重等营分编为南、北两军,举行会操。南、北两军,均为一混成协规模。南军由永辛庄一带向北防御,北军由吕庄一带向南进攻。两军战线长达约二十里。南军方面,依托山岗挖掘沟垒,构筑防御工事,凭险固守,占据地形之利。北军方面,缺乏掩护,攻势不利。北军派马队诱敌,南军坚守不出,北军遂展开散兵队形环攻。南军炮兵攻击后,北军亦派炮队掩护步兵攻击。其后,北军将南军四面包围,南军展开防御。南北两军愈离愈近,几至短兵相接,后袁世凯发令停操。“此次两军会战,于攻坚御侮之道,讵谓毫发无憾,而决机致果,均甚得势,秩序亦颇缜密,似尚足尽攻守之责”。[①]

1907 年 12 月 7 日,荫昌奉旨出京,校阅近畿陆军第一、第五、第六镇三镇新军。因遭遇大雪天气,荫昌仅在山东校阅第五镇时举行会操,在南苑校阅第六镇、仰山洼校阅第一镇时均没有举行会操。[②] 第五镇分编东、西两军,组成两混成协支队对抗演习。东军所部战斗任务是占领王福庄一带防守,西军则负责进攻夺取东军据点。东、西两军在郑庄附近遭遇,西军支队长根据马探侦察报告,进攻东军左翼。东军支队长命令所部开进玉皇山一带凭险固守,凭有利地势反守为攻。西军因地形不利转而防御。两军相持良久,校阅大臣荫昌下令停操。1908 年春积雪消融后,荫昌又重赴陆军第一、第六镇驻地,重新校阅第一、第六镇

---

① 《覆陈校阅陆军第二镇折》(15—1),骆宝善、刘路生主编:《袁世凯全集》第 15 卷,第 4 页。

② 荫昌:《奏为遵旨考验近畿陆军各镇大概情形事》,光绪三十三年十二月二十六日,中国第一历史档案馆藏:《军机处录副奏折》,档号:03-5766-051。

会操。陆军第一镇,“分作南、北两军,在京北板桥、清河镇一带”;陆军第六镇“亦分作南、北两军,在京南黄村、丰台一带”,“分别举行会战演习,各以混成协、标假设攻守战况,于攻击防御之道、增加队伍之方,均能悉心研求,布置预筹,实亦无异战地”。①

1908 年 4 月 4 日署直隶总督杨士骧奏称,近畿陆军第四镇训练早已满三年,应请派员校阅,奉朱批:着派荫昌会同杨士骧认真校阅。② 5 月 16 日荫昌出京,到天津与杨士骧会合,前往马厂校阅第四镇。第四镇会操分两部分。先是各营、标、协举行对抗演习,“分日更番对抗”,荫昌等观操后认为,“各将士于种种作战任务,或则主攻,或则主守,均能处置咸宜,悉合战法”。其后,全镇与假设敌对抗,阵线绵延数里。假设敌以一旗代表一队,用不同的颜色表示马、步兵种,酌派统带以下各官若干就地指挥。荫昌等观操后认为,“大致虽有短长,攻守要皆如法”。③

1909 年 4 月 16 日,近畿陆军第五、第六镇训练三年期满,遵章请旨派员校阅,清廷谕令陆军部署右侍郎姚锡光认真校阅。④ 5 月 19 日,姚锡光率随员抵达陆军第六镇驻地,开始校阅。5 月 26 日上午 7 时,陆军第六镇分编东、西两军开始协对抗演习。⑤ 东军由李纯任支队长,西军由周符麟任支队长。东军自赵庄西端出发,所部战斗任务是袭击

---

① 荫昌:《奏为考验近畿陆军各镇编制事竣事》,光绪三十四年三月二十六日,中国第一历史档案馆藏:《军机处录副奏折》,档号:03-6005-007。

② 中国第一历史档案馆编:《光绪朝朱批奏折·军务》第 53 辑,第 590—591 页。

③ 中国第一历史档案馆编:《光绪朝朱批奏折·军务》第 53 辑,第 598 页。

④ 《清实录·(附)宣统政纪》,中华书局 1987 年版,第 198 页。

⑤ 《陆军部署右侍郎姚锡光校阅陆军第六镇日记》,来新夏主编:《中国近代史资料丛刊·北洋军阀》(一),第 943—950 页。

昨晚宿营在范家村、刘庄、孟庄一带之敌。西军自范家庄东端出发,所部战斗任务是经义庄、六合庄、五里甸向马驹桥运动,占领马驹桥。两军在五里甸一带遭遇,双方支队长依据侦察骑兵情报部署兵力。10 时 10 分,西军炮击东军阵地,东军步队冲锋,两军开始交战。东军以一部兵力牵制西军主力,企图包围西军左翼。西军调右翼兵力增援左翼,被东军炮火猛射,伤亡较重。11 时 30 分左右,东军猛扑西军左翼,几至突破西军防线。11 时 45 分,总监部鸣号停操。同年 6 月,姚锡光前往山东校阅陆军第五镇,"特别称赞五镇训练合乎要求"。[①] 另据冯玉祥回忆,他曾作为军事观操员参观第五镇校阅性会操,"巨流河秋操完了,山东第五镇也举行校阅。我们第一混成协派去两个人参观,一个是我,一个是第七十九标的标统萧广川先生"。[②]

1910 年 10 月下旬,调东北驻扎的陆军第三镇训练已满三年,照章应举行大操,决定在长春南岭地方演习。东三省总督锡良咨请军谘处及陆军部,遴派大员亲临校阅。[③] 清廷钦派陆军部右侍郎那晋校阅第三镇,锡良札饬督练处筹备所需物资及各镇协加紧训练各部。[④] 第三镇统制曹锟命令所部于行军野操勤加训练,做好会操前的准备工作。[⑤] 12 月 3 日,那晋抵达奉天,随行各员包括陆军咨议官张绍曾、刘恩源,

① 详见济南市社会科学研究所编著:《济南简史》,齐鲁书社 1986 版,第 407 页。按:遗憾的是,笔者没有搜集到本次第五镇校阅性会操的详细资料。

② 冯玉祥著:《冯玉祥自传(1):我的生活》,中国青年出版社 2015 年版,第 75 页。

③ 《督饬赴长阅操消息》,《盛京时报》1910 年 7 月 4 日,第 5 版;《咨请部处派员校阅大操》,《盛京时报》1910 年 10 月 21 日,第 5 版。

④ 《钦派校阅陆军大员不日莅奉》,《盛京时报》1910 年 11 月 22 日,第 5 版;《陆军校阅之确期》,《盛京时报》1910 年 11 月 29 日,第 5 版。

⑤ 《陆军秋操纪事》,《盛京时报》1910 年 9 月 28 日,第 5 版。

各司科员及第一、二、四镇军官各员等。[①] 遗憾的是，这次会操的详情因资料有限而无法窥其全貌。但天津博物馆藏的那晋校阅第三镇的照片已出版，这些图像资料为我们呈现了此次会操的直观景象，包括南北军集结、开拔、行军、侦察、对抗、讲评、阅兵仪式等。[②] 1911 年 7 月 10 日，那晋上折奏报校阅第三镇会操情形，“果能一切如法，着有成效，准其按着异常劳绩请奖”。[③]

1910 年那晋校阅完第三镇后，又前往奉天校阅陆军第二混成协。[④] 12 月 14 日至 20 日，那晋先后考察了第二混成协的兵员、内务、军容、军械、军事技战术、射击训练及野外演习。其中，野外演习是陆军第二混成协与假设敌的对抗演习。[⑤] 天津博物馆藏的那晋校阅第二混成协会操的图像资料也已经出版，包括对抗两军的集结、行军、对抗、讲评及阅兵等活动。[⑥]

---

① 《侍郎定期校阅》，《盛京时报》1910 年 12 月 2 日，第 5 版；《校阅陆军大臣行辕纪事》，《盛京时报》1910 年 12 月 6 日，第 5 版。

② 详见陈克、岳宏主编：《新军旧影：清末新军照片文献资料选》，天津古籍出版社 2008 年版，第 188、190－193、197－199、204－207、210－211、216－217、220－222、226－227、238－244 页。

③ 中国社会科学院近代史研究所中华民国史组编：《清末新军编练沿革》，第 109 页。

④ 《陆军考成之预备》，《盛京时报》1910 年 10 月 22 日，第 5 版；《那大臣校阅驻奉第二混成协日表》，《盛京时报》1910 年 12 月 16 日，第 5 版。

⑤ 《那大臣校阅驻奉第二混成协日表》，《盛京时报》1910 年 12 月 16 日，第 5 版。

⑥ 陈克、岳宏主编：《新军旧影：清末新军照片文献资料选》，第 215、217－219、223－224、228－229、231、238－239、241、245 页。该书编者推断书中收藏照片为 1908 年第一、第二混成协巨流河秋操影像资料，李学通在《清末新军的一批珍贵图像史料》（《中华读书报》2011 年 2 月 2 日，第 18 版）一文中对编者论断提出质疑。通过查阅资料，笔者赞同李文的质疑，并认为该书所谓第二混成协演习的照片，应为 1910 年那晋校阅第二混成协时留下的珍贵影像。

二、训练性会操

训练性会操,每年秋季各省新军在驻地附近自主举行的会操,一般在地方督抚或新军将领主持下,将新军各部置于实战环境下演练,其目的是为了生成、保持新军的战斗力。根据搜集的资料,本节分北洋新军、各省新军两部分,均依时间顺序考察训练性会操的情况。

(一)北洋新军训练性会操

1904 年 11 月份,北洋陆军第三、第四两镇会操。“按北洋督练处所定之秋操计划,饬本镇(第四镇——引者注)与第三镇在任丘县一带会操,此为成镇以来第一次之机动演习。”[①]第三镇统制段祺瑞的阵中日记,记载了该镇参加任丘会操的相关情况。据他所述,参加会操的第三镇包括步队第五、六协,马队第三标,炮队第三标,工程队第三营,辎重粮食队 1 营及卫生队 1 排,编为西军。第四镇相应编为东军。任丘会操的总方略是东攻西御,两军在良乡县附近互相对抗,西军的增援队正使用铁路由南向北输送兵力,东军派一支队由大沽附近登岸,似已至马厂附近。根据总方略,西军制定相应作战计划:先派一支队向马厂附近进军,阻击登陆之东军,以掩护铁路输送的大队兵力,第三镇主力于 11 月 26 日抵达高阳,独立马队抵达旧城。27 日、28 日、29 日,东西军

① 中国社会科学院近代史研究所中华民国史组编:《清末新军编练沿革》,第 116 页。

各兵种进入会操阶段，演习行军、战斗、宿营等科目。[①]

1906 年彰德会操结束后，回到保定驻防的第三镇统制段祺瑞决定举行本镇训练性会操。11 月 9 日上午，段祺瑞在镇司令部召集相关人士制定会操计划，并颁布训令。10 日，第三镇除驻防锦州一部外，其余步队 3 标、马队 1 营、炮队 2 营、工程队及辎重队各 1 营，于上午 7 时 30 分齐集大操场，由各支队长发布行军命令，8 时正式开拔。此次自行会操，分编为第五、第六两混成协，第五混成协内部又分编为南、北两支队；第六混成协内部也分编为南、北两支队。操期从 10 日开始，至 18 日结束，共计 9 天。第 1 日至第 3 日，举行协演习，第 4 日休息一天；第 5 日至第 7 日，举行镇演习，第 8 日休息一天；第 9 日举行镇对假设敌演习。[②]

1907 年，陆军部本有筹备南北洋新军大会操计划，但直隶总督袁世凯以巨款难筹为由婉拒。袁世凯另有计划，即派陆军第二、第四镇于 10 月份在开平举行会操。开平会操仿照河间、彰德会操章程办理，编组队伍、设立阅兵处、筹备军需等，以第二镇为主军、以第四镇为客军，实施军事演习。[③] 开平会操前期准备工作已就绪，两军开拔之际，于 10 月 12 日接到新任直隶总督杨士骧停止秋操的命令。杨士骧从一开始就对开平会操持消极态度，上任后便以会操经费不足为由停办。[④] 第

① 段祺瑞：《阵中日记：光绪三十年十月常备军第三镇在任丘附近镇操》，中国社会科学院近代史研究所图书馆藏。

② 段祺瑞：《光绪三十二年陆军第三镇秋季演习统裁部阵中日记》，中国社会科学院近代史研究所图书馆藏。

③ 《北洋陆军各镇秋操计划》，《盛京时报》1907 年 6 月 26 日，第 2 版。

④ 《直督饬停大操之原因》，《盛京时报》1907 年 10 月 29 日，第 2 版。

二、四两镇开平会操遂无疾而终。同年秋,陆军第四镇“在大城、青县、静海一带,自行秋操演习,由北洋大臣委派参谋处总办陆正参议锦……来镇监视一切”。①

同年10月份,陆军第五镇举行会操。10月23日,“将济南西关外所驻马、步、炮等十一营分作两起赴离省四十里之长清县境会操,其素驻潍县之第十七标三营则与驻扎丈岭之第五标马队一营合而为一,另赴寿光县境(距潍县一百二十里)会操”。② 第五镇会操从10月29日至31日,操期共3天。③ 这次会操,德国军官前往观摩,统制官张永成命步、马、炮、工、辎演习诸兵种军事技术、战术后,“复将队伍分作东西两军,在就近辛庄之小山左右分头埋伏。号炮发后,两军即争取此山。各官长均在山顶观看,后此山为西军夺得”。④

同年11月份,陆军第一镇借更换驻地之际举行会操。第一镇因原驻地保定营房不敷驻扎,陆军部准其移驻仰山洼新营房。“全镇迁移,官兵、辎重为数颇巨,若悉由火车输送,难免费重时延”,“时逢秋季,正军队演习野操之候,设为移防而缓办操务,亦恐操典阙如”,考虑到以上两点原因,副都统凤山“拟于第一镇移防之便,举行一、六两镇自相演习”。⑤ 南军抽调陆军第一镇编成混成第一协,共计官兵7639员,司令官周符麟,参谋官陈兆禄;北军抽调陆军第六镇编成混成第十一协,共

① 中国社会科学院近代史研究所中华民国史组编:《清末新军编练沿革》,第118页。

② 《五镇定期秋操》,《盛京时报》1907年10月27日,第3版。

③ 《陆军第五镇定期秋操》,《盛京时报》1907年10月31日,第3版。

④ 《德参赞阅操余闻》,《盛京时报》1907年12月4日,第3版。

⑤ 近畿陆军督练处编印:《光绪三十三年近畿陆军一六两镇涿州一带秋操纪略》,1907年铅印本,北京大学图书馆藏,第1页。

计官兵 7564 员。[①] 南军于 10 月 26 日、27 日由保定开拔，沿途自行演习；北军于 10 月 29 日由南苑出发，自卢沟桥渡河向西运动，沿途自行演习。南、北军在涿州附近宿营，以此为两军会操之地，11 月 1 日至 3 日为会操日期，两军“互作遭遇、攻守各战法”。[②] 11 月 1 日，南北两军骑兵冲锋；2 日，南北两军步兵、炮兵遭遇战；3 日，南北两军攻守战。[③] 陆军第一镇会操后，经过休整后于 11 月 7 日全体移驻京北仰山洼新营。

1908 年 11 月，陆军部以南方新军举行太湖秋操无北洋新军参与为由，商定陆军第二、第四两镇在任丘举行会操。“奉北洋大臣札饬，本镇（第四镇——引者注）与第二镇在任邱一带会操，以第二镇统制马龙标、参谋处总办陆锦为统监。”[④]北洋两镇新军分编东、西两军，以第四镇为东军，吴凤岭充任司令官；第二镇为西军，马龙标充任司令官。11 月 4 日，东军自马厂运动，西军自保定拔队。任丘会操共计 5 天：11 月 9 日两军马队冲锋；11 月 10 日两军步队遭遇战；11 月 11 日、12 日两军攻守战；11 月 13 日举行阅兵仪式。任丘会操，基本效仿河间、彰德两次会操的规制。[⑤]

1909 年 10 月，陆军第三镇在长春附近举行秋季会操。10 月 24 日

---

① 近畿陆军督练处编印：《光绪三十三年近畿陆军一六两镇涿州一带秋操纪略》，第 9 页。

② 近畿陆军督练处编印：《光绪三十三年近畿陆军一六两镇涿州一带秋操纪略》，第 33 页。

③ 近畿陆军督练处编印：《光绪三十三年近畿陆军一六两镇涿州一带秋操纪略》，第 27—30 页。

④ 中国社会科学院近代史研究所中华民国史组编：《清末新军编练沿革》，第 118 页。

⑤ 《直督定期赴任邱阅二四两镇会操》，《盛京时报》1908 年 10 月 30 日，第 3 版。

各部集结赴操,至 10 月 28 日会操结束,“十一日队操,十二日营操,十三日标操,十四日协操,十五日镇操”。[①] 是年 10 月,陆军第四镇也“在青县、兴集一带,自行秋操演习。北洋大臣派委参谋处帮办童焕文带同随员来镇,参观一切”。[②]

1910 年 10 月中旬,陆军第四镇计划在沧州、南皮一带会操,陆军部认为沧州一带不便会操,改令“该镇即就驻扎地附近演习”。[③] 第四镇统制吴凤岭制定此次秋操计划,“定于九月十六日出发,在沧州、兴济一带演习,二十六日操竣,驻站各营至十月初一日始能回防”。[④] 后经军谘处会同陆军部商定,“现已改定厂防(驻防马厂新军各部——引者注)自二十日起、二十四止,站防(驻防小站新军各部——引者注)自二十一日起、二十五日止,均在各驻扎附近演习”。[⑤]

1911 年 10 月 13 日至 20 日,陆军第三镇计划举行秋操,操地选定在“红顶子、黑顶子以及小河沿、小河台等处”。[⑥]

(二)各省新军训练性会操

1. 奉天

1907 年东三省总督徐世昌奏调近畿陆军驻防东北。陆军部从陆军第五镇、第六镇抽调新军组成陆军第一混成协,驻扎新民府镇安、辽

---

① 《秋操定期》,《盛京时报》1909 年 10 月 21 日,第 5 版;《秋操告竣》,《盛京时报》1909 年 11 月 3 日,第 5 版。

② 中国社会科学院近代史研究所中华民国史组编:《清末新军编练沿革》,第 118 页。

③ 中国社会科学院近代史研究所中华民国史组编:《清末新军编练沿革》,第 119 页。

④ 国家图书馆:《清季钞电汇订》,全国图书馆文献缩微复制中心 2003 年版,第 76 页。

⑤ 国家图书馆:《清季钞电汇订》,第 79 页。

⑥ 《陆军秋操之布置》,《盛京时报》1911 年 10 月 11 日,第 4 版。

中两县。不久，袁世凯又从第二镇、第四镇抽调新军组成陆军第二混成协，驻扎奉天旺官屯。①

1908年陆军第一、第二混成协举行会操，拟派段芝贵充任总指挥官。② 10月11日至12日，陆军第一、第二混成协计划在新奉铁路以北、辽河东岸的四方台一带举行秋操。为避免当地居民、学生观操时出现意外，制定观操规则若干条呈请徐世昌批准，并令“奉天府、新民府、法库厅等处及各学堂一律恪守”。③ 四方台会操，又称巨流河秋操，以第一混成协为南军，以第二混成协为北军，由参谋处制定演习计划书，并邀请日本将校数人及奉天、吉林两省军务人员观操。④ 冯玉祥曾亲历此次会操，据他所说：“奉令到巨流河，举行秋操。参加的部队是一、二两混成协。”⑤10月19日，两军从驻地开拔。20日北军驻扎茨榆坨，南军驻扎孤家子，严阵以待。21日上午，两军在高丽房战斗，南军占据平安堡；下午，两军在常家窝棚继续战斗，北军退驻大营子等待援兵。22日，南军行军至大孤柳树，向北军猛攻，两军激战两小时之久，北军援军赶到后，南军撤退至平安堡。23日，两军在胡家窝棚演习决战，几至短兵相接，下午停战。24日，举行阅兵仪式。徐世昌称赞道：“两军战备、命令皆中程法，士气亦见勇奋。”⑥

---

① 徐世昌撰：《东三省政略》（五），李毓澍主编：《中国边疆丛书》第1辑，文海出版社1965年版，第2617、2629页。

② 《奉天举行大操之消息》，《盛京时报》1908年1月25日，第396号，第5版。

③ 《派员赴新阅操》，《申报》1908年10月16日，第2张第3版。

④ 《奉天南北两军秋操情形》，《大同报（上海）》1908年第15期，军界新闻，第34—35页。

⑤ 冯玉祥著：《冯玉祥自传（1）：我的生活》，第74页。

⑥ 徐世昌撰：《东三省政略（五）》，李毓澍主编：《中国边疆丛书》第1辑，第2772页。

1909年，锡良在东三省总督任内，将陆军第一混成协改编为第四十协，将奉天新军两标改编为第三十九协，统一编为奉天陆军第二十镇。[①] 从10月29日至11月6日，驻扎新民府的陆军第二十镇第四十协在腰高台子举行会操。10月29日、30日，开展营对抗演习；10月31日开展混成标对假设敌演习。11月1日休息。11月2日，混成第七十九标在公主屯集结，混成第八十标在腰高台子集结；同日，在东蒨门设统监处，作为此次会操的导演部。11月3日至5日开展两混成标对抗演习，6日开展混成协对假设敌演习。[②]

1910年10月8日，陆军第二十镇第四十协举行会操，地点选定在西至巨流河、东至府街一带，东三省总督锡良亲率督练处人员前往新民府阅操。[③] 同月24日，第二十镇步队第七十七标开拔前往昌图，与驻扎长春的第三镇进行会操。其余新军与驻扎奉天新军，于25日至30日在"新、奉交界之平罗堡、马庙子一带演习大操"，并禀请锡良阅操。[④]

2. 黑龙江

1909年11月25日，黑龙江省城新军在南门外五里墩一带举行秋季会操。当日，巡抚周树模率领营务处总办赵醴泉前往观操。会操结束后，周树模认为各军操法"甚属整齐"，颇为满意，返回衙署后饬令民

---

① 中国科学院历史研究所第三所工具书组整理：《锡良遗稿·奏稿》第2册，中华书局1959年版，第1055—1057页。

② 《秋操纪闻》，《盛京时报》1909年10月28日，第5版；《秋操大事记》，《盛京时报》1909年10月31日，第5版；《秋操大事记(续前)》，《盛京时报》1909年11月2日，第5版。

③ 《陆军秋操之预备》，《盛京时报》1910年10月6日，第5版；《督宪亲莅阅操》，《盛京时报》1910年10月14日，第5版。

④ 《举行陆军秋操之日期》，《盛京时报》1910年10月25日，第5版。

政司拨钱三千吊，奖赏参加会操的新军各部，以示鼓励。①

3. 江苏

练兵处时期，江苏练成一镇新军。1906 年 4 月 24 日，驻扎南京的第三标举行野操，统制官徐绍桢自任统监，遴派陈煦亮、吴锡永、姚鸿法、陶骏保、许葆英、黄家濂为随员，编为东、西两军。东军以攻占幕府山炮台为任务，派孙铭、刘荃业、林之夏、陶叔懋为审判官；西军以阻击东军为任务，派丁鸿飞、吴晋、胡大猷、张复泰为审判官。上午 8 时 30 分西军抵达太平门外，9 时东军抵达赵家桥东，“两军相遇，如临大敌，莫不勇气百倍，对抗逾时”。② 此次野操，可视为江苏新军全镇会操前的热身动员。

1906 年 9 月 12 日，两江总督周馥奏称，江苏陆军第九镇成军，并制定教育计划表，饬令镇统转饬各将领加紧训练，“俟九、十月间，择于宁、镇两府属地势奥衍之处，试行演习两军对抗形状，以资历练”。③ 南洋督练公所制定了此次秋操方案，并经新任两江总督端方批准。原定方案，会操日期为 11 月 16 日、17 日、18 日，共计 3 天，操地定在江宁、镇江一带。④ 其后，因会操地点低洼积水，而更改日期和地点，最后定于 11 月 18 日、19 日、20 日在省城郊外三四十里内会操。⑤ 参加会操的南洋新军，计派步队两标，马队两队，野炮、山炮各一队，工程、辎重各一队，军乐队全队，约一混成协规模，分编为南、北两军。为保证南洋新

① 《参观秋操之奖赏》，《北洋官报》1909 年第 2299 期，军政，第 12 页。
② 《南洋第一镇新军练习野操》，《申报》1906 年 4 月 29 日，第 3 版。
③ 中国第一历史档案馆编：《光绪朝朱批奏折·军务》第 35 辑，第 386 页。
④ 《南洋秋操纪事》，《盛京时报》1906 年 11 月 16 日，第 3 版。
⑤ 《南洋秋操纪事》，《盛京时报》1906 年 11 月 25 日，第 3 版。

军会操的顺利进行,江苏从以下方面做了充分准备:第一、南洋督练公所饬令丹徒县官员、绅董,向普通民众解释与秋操相关的谣言,以安民心。[①] 第二、筹措会操经费与供应军需物资,会操经费是将"上海滩地方当局款项借拨济用";兵备处向士兵配发背包、水瓶、饭盒、杂囊等物品,并向上海制造局订造子弹数万粒。[②] 第三、第九镇各部提前演练,于10月22日、23日、24日各营合操;于11月1日、2日、3日在朝阳门外演习行军;4日休整一天;5日、6日、7日继续演习3天。[③] 第四、徐绍桢禀请江督端方亲莅校阅,以昭慎重,获端方同意。[④] 端方校阅陆军第九镇会操后,认为参加演习的官兵"均极耐劳",改编虽仅有一年时间,"军容尚为整齐,亦颇难得"。[⑤]

1907年,端方计划江北暂编陆军第十三混成协、南洋陆军第九镇在仪征、六合一带会操,因江北提督不同意筹措经费而终止,便仿照去年先例继续筹划南洋新军会操。由于去年参演新军仅是驻扎省城所部,驻扎镇江、江阴的步队没有参加,故本次会操全镇均参与其中。会操地点,选定在去年所定因积水而放弃的镇江高资镇一带。[⑥] 会操计划确定后,由于端方担心革命党人暗杀风潮,惧怕新军中潜伏的革命党人煽惑军心、借机暴动,决定"停办大操","消弭巨祸"。[⑦] 但端方又担

① 《秋操预防谣言》,《申报》1906年11月4日,第2张第9版;《南洋新军大操之示谕》,《盛京时报》1906年11月9日,第3版。

② 《南洋秋操纪事》,《盛京时报》1906年11月16日,第3版。

③ 《南洋秋操之预备》,《申报》1906年11月9日,第3版。

④ 《南洋秋操纪事》,《盛京时报》1906年11月16日,第3版。

⑤ 《端督致军机处电(为江宁秋操事)》,《申报》1906年12月6日,第3版。

⑥ 《纪南洋筹备秋操之计划》,《盛京时报》1907年8月21日,第3版。

⑦ 《南洋停办秋操确闻》,《盛京时报》1907年9月11日,第3版。

心新军训练懈怠，又扎饬督练公所，令各部自 11 月 7 日至 9 日，“任听步、马、炮、工、辎各军队各择近郊地段实地演习”；10 日、11 日全镇在麒麟门一带集结，“分为东、西两军，举行对抗演习”。[①] 东军支队长由三十四标统带艾忠琦充任，西军支队长由三十三标教练官祝谦充任，东军攻击，西军防御。10 日，东军率先向麒麟门包抄攻击前进，西军竭力抵抗，两军形成对峙之势，夜间在麒麟门、马群一带露营；11 日拂晓，两军接近，激战甚酣，上午 8 时，统监部发号令停操。[②]

1909 年 11 月 3 日至 6 日，陆军第九镇计划在南京仙鹤门一带会操，新任两江总督张人骏、统制徐绍桢亲临阅操。参加此次会操的部队为驻扎省城各部，驻扎镇江的步队第三十五标因距离较远，不再前往南京参演，而是改为在驻地附近自行演习。[③] 不过，经督练公所总参议官，兵备、教练、参谋三处总办及陆军第九镇统制徐绍桢商议，为节省经费起见，陆军第九镇会操最终停办，全部改为在驻地附近自行对抗演习。[④]

1910 年 10 月 26 日至 28 日，陆军第九镇在南京南门外举行会操。全镇新军参加会操，“分两队抵抗，其步履整齐，军容严肃”。[⑤]

1911 年，陆军第九镇统制徐绍桢以本届新军退伍期临近，计划 10 月举行会操。[⑥] 驻扎镇江第十八协第三十六标统带杜淮川认为，以往

---

① 《第九镇自行演习纪事》，《盛京时报》1907 年 11 月 23 日，第 3 版。
② 《江南新军联合演习》，《盛京时报》1907 年 12 月 6 日，第 3 版。
③ 《宁军秋季大操之预备》，《盛京时报》1909 年 10 月 30 日，第 4 版。
④ 《徐统制莅镇阅操》，《申报》1909 年 11 月 5 日，第 2 张第 3 版。
⑤ 《陆军秋季大演习》，《民立报》1910 年 10 月 29 日，第 3 页。
⑥ 《金陵军界见闻录》，《民立报》1911 年 10 月 13 日，第 4 页。

每年秋季会操均在省城附近举行,各将士熟悉地形,达不到陌生地形条件下训练新军的目的,故建议选择新操地。同时,派员测绘军用地图、编制新军及筹备军需物资。[①] 最后,徐绍桢选定镇江高资镇一带为操地,将第十七、第十八混成协编为东、西两军,"通饬所部各标营演习长途之旅次行军、战备行军、铁道输送、野外露营及战斗射击诸法"。[②]

4. 浙江

光绪三十二年七月(1906 年 8 月)浙江方面奏报,计划编练混成一协,现在仅练成步队四营,且缺额较多。直到 1909 年 5 月,陆军部派张怀芝考察浙江新军时,仍仅有四营,几乎没有进步可言。[③] 同年,浙江巡抚增韫接到陆军部下达的自行秋操咨文。增韫覆文称,本年时间紧迫,浙江新军无法及时举办会操。[④]

1910 年秋,浙江新军始举行第一次会操,督练公所负责筹划,"拟定规则,测绘地图,分发各营队"。[⑤] 增韫命令协统杨善德制定作战计划,杨协统与第二标标统萧星垣、第一标三营管带张载阳商议后,随同督练公所人员于 8 月 20 日勘测沿江海塘一带的行军驻扎处所,并绘图附说,呈请增韫定夺。[⑥] 为了保证操地安全,增韫命杨善德转令萧星垣、张载阳二次勘测,确保无障碍物并尽快修整操地。[⑦] 浙江新军协司

---

① 《南洋陆军预备举行秋操》,《申报》1911 年 8 月 27 日,第 1 张第 5 版。

② 《新军预备秋操》,《申报》1911 年 9 月 2 日,第 1 张后幅第 4 版。

③ 中国社会科学院近代史研究所中华民国史组编:《清末新军编练沿革》,第 225—226 页。

④ 《咨行报告秋操情形》,《北洋官报》1909 年第 2239 期,军政,第 11 页。

⑤ 《浙江:新军举行秋操》,《南洋兵事杂志》1910 年第 51 期,见闻,第 5 页。

⑥ 《浙省新军秋操近闻》,《申报》1910 年 8 月 22 日,第 1 张后幅第 3 版。

⑦ 《派员覆勘秋操场地》,《申报》1910 年 9 月 9 日,第 1 张后幅第 3 版。

令部连续发布命令，规定了官兵必备的演习物资，例如，军官须携带指挥刀、被服、行军床、演习地图、铅笔、报告纸、指南针、图板、手枪、指南针等，目兵须携带枪支、洋毯、雨衣、水壶、饭盆、干粮袋、背包、工作器具、行军锅灶等；①还颁发了《宿营禁令》12 条，饬令各军遵守：不得任意更改宿营区域、严惩私自更改区域引发争斗者、不准任意外出购买军需、不准私自逗留茶馆酒肆民房、炊爨生火须在背风处、不得随意大小便、不准吸烟、按时就寝、按时熄灯、熄灯后不准私语交谈、不准夜间离营、不得无故鸣号等。② 此次会操日期，定于 11 月 26 日至 12 月 2 日。③ 浙江新军各队于 11 月 22 日从南星桥开拔，在海宁集结，然后开始会操。巡抚增韫定于 11 月 30 日从杭州出发，亲赴操地阅操，在茶院寺住宿。12 月 1 日，乘船到南皮桥上岸，下午阅操后，仍回茶院寺住宿。12 月 2 日上午，到六星山观摩第八十一、八十二标新军炮队、工程队演习，12 时操毕，返回杭州。④ 会操结束后，兵备处向增韫汇报时称，各军在气温骤寒、风雨交加的气象条件下顺利演习，令人满意，“各将校指挥活泼，始终无倦，各目兵奋勇耐劳，颇有精神。初次演习，成绩已著，足见平日操练得法”。⑤

5. 福建

1906 年春季，福建新军编成暂编陆军第十镇，统制官孙道仁计划

---

① 《浙抚慎重秋操之手续》，《申报》1910 年 11 月 16 日，第 1 张后幅第 3 版。

② 《新军定期秋操手续》，《申报》1910 年 11 月 8 日，第 1 张后幅第 3 版。

③ 《新军秋操前种种布置》，《申报》1910 年 11 月 29 日，第 1 张后幅第 3 版。

④ 国家图书馆：《清季钞电汇订》，第 264 页；《万人空巷看新军》，《民立报》1910 年 11 月 26 日，第 4 页；《新军演习秋操之筹备》，《申报》1910 年 11 月 27 日，第 1 张后幅第 3 版。

⑤ 《兵备处呈请秋操奖励新军》，《申报》1910 年 12 月 18 日，第 1 张后幅第 3 版。

本年秋季举办会操。会操地区选在省城附近,具体在"闽县东南三角城起至西北洪塘乡止,横直约四十里"。操期共计 3 天,定于 1907 年 1 月 14 日至 16 日。参演新军分编南、北两军,共计六营,人数约 3000 余人。①

1907 年,考虑到福建暂编第十镇会操只是在新军驻地附近举行,地形熟悉,难以达到陌生地形条件下训练新军的目的,因此,福建新军决定再次举办秋操,"择定福宁府属附近为战场,以资实地训练"。②

6. 广东

1909 年秋季,广东新军即将编练成镇。两广督练公所兵备处总办韩国钧"预定演习计划",同时派人在营房附近"规定攻击、防守战阵"。参加会操的新军包括"已练之步队六营及旧有之步队六营、炮队二营、工程一营、辎重一营"。两广督练公所的会操计划经两广总督批准,定于本年 11 月内举行会操。③

7. 河南

1906 年 2 月 10 日,河南巡抚陈夔龙上折称,拟将河南常备军遵章改编为新式陆军。同月 28 日练兵处核议后回覆陈夔龙,河南常备军不足一镇之数,可暂编为一混成协,即暂编陆军第二十九混成协。④

1907 年 11 月 28 日至 30 日,暂编陆军第二十九混成协齐集芦花岗会操,操期 3 日。陈夔龙和陆军部观操员沈翊清同往芦花岗观操,均

---

① 《定期野外大演习》,《盛京时报》1906 年 12 月 4 日,第 3 版。

② 《福建:择定秋操地址》,《南洋兵事杂志》1907 年第 13 期,见闻,第 15 页。

③ 《预筹操演新军之计划》,《申报》1909 年 10 月 4 日,第 2 张第 3 版。

④ 中国社会科学院近代史研究所中华民国史组编:《清末新军编练沿革》,154 页。

对芦花岗会操中河南新军的表现表示满意。①

1909年秋季，河南新军计划在汜水县一带择地会操。河南督练公所派参谋处提调董书春、教练处提调邓朝栋、兵备处委员蓝心笏三人，偕同陆军二十九协统领官选派的步、马、炮队教练官及工程营督队官等人，“前赴汜水县一带详加履勘”。② 董书春等人在汜水县勘测完毕后，认为“大帅沽至虎牢一带为行军路线，其虎牢以西，山原交错，最合攻守设伏之用”。③ 因各营宿营地尚未确定，河南巡抚吴重熹饬令督练公所商议后，派董书春率领测绘学生前往中牟一带勘测，最后确定“中牟为北军驻扎地，以汜水迤西为南军驻扎地，以汜水迤东为追袭地，以荥阳城之东西为两军会战地，以郑州为进攻地”。④ 会操区域既定，巡抚吴重熹将绘制的陆军秋操地图，咨送陆军部查核。⑤ 为了预防不测，河南探访队也加入会操部队，“以为秋操时之用”。⑥ 遗憾的是，限于资料，难以详叙本次河南新军会操的过程。

1910年，河南巡抚宝棻电告军谘处、陆军部，河南新军计划会操。⑦ 10月17日，暂编陆军第二十九混成协“在省会西北黄河岸一带七十里实行秋操”。⑧

---

① 《秋操志盛》，《盛京时报》1907年12月28日，第3版。

② 《河南陆军兵备、参谋、教练处等详报派员秋操旅行文》，《北洋官报》1909年第2280期，公牍录要，第7—8页。

③ 《河南：勘定秋操地址》，《南洋兵事杂志》1909年第37期，见闻，第26页。

④ 《汴省陆军预备秋操》，《北洋官报》1909年第2225期，军政，第10页。

⑤ 《咨送豫省秋操地图》，《南洋兵事杂志》1909年第38期，见闻，第14—15页。

⑥ 《汴省整顿探访队》，《北洋官报》1909年第2239期，军政，第11页。

⑦ 《常备军定期秋操》，《申报》1910年7月28日，第1张后幅第3版。

⑧ 《河南新军黄河岸会操》，《民立报》1910年10月15日，第5号，第2页。

8. 安徽

安徽巡抚恩铭任职期间,遵章编练新军步队三营、炮兵一队、军乐队半部。1907 年,安徽巡抚冯煦奏称,在原安徽新军基础上,编练步队两标、马炮各一营、工辎各一队、军乐半部,规模达到一混成协,此后清政府授予安徽新军暂编陆军第三十一混成协番号。1908 年太湖秋操之际,熊成基策动新军一部起义,失败后新军完整建制不复存在。1909 年,安徽巡抚朱家宝征募新兵,重新规复了暂编陆军第三十一混成协建制,下辖步队第六十一、六十二标,马、炮各一营,工、辎各一队。[①]

1909 年军谘处饬令各省成镇、成协的新军,本年自行会操。[②] 安徽混成协协统余大鸿制定了新军会操计划。按照计划,混成协分编甲、乙两军,甲攻乙守,甲军一部占领山东省,派遣混成支队侵入安徽,乙军集结安庆府防守。会操地点,选定在安庆西部至集贤关一带。会操时间共计 4 天:11 月 14 日演习遭遇战;15 日演习攻守战,甲军防御、乙军反击;16 日演习决战,甲军撤退、乙军攻击并追击;17 日举行阅兵仪式。会操开始前,从 11 月 10 日至 12 日,各部队自行演习,步队六十一标在北关外一带,步队六十二标在集贤关内外至木狮桥一带;骑兵在西关外一带;炮兵在东关附近;工兵配合各标、营实施工程作业。[③] 此次会操,安徽方面邀请了许多观操员,巡抚朱家宝也亲临操地,逐日观操。[④] 朱家宝对新军表现颇为满意,在训词中说:"本部院见两军攻守有法,步伐

① 中国社会科学院近代史研究所中华民国史组编:《清末新军编练沿革》,第 243—244 页。

② 《通咨秋操之办法》,《申报》1909 年 9 月 21 日,第 2 张第 3 版。

③ 《预布皖省秋操方略》,《申报》1909 年 10 月 30 日,第 2 张第 3 版。

④ 《安徽:详纪皖省秋操》,《南洋兵事杂志》1909 年第 39 期,见闻,第 9 页。

亦整齐，不胜欣慰，并且各营队连日演习，都能忍劳苦，经过乡村秋毫无犯，这是极可嘉许。其中有未能完备者，只因成军日浅，训练未精，加以公家款项不足，一切组织尚都不甚完全。然而，有这点踊跃气象，也就是进步的根基。”①

1910 年，安徽混成协计划于 11 月 22 日至 28 日举行秋操，协统余大鸿提前于 12 日颁布训令，规定会操期间军民纪律：不准损害私借民间财物、各商铺不准哄抬物价、严惩造谣生事者、严惩违法乱纪的官兵。② 在余大鸿的指挥下，很快进入筹备阶段：第一、派员到练潭一带勘测，绘制军用地图；第二、议决秋操时的后勤供给事宜；第三、操期改在 11 月 24 日至 12 月 1 日；第四、明确每日会操科目，第 1 日、2 日在十里铺、集贤关之间演习；第 3 日在十里铺、三十里铺之间演习；第 4 日休息；第 5 日、6 日在三十里铺、六十里铺之间演习；第 7 日回营；第 8 日在六十一标操场举行分列式。③ 11 月 24 日早上 6 时，各军在协司令处集结完毕，半小时后分编东、西两军开赴操地。西军占据五里铺山后一带小岗，东军占据对面的小龙山一带，统监部设在中央之小山。25 日 6 时，东、西两军交战。东军地势不利，加上西军援兵到来，从宿松、太湖分头攻其左、右翼。东军撤退，并炸毁集贤关以阻挡西军追击。西军疑东军伏击，按兵不动，其后派出骑兵四处侦察，确认东军撤退后始全力追击。西军追击到集贤关外，直抵十五里铺。26 日，东、西两军激战 8 时之久，西军最后撤退。27 日，东、西两军集结一处。28 日、29 日大雨

---

① 《皖抚秋操之训词》，《北洋官报》1909 年第 2273 期，军政，第 11 页。

② 《皖省举行秋操之示谕》，《大同报（上海）》1910 年第 15 期，军界新闻，第 35 页。

③ 《安徽：皖省秋操进行之顺序》，《南洋兵事杂志》1910 年第 51 期，见闻，第 5 页。

倾盆,寒风刺骨,两军在泥泞的道路中冒雨行军,直抵练潭。30 日,参演新军高唱凯歌归营。在会操期间,观操人员见"军官指挥之精详,军士精神之勇健,鼓掌若雷",皆赞叹新军编练之进步。①

9. 湖北

湖北新军编成陆军第八镇及第二十一混成协,曾参与过 1906 年彰德会操及 1908 年太湖秋操。除了参与新军大会操,湖北新军每年秋季照例开展训练性会操。

1909 年秋,第二十一混成协协统黎元洪认为,值秋高气爽之际,应调集全协会操。会操地点选定在距省城 40 里处的南湖一带,时间为 11 月 22 日、23 日、24 日。参加会操的为第四十一、四十二两标步兵及工程、辎重、马、炮各队,"以一标为主军,一标为客军,黎协统则自任中央司令官,以便评判"。② 第二十一混成协南湖会操结束不久,陆军第八镇又于 12 月 20 日在南湖一带举行会操。陆军第八镇统制张彪亲率步、马、炮、工、辎各营前往南湖,"自任总司令官,两协统为两军司令官,以假作战斗之状"。③

1910 年 12 月,陆军第八镇及二十一混成协联合会操。参演部队分编东、西两军,东军由第二十一混成协组成,黎元洪充任总指挥官;西军抽调陆军第八镇组成,王得胜充任总指挥官。14 日上午 8 时,东、西两军从驻地出发。西军先派炮队二营管带率炮兵一营占领毛店、韩家山、草头山一带,部署陆路炮及过山炮五十余尊,又派第二十九混成标

① 《安徽:皖军秋操记事》,《南洋兵事杂志》1910 年第 51 期,见闻,第 6—7 页。
② 《鄂军举行秋季大演习》,《申报》1909 年 11 月 30 日,第 2 张第 3 版。
③ 《第八镇陆军会操纪闻》,《申报》1909 年 12 月 25 日,第 1 张后幅第 3 版。

统带官率步兵至叶马店、张家岭、张家山等处防守；东军则由院子岭、乌龙山前进攻击。9 时，西军炮兵开始射击。9 时 10 分，两军渐次接近。东军派遣步兵第四十一、四十二两标攻击西军左翼，因西军左翼兵力固守而转向攻击其右翼，后占据贺家岭、桃园岭。东军计划派遣工兵一队前往新店一带摧毁西军铁线、铜鹿砦等防御工事，因工兵触发地雷而失败。东军向桃园岭攻击，与西军阵地形成对峙，后鸣号停操。第八镇统制张彪在乌龙山巅对各军官讲评此次会操成绩及不足之处。17 日，湖北新军在马场举行阅兵仪式，湖广总督瑞澂亲临检阅。[①]

10. 湖南

湖南仅练成步队两标、炮队一营，不足一混成协规模。[②] 湖南新军成军后，仅有小规模的军事训练，全军没有会操。1908 年 9 月 18 日，湖南新军在省城外的金盆岭、黄土巅一带秋季会操，“先期传令各营弁兵随带帐棚、行李、饮爨各物以及工作器具在该处宿营，夜间则燃火接续演习”。[③] 19 日会操结束后全军回营。

11. 江西

1907 年，江西新军在原步队两标 6 营、马队 2 队的基础上，添练炮队一营，工程、辎重各两队，军乐队半队，“凑足混成一协”。[④]

1909 年初，江西督练公所兵备处总办张季煜禀请江西巡抚冯汝骙，计划本年秋季在吉安府一带举行会操。[⑤] 1910 年陆军部也催促江

---

① 《湖北新军会操详情》，《民立报》1910 年 12 月 23 日，第 74 号，第 4 页。
② 中国社会科学院近代史研究所中华民国史组编：《清末新军编练沿革》，第 212 页。
③ 《演习野外战斗》，《申报》1908 年 9 月 28 日，第 2 张第 3 版。
④ 中国社会科学院近代史研究所中华民国史组编：《清末新军编练沿革》，第 233 页。
⑤ 《赣省举行秋操之提议》，《申报》1909 年 5 月 12 日，第 2 张第 3 版。

西新军举行会操,督练公所兵备处派遣协部参军官欧阳武等前往浔阳勘测会操地势,选定建昌、德安一带。冯汝骙与江西新军协统吴介璋商议,决定 11 月举行会操,并由协司令部派员修筑行军道路。① 江西新军会操,仿照河间、彰德大会操先例,颁布了《江西秋操阅兵处简章》,共计 5 章,依次为"总纲"、"秋操审判处人员之编组"、"秋操审判处人员之任务"、"秋操经理处人员之编组"、"秋操经理处人员之任务"。② 按照规定,江西巡抚自任阅兵处总监,全权负责秋操期内审判及一切相关事务。总监冯汝骙调派兵备、教练、参谋处人员及巡警道、税务局人员充任阅兵处职务,各司其责。③ 同时,又颁发《宣统二年江西陆军秋操随观规则》,共计 3 章 26 条,依次为"来宾随观规则"、"报馆随观规则"、"学生、人民随观规则",严格规定了各省观操员、报馆观操员及学生、人民观操员的名额、报名办法、报到期限及观操纪律。④ 为了维持军纪,冯汝骙下令陆军警察营队官毛秉钺督带宪兵 60 名参加会操,"驰往操地,巡视一切"。⑤ 会操日期原定于 11 月 15 日至 17 日,后改为 11 月 22 日至 25 日。江西新军分编为南、北两军,以陆军第五十四标为南军,以陆军第五十三标为北军。两军给养、各项器具、粮秣等,均须于 11 月 11 日采购齐全,然后分批运送至会操地域。11 月 19 日,在建昌

---

① 《秋操军地之预备》,《民立报》1910 年 10 月 12 日,第 2 号,第 3 页;《今年秋操之预备》,《民立报》1910 年 10 月 15 日,第 5 号,第 2 页。

② 《江西秋操阅兵处简章》,《申报》1910 年 11 月 5 日,第 2 张后幅第 2 版。

③ 《委派预备秋操人员》,《申报》1910 年 10 月 22 日,第 1 张后幅第 3 版。

④ 《宣统二年江西陆军秋操随观规则》,《申报》1910 年 11 月 4 日,第 2 张后幅第 2 版。

⑤ 《赣省陆军秋操预备之手续》,《申报》1910 年 11 月 19 日,第 1 张后幅第 3 版。

正式开设阅兵处。[①]

11 月 19 日晚，巡抚冯汝骙抵达建昌县，以考棚为行辕。20 日，南、北两军抵达建昌县境，南军驻扎东门外，北军驻扎北门外，预备 22 日正式开始会操。22 日早晨，南、北两军各自从宿营地出发，上午 9 时 30 分，两军前锋在九里桥一带遭遇，展开战斗，至中午 12 时，“两军对战颇为激烈，北军地势优胜，南军火力强盛，胜负相等”，下午南军在饶庄宿营、北军在茅六冈宿营。[②] 23 日上午 8 时，南、北军继续在九里桥一带演习，北军不支向山口撤退，南军追击北军至山口附近，几乎切断北军退路，后停操讲评。下午，北军援军赶到后转守为攻，南军因兵力稍弱而向十里铺撤退。4 时，北军主力退至五里亭，吹号停操。是夜，北军在山口宿营，南军在茅六冈宿营。24 日，南、北军演习决战。南军步队 4 营及假设队、北军步队 5 营及余部开战，南军因兵力稍弱而处于防御状态。南军撤退之时，北军兵分三路攻击，步兵 1 营取道壁头岭、西饶庄攻击南军左翼，步兵 1 营向茅六冈攻击南军中央，步兵 5 营则全力攻击南军右翼。上午 10 时两军开战，下午 1 时停操集合，全协官长在统监部讲评本日战斗情形。[③] 25 日上午 9 时，江西新军举办阅兵仪式，冯汝骙率人前往东门外杨柳津地方检阅新军各部，颁发训词，并发给纪念银杯。[④]

---

① 《赣省举行秋操之预备》，《申报》1910 年 10 月 30 日，第 1 张后幅第 2 版；《陆军秋操记》，《民立报》1910 年 10 月 31 日，第 21 号，第 3 页；《南北军只好吓女人》，《民立报》1910 年 12 月 5 日，第 56 号，第 4 页。

② 《赣省校阅陆军秋操记》，《申报》1910 年 12 月 1 日，第 1 张后幅第 5 版。

③ 《赣省秋操二记》，《申报》1910 年 12 月 3 日，第 1 张后幅第 2 版。

④ 《赣省陆军秋操举行阅兵式》，《申报》1910 年 12 月 5 日，第 1 张后幅第 3 版。

时论对本次会操中江西新军的表现有积极的评价,“各军官、兵士忍苦耐劳,足征进步”。[①] 1911 年驻京法国公使馆武参赞高赍德拜谒冯汝骙时,谈及去年新军会操之事,“颇为赞美”。[②]

12. 云南

1909 年 1 月 23 日,陆军部授予云南新军番号,定名为暂编陆军第十九镇。[③] 陆军第十九镇仅在归化寺演习步、马、炮、工程、辎重等各兵种军事技术、战术,一直未举行会操。直到 1911 年,陆军第十九镇始计划“在宜良县一带补行秋操”,演练“各种队伍及辎重纵列、弹药纵列、兵站、野战病院、卫生队、大小接济等项”,同时派遣测地局地形、三角两科人员前往操地测绘地形。[④] 限于资料,难以详叙本年云南新军会操过程。

13. 四川

1910 年,四川新军“拟于本年秋间举行大操”。督练公所参谋处认为汉州新津一带地段绵长,适合演习,故派混成协及兵备、教练两处中精于测绘人员前往勘测。[⑤] 限于资料,难以详叙本年四川新军会操过程。

---

① 《赣抚预备检察军队》,《申报》1910 年 12 月 30 日,第 1 张后幅第 3 版。

② 《法员参观军队之忙碌》,《申报》1911 年 6 月 4 日,第 1 张后幅第 3 版。

③ 中国社会科学院近代史研究所中华民国史组编:《清末新军编练沿革》,第 271—272 页。

④ 《新军定期秋操》,《申报》1911 年 10 月 1 日,第 1 张后幅第 4 版。

⑤ 《秋操测图》,《四川官报》1910 年第 18 期,本省近事,第 1 页。

三、集训练性和校阅性为一体的秋季大会操

1905 年秋季，北洋六镇新军在直隶河间府举行了第一次大会操。其后，清廷筹办了 1906 年彰德会操、1908 年太湖秋操及 1911 年永平秋操。期间，1907 年、1909 年、1910 年停办秋季大会操。本节将从会操的筹备、实施阶段，梳理 1905 年—1911 年间新军秋季大会操概况。[①]在大会操筹备阶段，练兵处（后为陆军部、军谘府）负责新军编制、颁发大会操规章条令及会操方略、筹设阅兵处等；会同地方督练公所勘测操地、筹备军需、动员新军各部等。在大会操实施阶段，以阅兵处为导演机构，前三天举行诸兵种演习，最后一天举行阅兵仪式。

（一）1905 年河间会操

1905 年 9 月 17 日，练兵处大员奏称，东西各国均在秋冬之际举行军事演习，现在北洋常备军均已改编为 6 镇新式陆军，分别驻扎在直隶、山东境内，尚未会合操演。应参仿东西各国经验，举办军事演习。本年秋季，计划抽调陆军第二、第四、第五镇编为南军，抽调陆军第一、第三、第六镇编为北军，“定于九月二十四日，南军驰抵交河，逐渐北攻，

---

① 河间、彰德、太湖、永平四次秋操，只有前两次顺利实施，后两次出现不同程度的停操。张华腾的《河间、彰德会操及其影响》（《近代史研究》1998 年第 6 期）一文对河间、彰德会操已有专文研究，功力颇深。笔者不揣浅陋，利用新发现的一些资料和演习地图，试图从筹备、实施阶段对两次会操再做论述。太湖、永平两次秋操，则在笔者的《1908 年太湖秋操考实》（《历史档案》2012 年第 4 期）和《宣统三年的永平秋操》（《历史档案》2014 年第 2 期）两文基础上，增补新见史料，从筹备、实施阶段展开论述。

北军驰抵高阳,逐渐南御。自二十五至二十七等日,在河间一带会合大操,并拟于二十八日举行阅兵典礼”。① 清廷批准,钦派袁世凯、铁良为阅兵大臣,前往河间阅操。

1. 河间会操的筹备阶段

在筹备阶段,练兵处任务颇为繁重,主要涉及新军编制、颁布会操规章条令、设立阅兵处、制定演习计划、筹备军需、动员新军等工作。

河间会操,抽调陆军第三、第四镇全镇及第一、第二、第五、第六镇各一部参加,共计 45002 名,组编为南、北两军。南军由第二、四、五镇组成,派王英楷充任总统官。其编制如下:(1)第四镇,辖步队 2 协(12 营)、马队 1 标(3 营)、炮队 1 标(3 营)、工程队 1 营、辎重队 1 营;(2)第四混成协,辖步队 2 标(6 营)、马队 1 营、炮队 1 营、工程队 1 营、辎重队 1 营;(3)第九混成协,辖步队 2 标(6 营)、马队 1 营、炮队 1 营、辎重队 1 营。南军官佐、目兵、夫役,共计有 22513 名。北军由第一、三、六镇组成,派段祺瑞充任总统官。其编制如下:(1)第三镇,辖步队 2 协(12 营)、马队 1 标(3 营)、炮队 1 标(3 营)、工程队 1 营、辎重队 1 营;(2)第一混成协,辖步队 2 标(6 营)、马队 1 营、炮队 1 营;(3)第十一混成协,辖步队 2 标(6 营)、马队 1 营、炮队 1 营、工程队 1 营、辎重队 1 营。② 北军官佐、目兵、夫役,共计 22489 名。南、北军战斗序列详情,

---

① 中国第一历史档案馆编:《光绪朝硃批奏折·军务》第 53 辑,第 441—442 页。

② 《会奏遵旨校阅陆军会操情形折》(14—378),骆宝善、刘路生主编:《袁世凯全集》第 14 卷,第 215 页。

参见表 3—2、3—3。①

表 3—2

南军			
战 斗 序 列			
总统官王英楷 总参谋官陆锦			
第九混成协	**陆军第四镇**		**第四混成协**
司令官马龙标 参军官贾德耀	司令官吴凤领[岭] 正参谋蒋雁行		司令官张怀芝 正参谋朱廷灿
步队第九协	**步队第八协** 统领官陈光远	**步队第七协** 统领官杨善德	**步队第四协**
步队第十七标 统带官施从滨	**步队第十五标** 统带官何丰林	**步队第十三标** 统带官王宾	**步队第七标** 统带官王金镜
第一营 第二营 第三营	第一营 第二营 第三营	第一营 第二营 第三营	第一营 第二营 第三营
步队第十八标 统带官刘富有	**步队第十六标** 统带官李瑞	**步队第十四标** 统带官杨宝善	**步队第八标** 统带官王懋赏
第一营 第二营 第三营	第一营 第二营 第三营	第一营 第二营 第三营	第一营 第二营 第三营
马队第五标第一营 管带官张善义	**马队第四标** 统带官孟恩远		**马队第二标第一营** 管带官程侍墀
第一营	第一营 第二营 第三营		第一营
炮队第五标第一营 管带官唐国谟	**炮队第四标** 管带官徐万鑫		**炮队第二标第三营** 管带官鲍贵卿
第一营	**第四标** 第一营	**第二标** 第一营 第二营	第三营
	工程队第四营 管带官高凤城		**工程队第二营** 管带官李长泰
混成协辎重队	**镇辎重队**		**混成协辎重队**

① 《北洋秋季大操日记》，1905 年抄本，北京大学图书馆藏；又见《明治 39 年清国事件書類編冊：清国北洋陸軍秋季演習参観報告（2）》，日本防衛省防衛研究所藏：《陸軍省大日記》，档号：C08010357000，アジア歴史資料センター（http://www.jacar.go.jp/）。

表 3—3

北军
战 斗 序 列
总统官段祺瑞
总参谋李士锐
第十一混成协
司令官陆建章
参军官李寿鹏
陆军第三镇
司令官段芝贵
正参谋张鸿达
第一混成协
司令官曹锟
正参谋蔡成勋
步队第十一协
步队第六协
步队第五协
统领官徐占魁
步队第一协
步队第二十一标
统带官马继增
步队第十一标
统带官王治蘭
步队第九标
统带官张士钰
步队第一标
统带官李纯
第一营 第二营 第三营
步队第二十二标
统带官李进才
步队第十二标
统带官张殿如
步队第十标
统带官唐天喜
步队第二标
统带官周符麟
第一营 第二营 第三营
马队第六标第一营
管带官李长朋
马队第三标
统带官张开泰
马队第二标第二营
统带官张九卿
马队第一标第一营
管带官孟效曾
第一营
第三营 第二营
炮队第六标第一营
管带官柴化鹏
炮队第三标
管带官张长林
炮队第一标第一营
管带官罗鸿魁
炮队第六标
炮队第三标
第一营
第三营 第二营
工程队第六营
管带官王连义
工程队第三营
管带官滕毓藻
混成协辎重队
镇辎重队
混成协辎重队

为了保证河间会操的顺利进行,练兵处颁布了一系列的规章条令。《河间会操教令》计有 9 节,依次为"会操日期"、"设立阅兵处日期及选派该处卫兵马弁办法"、"通信"、"信号"、"禁止"、"阅兵处与两军之连络"、"土地物产损坏赔偿及预防危险"、"野操应用军需及军械弹药"、"会操时供给"等。根据《河间会操教令》规定,河间会操的操期有 4 天,

九月二十五、二十六、二十七日(10 月 23 日、24 日、25 日)会操,二十八日(26 日)阅兵仪式。[①] 另有《阅兵仪式教令》计有 42 条,规定了第四日参加受阅的部队,以及阅兵式、分列式过程中受阅官兵的队形、间距、礼仪等。[②]《行军纪律》计有 7 条,规定了部队行军过程中的士兵动作、服装、饮食、休息、纪律及官长的监督职责;《宿营禁令》计有 11 条,规定了部队宿营地的军纪;《野操赔补物产办法》计有 7 条,规定了部队宿营、会操期间借用和践踏农田的赔偿办法;《野操私斗治罪条例》计有 6 条,规定了会操期间军人违犯军纪、私自斗殴的惩罚条例;《地方人民学生等随观应守规则》计有 6 条,规定了地方人民学生观看会操时必须遵守的各项规则;《报馆随观员应守规则》计有 9 条,规定了中外报馆记者参观会操时必须遵守的各项规则。[③]

参加河间会操的新军全部来自北洋新军,或是全镇参加,或是一镇中抽调一部,人数超过 4 万人,如此大规模的军事行动必须设立统筹全局的指挥机构。练兵处决定在河间"建设阅兵处,以为挈领提纲之所"。[④] 根据《河间会操教令》规定,10 月 20 日在河间府开设阅兵处。练兵处颁行了《阅兵处办事章程》,规定了阅兵处的组织机构及

① 按:由于每次新军秋季大会操均会颁布秋操教令,为论述之便,均在其前面加上本次会操名称,以示区别,故此处称之为《河间会操教令》,下文同。参见彭贺超:《河间太湖秋操资料补辑》,中国社会科学院近代史研究所《近代史资料》编辑部编:《近代史资料》总 130 号,第 228—232 页。

② 《光绪三十一年秋季大操阅兵式教令》,1905 年铅印本,中国社会科学院近代史研究所图书馆藏。

③ 《会奏遵旨校阅陆军会操情形折(附各清单)》(14—378),骆宝善、刘路生主编:《袁世凯全集》第 14 卷,第 215—217 页。

④ 《会奏遵旨校阅陆军会操情形折(附各清单)》(14—378),骆宝善、刘路生主编:《袁世凯全集》第 14 卷,第 209 页。

其职掌。阅兵处隶属阅兵大臣之下,设总参议 1 员,辅助处理各项事务;分设评判处、综理处、递运处、传宣处、执法处、接待处、信号处等七处,统归总参议调派。评判处设有评判官及委员,具体又分为阅兵处审判官、军属审判官,前者负责调查、评判会操详情并呈交总参议核阅,转报阅兵大臣,后者负责向全军传递阅兵处的命令、训令及通报事件。综理处设综理官及参赞委员,负责阅兵处一切庶务,筹备阅兵处驻扎处所,预备外宾观操员宿舍及马棚,并与地方官交涉等事。递运处,设递运官及委员,负责铁路、水道运输事务。传宣处,设传宣官及委员,负责刊印会操方略、命令、训令并传发等事务,兼管阅兵处所属电信、电话等事务。执法处,设执法官、宪兵队及巡警队,负责警戒事务。接待处,设接待官及委员,具体分为内宾、外宾接待官,分别负责接待国内、国外观操员,引导内外宾的观操路线。信号处,设信号队一队,负责会操的一切信号。[①] 阅兵处在河间会操中扮演着今日军演中导演部的角色。河间会操阅兵处的组织机构及主要人员详情,参见表 3—4。[②]

---

① 《会奏遵旨校阅陆军会操情形折(附各清单)》(14－378),骆宝善、刘路生主编:《袁世凯全集》第 14 卷,第 213－214 页;《直隶阅兵处秋操办事条规》,《东方杂志》1905 年第 12 期,军事,第 387－391 页。

② 《会奏遵旨校阅陆军会操情形折(附各清单)》(14－378),骆宝善、刘路生主编:《袁世凯全集》第 14 卷,第 212－213 页。

表 3—4

机构		官职	姓名	备注
阅兵大臣（袁世凯、铁良）总参议（冯国璋）	评判处	首领	冯国璋	
		总办	田中玉、王廷桢、唐在礼、班志超	
		委员		共 27 员
		南军总评判官	王士珍、良弼、翟达武	
		南军评判委员		共 4 员
		北军总评判官	徐邦杰、华振基、顾荣光	
		北军评判委员		共 4 员
	综理处	总办	陆安清、言敦源	
		参赞官	丁象震、王亨鉴、饶昌龄、王怀庆	
		委员		共 57 员
	递运处	总办	丁宗英	
		委员		共 16 员
	传宣处	总办	鄢玉春	
		委员		共 20 员
	执法处	总办	凤山、倪嗣冲、吴筱孙	
		委员		共 24 员
	接待处	总办	倪嗣冲、张祖启、蔡绍基、李鼎新	
		委员		共 42 员
	信号处	队官	李廷弼	

练兵处制定的会操总方略是南攻北御。南军为攻方，由江北登陆，全军北袭，经过徐、淮抵达济东，并计划派一支队向直隶推进；北军为守方，驻扎直隶各镇，经铁路或徒步向南防御，其一支队现已抵达保定附近一带。南、北两军司令部根据会操总方略，分别制定各自的作战计

划。南军方面,总统官坐镇济南府,其战略目标是迅速突入直隶并击溃当地驻军,第一军已于10月19日击溃北军驻德州小支队,立即开拔北进,驰抵交河及富庄驿一带,其马队则已抵达淮镇、献县之间。根据侦察兵报告,河间、保定一带北军兵力甚众,约在2万人以上。北军方面,总统官坐镇涿州,驻扎保定附近的第一军探闻南军突入直隶境内,立即派兵南下迎击,于10月22日抵达高阳,其马队已抵达边渡口。调动直隶后备军向南苑开进驻防,调动山西后备军集结正定府驻扎。①

河间会操是一场跨区域的军事行动,必须加强后勤保障,为新军各部提供充足的军需物资。练兵处在河间府属之臧家桥、沙河桥暂设军粮分所,储备米粮、饼干及柴草、麸料;武器均配备"无箭子弹"(即演习所用空弹——引者注),每炮80发、每枪50发,并配零件、皮件等;除原有炮马、战马外,从淮、练各军调拨马匹,增加辎重队车辆,组编为大、小接济队等。②

随着会操日期临近,南、北军各部开始从驻地调动。新军各部开拔时间不尽一致,但须在规定时间内到达集结区域。南军方面:第四混成协先从迁安开拔,经开平乘火车抵达军粮城后,渡海河到马厂与第四镇会师,再从马厂、小站分头出发经青县、沧州、南皮抵达东光;第九混成协则先从山东济南开拔,经平原、禹城、德州抵达东光,于10月21日在交河一带全部集结完毕。北军方面:第十一混成协先由南苑开拔,经涿州、定兴、安肃抵达保定,与第三镇及第一混成协会师,分批开赴纳贤

① 《会奏遵旨校阅陆军会操情形折(附各清单)》(14—378),骆宝善、刘路生主编:《袁世凯全集》第14卷,第217—218页。

② 《会奏遵旨校阅陆军会操情形折(附各清单)》(14—378),骆宝善、刘路生主编:《袁世凯全集》第14卷,第210页。

村、板桥、杨家庄等地，于 10 月 21 日在高阳一带集结完毕。[①] 是月 22 日，南军前锋马队抵达献县，北军马队亦抵达边渡口，两军形成对峙之势。

2. 河间会操的实施阶段

早在 10 月 14 日，阅兵大臣铁良便从京城出发前往天津，与袁世凯一起于 18 日从天津起程，共赴河间阅操。经过紧张的筹备阶段，10 月 23 日至 26 日，河间会操正式进入实施阶段。

10 月 23 日，为会操第一日，南、北两军骑兵冲锋，“是为接仗之始”。[②]

上午 6 时 45 分，北军马队从边渡口宿营地开拔，经兴村、李子口、大于庄等处南下，另派侦察兵前往沙窝、献县、南紫塔一带侦察。7 时 30 分，南军马队从献县宿营地开拔，经商家林、八里铺向高垒城方向前进，另派侦察兵前往高阳、任丘、大城、饶阳等处侦察。8 时至 10 时，南军侦察兵已过兴隆店北进，而且两军马队也在兴隆店、周庄、王各村一带出没。北军马队主力抵达果子洼时，接到侦察报告称：南军马队一部已经抵达龙化店，其主力接续而来。于是北军统队官下令：向龙化店进军迎敌，在八里铺以西展开队伍，布置阵地。就在此时，南军马队也从周庄全部北进。南、北两军骑兵在太平庄一带遭遇，南军率先冲锋，北军防御。后因南军兵力稍弱，攻击受挫，遂撤退至商家林附近驻扎休

① 《会奏遵旨校阅陆军会操情形折（附各清单）》（14—378），骆宝善、刘路生主编：《袁世凯全集》第 14 卷，第 210 页。

② 《会奏遵旨校阅陆军会操情形折（附各清单）》（14—378），骆宝善、刘路生主编：《袁世凯全集》第 14 卷，第 210 页。

整;北军则在龙化店附近驻扎。[1] 第一日会操详情,参见图 3—1。[2]

图 3—1

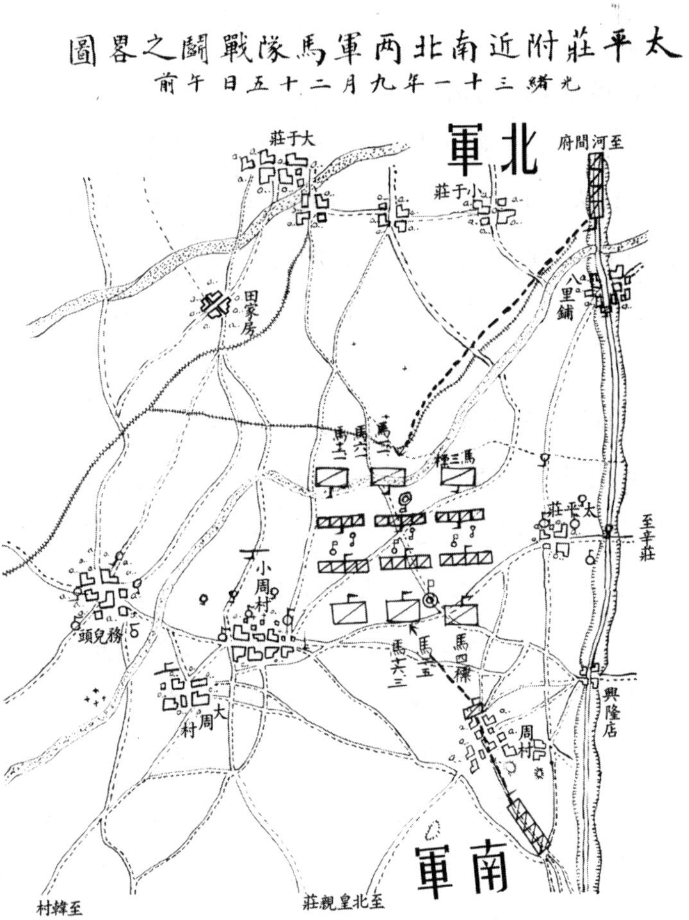

① 《会奏遵旨校阅陆军会操情形折(附各清单)》(14—378),骆宝善、刘路生主编:《袁世凯全集》第 14 卷,第 225 页。

② 《北洋秋季大操日记》,1905 年抄本。按:原图为彩图,北军以红色标识,南军以墨绿色标识。下文所引第二、第三日会操地图同为彩图,不再标注。另,笔者重新标示了三图中的地名及南、北军的位置,以便读者识别。

10月24日，为会操第二日，南、北军步炮兵演习遭遇战。

上午6时，南军分为左、中、右三纵队沿子牙河进军；北军也分为左、中、右三纵队于8时30分沿肃宁县一带进军。

9时30分，南、北军总统官各自向所部下达作战命令。南军总统官的命令如下：(1)敌军今晨已由兴村向河间南方进军；(2)本军计划在八里铺、郭家楼、刘善寺一带迎敌；(3)第九混成协占据刘善寺、郭家楼一带，与马队协同掩护本军左翼，如果本军夺取有利态势，立即协助第四镇攻击小刘庄、东钱泊一带敌军；(4)炮队均归炮队领官指挥，第四混成协炮队在徐家洼南方土堤凸角布置阵地，攻击小于庄、田家房敌军，第四镇及第九混成协炮队，在务儿头北端布置阵地，攻击大于庄及西钱泊敌军；(5)第四镇应占据小于庄南方三岔路及田家房南方约1000米之土堤，准备迎敌；(6)马队应在东堑里警戒本军左翼；(7)第四混成协派一营占据八里铺，其余均在拨子南一带向徐家洼集结，作为总预备队；(8)本军总统官现在兴隆店北端。[①] 北军总统官的命令如下：(1)敌军已在高坦附近支架浮桥，工程完竣；(2)本军计划在小刘庄、香古庄、杨庄一带迎敌；(3)马队在张庄威胁敌军左翼；(4)右纵队占据小刘庄附近，准备攻击，炮队在东钱泊及小曲地布置阵地；(5)中央纵队占据香古庄附近，炮队在大曲地附近布置阵地；(6)左纵队占据杨庄、范庄附近；(7)中央纵队之步队两营及赴张庄右纵队之步队一标，在西钱泊西端为本军预备队；(8)本军总统官现在小曲地。[②] 驻扎龙化店的北军马队接

---

① 《会奏遵旨校阅陆军会操情形折(附各清单)》(14－378)，骆宝善、刘路生主编：《袁世凯全集》第14卷，第219页。

② 《会奏遵旨校阅陆军会操情形折(附各清单)》(14－378)，骆宝善、刘路生主编：《袁世凯全集》第14卷，第222页。

到命令后,立即将主力退至西北方之刘善寺一带,警戒本军右翼,又派一支队退到八里铺,警戒本军左翼。南军马队获得步队援助后,步、骑协同追击北军马队,在东堑里驻扎,警戒本军左翼。

10时30分至11时,南军各纵队先头部队抵达八里铺西南、郭家楼以北一带,占据河堤,布置阵地。南军的侦察步兵与北军的侦察步兵,已经遭遇交战,枪声不绝。与之同时,北军各纵队之步队先头部队抵达小刘庄、大曲地、小曲地、大于庄、范庄、田家庄(即田家房)等处,抢先占领阵地,掩护后方部队前进。南军占领河堤后,步队沿河堤布置阵线,炮队4营在务儿头北方的郭家楼一带布置炮兵阵地,北军炮队则在大、小曲地之间布置炮兵阵地,形成对峙之势。

11时30分,两军炮队开战,进行炮火打击,步队也展开攻击,向对方阵地推进。北军方面:右纵队之步队11营从小刘庄直接攻向郭家楼,并会合中央纵队从田家房猛攻南方大堤;左纵队步队4营在小于庄一带,掩护本军左翼;炮队则在杨庄东方占据阵地。南军方面:右纵队之混成协步队6营、炮队1营向小于庄攻击;步队12营向徐家洼、田家房一带攻击。此时,南军开始反守为攻。两军炮火猛烈,并将各自预备队增至前线。南军主力企图包抄北军左翼,北军主力也猛攻南军左翼,两军僵持不下。下午1时,两军阵线逼近,几至短兵相接,阅兵大臣发令停止演习。当日,北军右翼进攻顺利,有击破南军左翼、夺其炮队阵地之势。但因饶阳、肃宁一带假设之师作战不利,后援受阻,不敢猛进,遂向潴龙河一带撤退,在兴村、油店、窦庄一带驻扎。南军右纵队反守为攻,主力推进,有击破北军左翼之势。南军发现北军撤退,正可乘势追击,无奈左翼处于不利态势,不敢轻易追击,后撤退到果子洼、梅店、连子房一带驻扎。[1] 第二日会操详情，参见图 3—2。[2]

图 3—2

田家房附近南北两軍戰鬭之畧圖

光緒三十一年九月二十六日午前

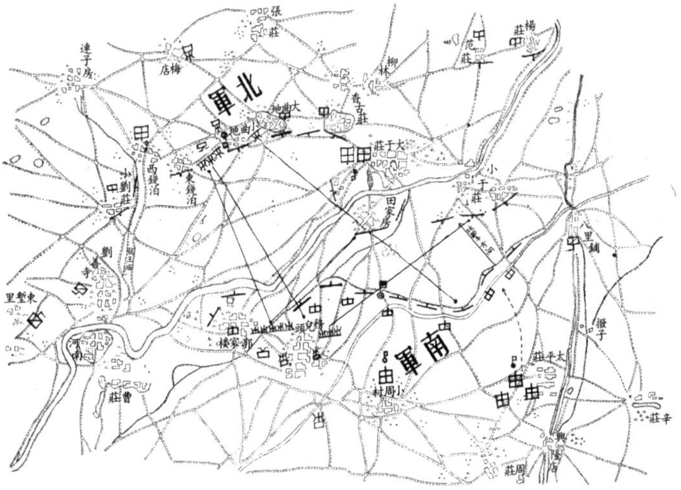

10 月 25 日，为会操第三日，南、北两军演习攻守战。

上午，南、北军总统官各自向本部下达作战命令。北军总统官下达命令如下：(1)本军今日计划占据小白洋、窦庄、白村、高垒城一带，阻击敌军；(2)马队主力在本军右侧搜索太史庄一带，另派一支队在本军左侧搜索河间一带，警戒本军两翼；(3)第三镇占据小白洋、窦庄及其西侧，布置阵地，该镇炮队在白村西侧布置炮兵阵地；(4)第十一混成协占据窦庄西方的白村一带，布置阵地，其炮队应在白村东侧布

① 《会奏遵旨校阅陆军会操情形折(附各清单)》(14－378)，骆宝善、刘路生主编：《袁世凯全集》第 14 卷，第 225－226 页。

② 《北洋秋季大操日记》，1905 年抄本。

置炮兵阵地,另派步队 1 营占据高垒城;(5)第一混成协及第三镇之步队 1 标,在辛庄西北方向作为预备队;(6)第一混成协炮队应在辛庄东〔西〕侧布置炮兵阵地;(7)本军总统官现在辛庄东南端。[①] 北军接到命令后,便在高垒城、窦庄、小白洋村一带,利用地形构筑步兵、炮兵防御工事,其战略意图是乘机由左翼转守为攻。南军总统官下达命令如下:(1)敌军已占据高垒城至小白洋一带;(2)本军攻击目标为北军右翼;(3)第四镇在路庄至上辛庄之间布置阵地,主要攻击大瓦井以西的北军,但须在总预备队从太史庄北进后方可运动攻击;(4)第四混成协阵地紧连第四镇右翼,直接攻击大瓦井以东白村左侧之北军,炮队协同攻击;(5)总预备队沿太史庄东端包围北军右侧,向大白洋以东的北军阵地进逼,并警戒高庄一带;(6)马队从高庄左侧进军,警戒本军左翼;(7)本军总统官现在刘庄至泥洞之间。[②] 南军处于攻势,其阵线较长,从官庄经泥洞之南,再向西约计 3000 米,其战略意图是包抄北军右翼。

10 时 30 分,两军全线展开攻击,北军将其总预备队转为攻势,与第三镇左翼接连,联合向南军推进。南、北两军主力全部投入战斗,互相冲突。"鏖斗愈酣,各用全力相博,枪炮互答,隆隆不绝,战况最为激烈,而两军主力已渐接近,几至于兵刃相交,不留余地。"[③]10 时 50 分,

---

① 《会奏遵旨校阅陆军会操情形折(附各清单)》(14－378),骆宝善、刘路生主编:《袁世凯全集》第 14 卷,第 223 页。

② 《会奏遵旨校阅陆军会操情形折(附各清单)》(14－378),骆宝善、刘路生主编:《袁世凯全集》第 14 卷,第 221 页。

③ 《会奏遵旨校阅陆军会操情形折(附各清单)》(14－378),骆宝善、刘路生主编:《袁世凯全集》第 14 卷,第 211 页。

阅兵大臣发号停止演习。第三日会操详情，参见图 3—3。①

图 3—3

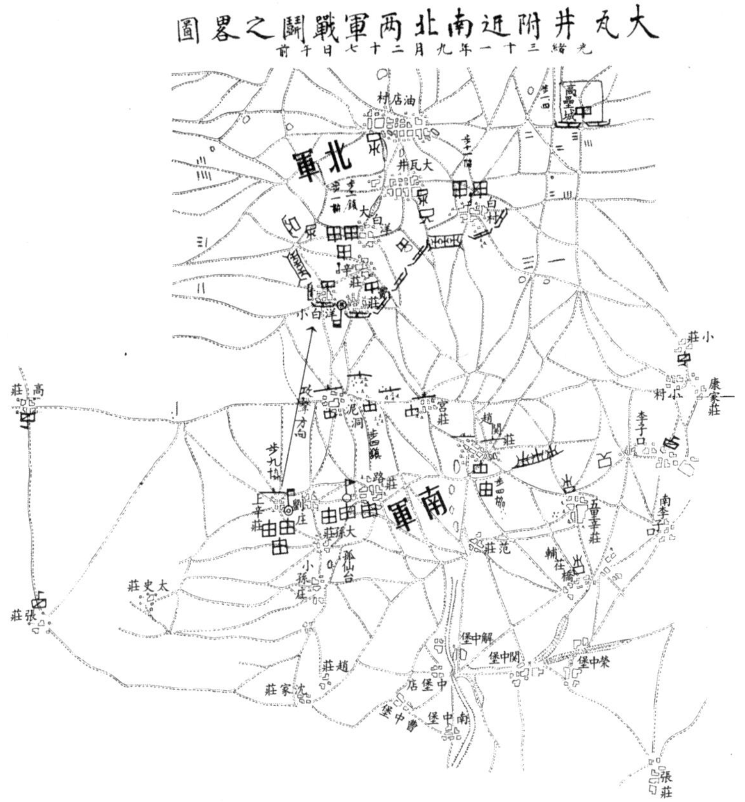

南、北两军会操期间，阅兵大臣袁世凯、铁良亲临现场观摩，详察两军部署、攻守状况。诸兵种演习结束后，袁世凯、铁良聚集各部军官，总结、评判战斗得失，褒奖将士，宣扬忠君爱国思想。

为了使读者从全局角度了解南、北新军在河间三天会操的全过程，

① 《北洋秋季大操日记》，1905 年抄本。

另附《两军运动一览图》,参见图 3—4。①

图 3—4

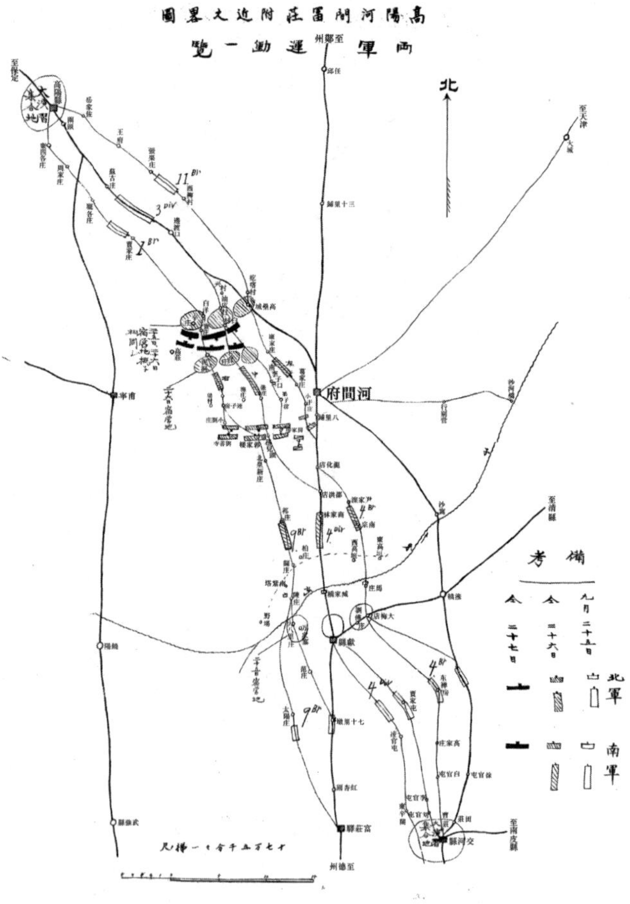

① 《明治 39 年清国事件書類編冊:清国北洋陸軍秋季演習参観報告(2)》,日本防衛省防衛研究所藏:《陸軍省大日記》,档号:C08010357000,アジア歴史資料センター(http://www.jacar.go.jp/)。按:该图收于日本驻屯军司令官神尾光臣给陆军大臣寺内正毅的报告文件中。图中含有军队符号如下:“阿拉伯数字.Div.”或“阿拉伯数字.D.”代指某师,“阿拉伯数字.Br.”代指某旅。按清末新军编制,例如,“3.Div.”即代指第三镇;“11.Br.”即代指第十一协。

10月26日，为会操第四日，南、北两军齐集阅兵场，举行阅兵仪式。

第三日会操结束后，即25日下午3时，阅兵处总参议下令：各军停止演习，恢复原有建制，次日统归阅兵总指挥官指挥。阅兵总指挥官命令各军次日在河间城西门外参加阅兵，上午9点30分遵照既定队形，齐集阅兵场，等候检阅。[①] 是日，袁世凯、铁良率各部军官身着戎服到阅兵场，检阅参加会操的各部新军。

袁世凯、铁良覆奏校阅河间会操详情时说，北洋新军官兵们的训练“确已均有进步”。[②] 11月1日清廷上谕，褒奖袁世凯、铁良练兵有方，“所有该镇、协官佐目兵步伐止齐，一切指挥筹办尚能合法，大改旧观”。[③] 英国《泰晤士报》称：“此次演操，可谓能发挥尚武精神，以显表训练效绩者矣。”[④]美国《华盛顿邮报》称：“此次军事演习给那些熟知五年前中国军队窘状的外国人带来了极其深刻的印象，他们一致认为，中国在提升一支40000人军队的战斗力方面完成了一个非凡的壮举。”[⑤]

河间会操是北洋新军举行的第一次大型军事演习，开启了新军秋

---

① 《会奏遵旨校阅陆军会操情形折(附各清单)》(14－378)，骆宝善、刘路生主编：《袁世凯全集》第14卷，第223－224页。

② 《会奏遵旨校阅陆军会操情形折(附各清单)》(14－378)，骆宝善、刘路生主编：《袁世凯全集》第14卷，第211页。

③ 中国第一历史档案馆编：《光绪宣统两朝上谕档》第31册，第175页。

④ 田景光译，廖宇春校：《伦敦太晤士报河间大操之评论(续前稿)》，《武备杂志》1906年第19期，论说，第5页。

⑤ “CHINA’S GREAT ARMY: Foreign Attaches Impressed by Recent Maneuvers”, *The Washington Post*, 1905-10-31, B1.

季大会操的先例。“今者,秋操之典为振古所罕闻,且为后此新军一大纪元。”[①]甚至一年后,袁世凯提及此次会操,还颇为得意地说,“风声所树,耸动环球”。[②] 这次会操在中国军事史上具有标志性意义,有学者评价说,“这是中国历史上第一次大规模的现代化的正式的野战演习”。[③]

(二)1906 年彰德会操

河间会操一年后,练兵处又开始筹划第二次大会操。1906 年 9 月 12 日,练兵处奏称,河间会操时各省新军多未编练成军,仅有成军的北洋六镇参与演习,现在各省编练成镇、成协的新军日渐增多,应调集北方、南方新军混合编组举行秋季大会操,“拟于已编驻扎南苑一镇、山东一镇,各量加抽拨,编作一混成镇,合之京旗一镇抽拨混成一协,为北军。以已编湖北一镇、河南一混成协为南军。在适中之河南彰德府一带举行,订期于九月办理”。[④] 同日,练兵处奏请钦派阅兵大臣,奉朱批:着派袁世凯、铁良认真校阅。[⑤]

1. 彰德会操的筹备阶段

在筹备阶段,与河间会操一样,练兵处负责确立新军编制、颁布会

---

① 《陆军大操之后言》,《东方杂志》1905 年第 12 期,社说,第 251 页。

② 《续陈校阅陆军会操详细情形折(附清单六件)》(15—548),骆宝善、刘路生主编:《袁世凯全集》第 15 卷,第 397 页。

③ 李宗一著:《袁世凯传》,第 105 页。

④ 《拟办本年秋操折》(15—427),骆宝善、刘路生主编:《袁世凯全集》第 15 卷,第 300 页。

⑤ 《请简派秋操校阅大员片》(15—428),骆宝善、刘路生主编:《袁世凯全集》第 15 卷,第 300 页。

操规章条令、设立阅兵处、制定演习计划、筹备军需、调拨和动员新军等事务。

彰德会操，抽调北洋陆军第一、第四、第五、第六镇各部及湖北第八镇、河南第二十九混成协参加，共计 33958 名，组编为南、北两军。南军由湖北第八镇及河南第二十九混成协组成，派第八镇统制张彪充任南军总统官，刘邦骥任总参谋官。其编制如下：(1)第八镇全镇，下辖步队 2 协(12 营)、马队 1 标(3 营)、炮队 1 标(3 营)、工程队 1 营；(2)第二十九混成协，下辖步队 2 标(6 营)、马队 2 营、炮队 2 营、工程队 2 队，另附架桥、纵列、电信等队。南军官佐、目兵、夫役，计有 17786 名，皆穿蓝色军服。北军由陆军第一、四、五、六镇抽调组成，派第三镇统制段祺瑞充任北军总统官，陆锦充任总参谋官。其编制如下：(1)混成第五镇，抽调第五镇步队 1 协、马队 1 标、工程队 1 营，第六镇步队 1 协，第四镇炮队 1 标，另附架桥、纵列、卫生、军乐、电信等队；(2)混成第 1 协，抽调第一镇步队 1 协，马、炮队各 2 营，工程队 1 营，另附卫生、军乐、电信等队。北军官佐、目兵、夫役，计有 16172 名，皆穿土黄色军服。① 南、北两军战斗序列详情，参见表 3—5、表 3—6。②

① 《续陈校阅陆军会操详细情形折(附清单六件)》(15－548)，骆宝善、刘路生主编：《袁世凯全集》第 15 卷，第 397、401 页。

② 中央审判官内务日记员：《光绪三十二年彰德附近秋季大操》，1906 年刻本，国家图书馆藏。

表 3—5

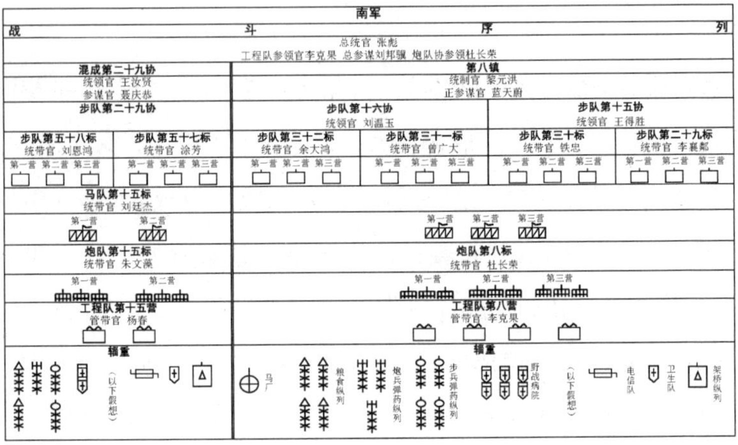

南军					
战	斗	序	列		
总统官 张彪					
工程队参领官李克果 总参谋刘邦骥 炮队协参领杜长荣					
混成第二十九协 统领官 王汝贤 参谋官 聂庆恭		第八镇 统制官 黎元洪 正参谋官 蓝天蔚			
步队第二十九标	步队第十六协 统领官 刘磊玉		步队第十五协 统领官 王得胜		
步队第五十八标 统带官 刘恩鸿	步队第五十七标 统带官 涂芳	步队第三十二标 统带官 曾广大	步队第三十一标 统带官 铁忠	步队第十七标 统领官 吴金彪	步队第二十九标 统带官 李襄郡
第一营 第二营 第三营	第一营 第二营 第三营	第一营 第二营 第三营	第一营 第二营 第三营	第一营 第二营 第三营	第一营 第二营 第三营
马队第十五标 统带官 刘廷杰					
第一营 第二营		第一营 第二营 第三营			
炮队第十五标 统带官 朱文藻		炮队第八标 统带官 杜长荣			
第一营 第二营		第一营 第二营 第三营			
工程队第十五营 管带官 杨春		工程队第八营 管带官 李克果			
辎重		辎重			
(以下照想)		步炮弹药纵列 野战医院 (以下照想) 电信队 卫生队 架桥纵列			

表 3—6

北军					
战	斗	序	列		
总统官 段祺瑞					
工程队参领官韩国饶 总参谋陆锦 炮队协参领吴光新					
混成第一协 统领官 曹锟 参谋官 罗鸿林		步队第五镇 司令官 张怀芝 正参谋 张绍曾			
步队第一协	步队第一协	步队第十二协 统领官 李纯		步队第十协 统领官 叶长盛	
步队第二标 统带官 李奎元	步队第一标 统带官 周符麟	步队第二十四标 统带官 王振畿	步队第二十三标 统带官 吴金彪	步队第二十标 统带官 吴鼎元	步队第十九标 统带官 陈嵩滨
第一营 第二营 第三营	第一营 第二营 第三营	第一营 第二营 第三营	第一营 第二营 第三营	第一营 第二营 第三营	第一营 第二营 第三营
马队第一标 统带官 孟效曾		马队第三标 统带官 张耆义			
		第一营 第二营 第三营			
炮队第一标 统带官 楮其祥		炮队第四标 统带官 徐万鑫			
第一营		第一营 第二营 第三营			
工程队第一营 管带官 龚广爱		工程队第五营 管带官 李长春			
辎重		辎重			
(以下照想)		步炮弹药纵列 野战医院 (以下照想) 电信队 卫生队 架桥纵列			

彰德会操是清末新军举行的第二次大型军事演习,练兵处大员认为河间会操的各项规章条令尚不完善,饬令司员重新增订章程,"务期周密"。① 练兵处颁布了《彰德会操教令》、《阅兵仪式教令》、《随观规则》等 3 份文件。《彰德会操教令》计有 11 节 48 条,规定九月初五日、

① 《谕饬增订阅兵章程》,《申报》1906 年 5 月 9 日,第 3 版。

初六日、初七日(10月22日、23日、24日)会操,初八日(25日)阅兵,同时规定了设立阅兵处、通信、纪律、损坏财产赔偿、后勤供应、军服、旗帜及运输等各项事宜。[①]《阅兵仪式教令》计有3节48条,第一节为“总则”,规定了参加阅兵的新军资格、实施办法及时间;第二节为“阅兵”,即阅兵式,规定了参加阅兵新军的站位、队形、礼节等;第三节为“走排”,即分列式,规定了参加阅兵各部新军进行分列式时的队形、动作、礼节等。[②]《随观规则》分三类,第一类为《内宾随观规则》,计有15条,规定了京内外各衙门、各省旗派员观操的人数、报到日期及观操期间的纪律;第二类为《接待报馆随观员规则》,计有16条,规定了各报馆派遣记者的人员情况及记者的观操纪律;第三类为《地方人民学生随观应守规则》计有12条,规定了当地人民、学生观操时各项规则。[③]

彰德会操继续仿照河间会操先例,设立阅兵处。根据《彰德会操教令》规定,10月19日在彰德府城开设阅兵处,基本仿照河间会操阅兵处设立,只是组织机构略有变通。阅兵处仍隶属于阅兵大臣,设总参议协助处理庶务,下设审判官及随员,及综理司、递运司、传达司、内外宾接待司等机构,并设有宪兵队、信号队,各司其责,发挥着导演部的功

① 甘厚慈辑:《北洋公牍类纂(二)》,沈云龙主编:《袁世凯史料汇刊》(7),文海出版社1966年版,第922—927页。

② 甘厚慈辑:《北洋公牍类纂(二)》,沈云龙主编:《袁世凯史料汇刊》(7),第927—935页。

③ 甘厚慈辑:《北洋公牍类纂(二)》,沈云龙主编:《袁世凯史料汇刊》(7),第935—939页。

能。① 彰德会操阅兵处组织机构及其人员详情，参见表3—7。②

表3—7

机构		官职	姓名
阅兵大臣（袁世凯、铁良）总参议（王士珍）	审判官及随员	中央审判官长	哈汉章
		中央审判官	冯耿光、罗泽暐、章亮元、吴元泽、唐在礼、宝瑛、邓承拔、蒋尊簋
		中央审判官委员	段世琛、汪庆辰、宫邦铎、康宗仁、崔霈、王汝勤、童焕文、毛继成、吴鸿昌、张国仁、吴元斌、孙棣安、黄道魁、刘文吉、鲍恩培、韩廷瑛、高鹤、霈泽、延龄、孙光瑞
		南军专属审判官长	冯国璋
		南军专属审判官	应龙翔、蒋雁行、祝谦、韩国饶、贾德耀、齐灏、张仲元
		南军专属审判官委员	魏家昌、吴宗煌、赵俊卿、谭振德、田书年、孙树林、冯家佑、魏其忠、崇欢、双安、陈德麟、赵金城、王福海、文治、居登榜、温如珩、王典型、周献章、陈光宪、顾荣光
		北军专属审判官长	良弼
		北军专属审判官	岳开先、万廷献、吴锡永、朱廷灿、杨寿柱、张树元、李成霖
		北军专属审判官委员	林调元、苗启昆、李成霖、萧良臣、陈蔚、周良才、林之夏、张复泰、朱克赓、吴荫桐、陈泽沛、刘景烈

① 练兵处王大臣鉴定：《光绪三十二年秋季大操阅兵处勤务条规》，《武备杂志》1906年第20期，汇录，第1—3页。

② 《续陈校阅陆军会操详细情形折（附清单六件）》（15—548），骆宝善、刘路生主编：《袁世凯全集》第15卷，第400—401页；《光绪三十二年大操阅兵处职员表》，1906年石印本，北京大学图书馆藏。

（续）

机构		官职	姓名
阅兵大臣（袁世凯、铁良）总参议（王士珍）	综理司	综理官	王英楷、陆安清、吴尌
		参赞	易迺谦、岑春煦、曹锐、饶昌龄、叶澂、谢嘉祜、李大鹏
		委员	方镇庚、徐方震、陈秉钧、武兰泰、施煜章、李文彨、吴贞魁、卓德徵、余荫元、丁宗英、汪怀瑜、魏国铨、陆炳文、刘翥桐、解良、延年、丁得胜、赵震元、孔广达、陆澐、宁存铨、董荫棠、陈鸿烈、钱金声、姚崇寿、俞纪瑞、侯维申、吕本藩、杨葆初、严绪钧、庞训彝、章绍钧、王文光、李麟阁、徐家璘、何家鄘、吕钟渭、马长丰、王松林、张鸿森、谢忱、周志椿
	递运司	递运官	卢静远
		参赞	易甲鹇、吴茂节、吴金声、程尧章、李荣光
		委员	徐家麟、萧耀南、贾德懋、范桉、钟继贤、宋玉峰、张敬尧、尹之鑫、王应祺、林家瑛、郭树棠、夏文荣、马惠田
	传达司	传达官	章遹骏
		参赞	刘恩源、王麒、刘询
		委员	张国宾、许国卿、赵其钧、宋大霈、周铮、孙定贤、钱德芳、董书春、鲍立铉、张文郁、张召棠、姚江
	内宾接待司	接待官	倪嗣冲
		参赞	江朝宗、张鹏、范守佑
		委员	王绍烈、黄元祯、牛维栋、朱正元、程文浚、张鸿书、吴鸿宾、段芝荣、高皋言、南元超

（续）

机构		官职	姓名
阅兵大臣（袁世凯、铁良）总参议（王士珍）	外宾接待司	接待官	蔡绍基
		参赞	程经世、何守仁、汇谦、卫兴武、蔡廷干
		委员	潘骥呈、王承传、桂荣、金在业、甘联超、余后年、洗应勋、郭成玉、居贤举、卢廷忠、李维忠、何树声、金采、王曾彦、董春泉、谭学芹、黄兆麟、侯良登、唐润、海文、关景贤、钟穆生

练兵处制定的彰德会操总方略是南攻北御。南军为攻方，其主力沿长江沿岸兵分两路，从江苏、安徽北进，其一支队利用京汉铁路侵入河南。此时北军驻扎山东北界，兵力尚未集结完毕。南、北两军司令部根据总方略，各自制定作战计划。南军方略：南军急速进军威胁北军后方，以阻扰北军集结。南军至卫辉府下车，10 月 21 日在淇县北方宿营，马队在大赉店附近宿营。北军方略：北军在黄河以南阻击来犯之南军，由保定至卫辉方向运动，10 月 21 日抵达丰乐镇、刘家辛庄附近，马队在彰德南关宿营。①

此次会操区域在河南彰德府，对于参演新军来说均远离驻地，属于跨区域的军事行动，必须有充足的后勤保障。此次军需物资，由地方督练公所负责筹备。南军方面，武器装备需过山炮 54 尊、陆路炮 36 尊、步枪 9294 杆、马枪 1080 杆、接济车 393 辆、弹药车 36 辆、乘用马骡 1243 匹。北军方面，武器装备需陆路炮 54 尊、过山炮 36 尊、步枪 9288

① 《续陈校阅陆军会操详细情形折（附清单六件）》（15—548），骆宝善、刘路生主编：《袁世凯全集》第 15 卷，第 401—402 页。

杆、马枪 1116 杆、接济车 415 辆、弹药车 54 辆、乘用马骡 1500 匹。按照定章，枪炮均配备“无箭子弹”，每枪 50 发、每炮 80 发。军粮方面，除照常支给外，还需按时发给新法配制的干粮。[①]

各项工作筹备就绪，临近操期，南、北两军各部从驻地开拔，向计划集结地点运动。南军方面：10 月 2 日第八镇自湖北开拔，由京汉铁路抵达河南卫辉府，然后分批前往新乡以北、淇县以南自行演习；第二十九混成协则先期自开封开拔，至郑州西北一带自行演习，3 日、4 日在新乡与第八镇会师。17 日，南军在卫辉府附近全军合操一次；20 日在淇县北关一带集结完毕。北军方面：混成第五镇于 3 日、4 日由驻地开拔，7 日全部抵达广平府，立即分队在广平府北界之曲甫市、丘县自行演习；混成第一协，则于 7 日自保定开拔，由铁路至邯郸码头镇演习，17 日与混成第五镇在码头镇会师，全军合操一次；20 日在彰德府北界之刘家辛庄及丰乐镇一带集结完毕。[②]

2. 彰德会操的实施阶段

正式开操前，10 月 21 日夜，驻扎淇县北方大赍店的南军马队，与驻扎彰德南关的北军马队，已进入对峙状态，“彼此均摩厉以须，跃然欲试”。[③]

---

① 《续陈校阅陆军会操详细情形折（附清单六件）》（15－548），骆宝善、刘路生主编：《袁世凯全集》第 15 卷，第 397 页。

② 《续陈校阅陆军会操详细情形折（附清单六件）》（15－548），骆宝善、刘路生主编：《袁世凯全集》第 15 卷，第 398 页。

③ 《续陈校阅陆军会操详细情形折（附清单六件）》（15－548），骆宝善、刘路生主编：《袁世凯全集》第 15 卷，第 398 页。

10 月 22 日，为会操第一日，南、北两军骑兵冲锋，“是为交锋之始”。①

上午 10 时 30 分，南军独立马队抵达汤阴东南的后小滩村，北军独立马队抵达该县的士得村。南军侦知北军马队正在士得村南方行军，而北军也侦知南军马队正在官庄西侧行军。10 时 45 分，南军马队率先进攻，北军马队迎战，并派遣一部在南城望徒步作战，以掩护马队主力。11 时，两军马队主力在南城望东南方向展开阵线，交战冲锋，互有损伤，不分胜负。演习结束后，南军撤退至刘庄休整，北军撤退到士得村附近休整。当日傍晚，南军马队主力在刘庄宿营，支援部队在寺台宿营，在官庄至大光村之间设置警戒线；北军马队在士得村宿营，在南城望至后攸县之间设置警戒线。② 第一日会操详情，参见图 3—5。③

10 月 23 日，为会操第二日，南、北两军步炮队遭遇战。

本日早上，南军侦知北军已抵达彰德附近，即将右翼第二十九混成协分编 2 纵队，左翼第八镇分编 3 纵队，向北进军。9 时 45 分，南军各路纵队抵达汤河南岸。南军总统官接到侦察情报，北军分 3 纵队从凉水井、马官屯、谢家坡南下，故下达命令：(1)本军占领大黄村、七里铺、

---

① 《续陈校阅陆军会操详细情形折(附清单六件)》(15－548)，骆宝善、刘路生主编：《袁世凯全集》第 15 卷，第 398 页。

② 《续陈校阅陆军会操详细情形折(附清单六件)》(15－548)，骆宝善、刘路生主编：《袁世凯全集》第 15 卷，第 404、406 页。

③ 《明治 40 年至 41 年清国事件書類編冊：清国秋季演習参観報告》，日本防衛省防衛研究所藏：《陸軍省大日記》，档号：C08010368000，アジア歴史資料センター(http://www.jacar.go.jp/)。图中军队符号：“K.”代指骑兵，“阿拉伯数字 . K.”代指马队第某标，如“3. K.”即指马队第三标，“5. K.”即指马队第五标。“罗马数字/阿拉伯数字 . K.”代指马队第某标第某营，例如“Ⅰ/15. K.”即指马队第十五标第一营。“½ Ⅱ/15. K.”即指马队第十五标第二营的二分之一兵力。

图 3—5

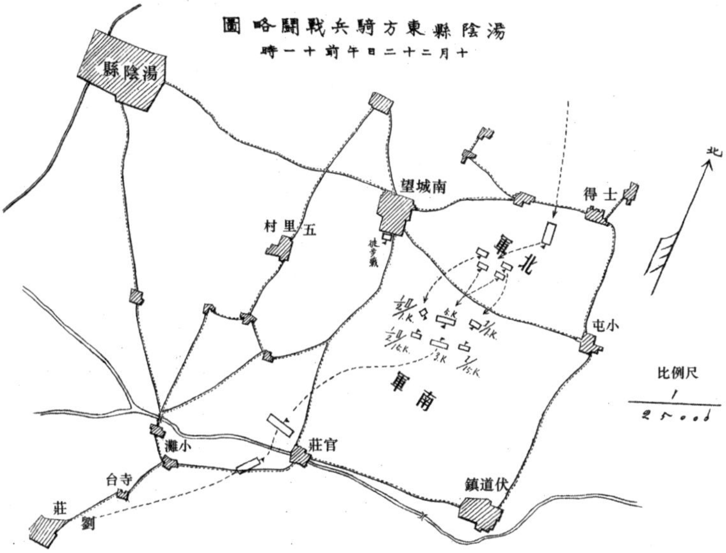

羑河村一带，计划从此进击；(2)第二十九混成协占领大黄村东端黄土岗高地一带；(3)第八镇占领大黄村、七里铺、羑河村一带，第三十标到汤阴北门外，归本总统直辖；(4)第八镇炮队 2 营及十五标炮队，归本军炮队协领指挥，占领黄土岗高地，炮击十里铺、刘家黄村、傅庄等处；(5)本军总统官在汤阴石桥南。根据总统官命令，南军各部迅速渡过汤河，其右翼各队向杨村北方开进，左翼各队向刘家庄开进，分队占领杨庄、黄土岗、大黄村等处。南军的目的，在于攻击北军的右翼。[①]

北军方面，侦知南军北进，将左翼第五镇及右翼第一协分编左、中、右三个纵队。右纵队计有步队 1 标、马队 1 排，中央纵队计有步队 2 标、马队 1 队、炮队 2 营、工程队 2 队，左纵队计有步队 3 标、马队 1 队、

① 《续陈校阅陆军会操详细情形折（附清单六件）》(15－548)，骆宝善、刘路生主编：《袁世凯全集》第 15 卷，第 402、406 页。

炮队3营、工程队1营，均从魏家营开拔南下。上午10时，北军三路纵队抵达三十里铺、河官屯一带。北军总统官接到侦察情报，南军主力似在大道附近，故下达命令：(1)本军计划在洪家黄村、洪唐口、小张盖之线展开，然后向杨庄附近主攻；(2)左纵队速赴小张盖，在其南端展开，向杨庄东方迅速进攻，其炮队在小张盖西北方附近择地部署炮兵阵地，以黄土岗、北店村一带为炮击目标；(3)中央纵队在洪唐口及东滦村南端展开，与左纵队联合，向杨庄西方进攻，其炮队在洪唐口北方附近择地布置，以大黄村、黄土岗一带为炮击目标；(4)右纵队在三十里铺及梨园南端展开，掩护本军右翼，待中央纵队从洪唐口进攻时再向前推进；(5)本军总统官在东滦村。北军如此部署兵力，目的在于攻击南军的右翼。[①]

上午11时，战斗打响。南军命黄土岗东西部的炮队4营，向洪唐口阵地上的北军中央纵队炮击，北军发炮回击。两军步队，也开战互攻。南军以十里铺方向为主攻击目标，派第二十九混成协固守杨庄一带，掩护本军右翼混成第八镇向刘家黄村、十里铺一带进攻。11时30分，南军第二十九混成协推进到杨庄北方，北军炮队开始炮火打击，南军炮队则开炮回击。北军以北店村方向为攻击目标，派右纵队驻守龚官屯、傅庄，掩护本军右翼；待左路纵队进攻时，中路纵队与之联合，向北店村西方猛攻。北军炮火猛击北店村一带，很快包围南军右翼。因北军右路纵队徘徊在三十里铺一带，未前往龚官屯、傅庄驻守，故南军第八镇顺利推进，很快占领刘家黄村及十里铺一带。本日演习过程中，

---

① 《续陈校阅陆军会操详细情形折(附清单六件)》(15－548)，骆宝善、刘路生主编：《袁世凯全集》第15卷，第403－404、406页。

北军主力中央、左路纵队，计有步队5标、炮队5营，均在西滦村以东部署，但南军仅派右翼步队2标抵御；南军在大道方面兵力计有步队4标之多，但北军仅以左翼步队1标抵御。“揆之战理，北军胜于东，南军胜于西，是必然之势。”[①]战场形势瞬息万变。南军进攻动作迟缓，北军先发制人，猛攻南军右翼，致其被包围。本日演习结束后，傍晚时分，北军撤退到三十里铺、小官庄一带宿营，在凉水井、郭村集、马家坡一带设置前哨线；南军在西滦村、十里铺等处就地宿营，在马庄、梨园一带设置前哨线。第二日会操详情，参见图3—6。[②]

10月24日，为会操第三日，南、北两军攻守战。

北军为守方。北军决计在新庄、马家庄、北马官屯一带展开，部署防御阵地。北军派右翼步队1标、过山炮2营部署在铁路以西的新庄山地；步队2营部署在二十里铺、小营耳、马家庄等处；其余陆路炮3营部署在钟官屯。第五镇之步队2协埋伏在王官屯、北马官屯之后，并在北马官屯东侧挖掘战壕、修筑工事。北军的战略意图，是以攻为守。在南军北进接近阵线后，撤退二十里铺等处的步队两营，诱敌深入。南军若乘势侵入，即刻令新庄山地的炮兵射击牵制；再令北马官屯、王官屯

① 《续陈校阅陆军会操详细情形折(附清单六件)》(15－548)，骆宝善、刘路生主编：《袁世凯全集》第15卷，第406页。

② 《明治40年至41年清国事件書類編冊：清国秋季演習参観報告》，日本防衛省防衛研究所藏：《陸軍省大日記》，档号：C08010368000，アジア歴史資料センター(http://www.jacar.go.jp/)。图中军队符号：“i.”代指步兵，“阿拉伯数字.i.”代指步队第某标，如“1.i.”即指步队第一标。“A.”代指炮兵，“阿拉伯数字.A.”代指炮队第某标，如“8.A.”即指炮兵第八标。“罗马数字/阿拉伯数字.A.”代指炮队第某标第某营，例如，“Ⅲ/8.A.”即指炮兵第八标第三营。

图 3—6

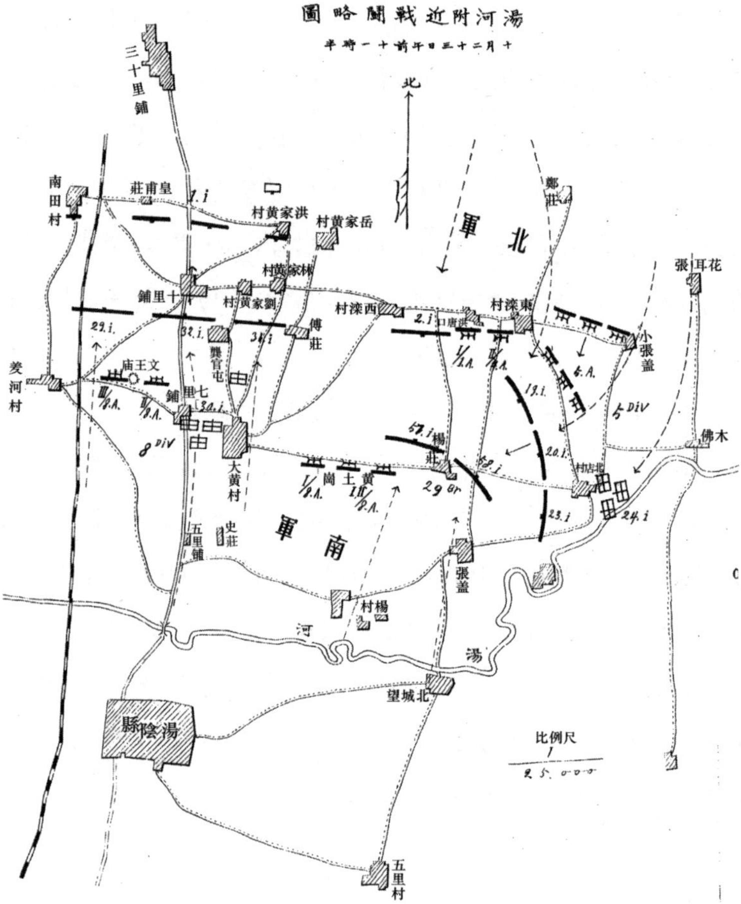

的主力猛攻南军的右翼。①

南军为攻方。本日黎明时分,南军开拔北进,第二十九协在崇召集结,第十六协及炮队在梨园东侧集结,第十五协在三十里铺集结。南军

① 《续陈校阅陆军会操详细情形折(附清单六件)》(15-548),骆宝善、刘路生主编:《袁世凯全集》第 15 卷,第 407 页。

总统官接到北军占领新庄、马家庄一带的情报，制定攻击计划，并下达命令：(1)第八镇步队第十五协占领郭村集；(2)炮队在郭村集东南部署炮兵阵地，以王官屯、马家庄为攻击目标；(3)步队第十六协在南马官屯以北展开，第二十九混成协在丁家坡以西展开，向魏家营方面开进；(4)步队第三十三标到南马官屯以南；(5)本军总统官先在梁庄北，后到马官屯西。[①]

南军决计先向二十里铺的北军阵地攻击，派郭村、凉水井等处的第十五协炮队一部在凉水井东侧部署炮兵阵地，率先向新庄高地的北军炮兵阵地开炮，北军炮兵发炮回击。南军步队第十五协乘势向前推进，在二十里铺、小营耳、马家庄一带防守的北军还击数枪即行撤退，以执行先前制定的诱敌计划。南军占领该处村落后，并未上当贸然进军。南军侦知北军炮队在钟官屯集结，步队主力在王官屯、北马官庄附近集结，重整队伍后调整了进攻方向，以王官屯、北马官屯为攻击目标。北军派第十五协从马家庄、大道一带进攻，其陆路炮 2 营、过山炮 1 营部署在郭村集东侧，其余过山炮部署在该村西侧，步队第十六协、第二十九协分别在南马官屯以西、丁家坡西北一带同时展开，向小关庄、北马官屯方向推进。北军钟官屯炮队见南军步队来攻，发炮打击，南军炮队也开炮应战，以掩护步队攻击。北军主力第五镇步队第十、第十二协，也迅速在北马官屯南侧向东展开阵线，其步队一标抢先占领小关庄，又派两标在王官屯、北马官屯一带防守，同时派右翼步队四营运动到小营耳、东庄北端，向南军左翼攻击。在南军攻势下，防守小关庄的北军步队一标退守北马官屯东侧战壕之中，南军步队第十六协、第二十九协顺

① 《续陈校阅陆军会操详细情形折(附清单六件)》(15－548)，骆宝善、刘路生主编：《袁世凯全集》第 15 卷，第 403 页。

利占领小关庄。11 时 50 分,南军根据战场形势,将炮兵阵地移至马家庄东方,并命右翼的步队 2 协、1 标,全力向北马官屯攻击。此时,北军也即将包围南军右翼,并不断增加兵力,迫使南军将步队第十六协之 1 标增援右翼。两军主力“互相冲激”,“如此相持数刻,几成难解之势”。[①]于是,阅兵大臣下令结束演习。第三日会操详情,参见图 3—7。[②]

图 3—7

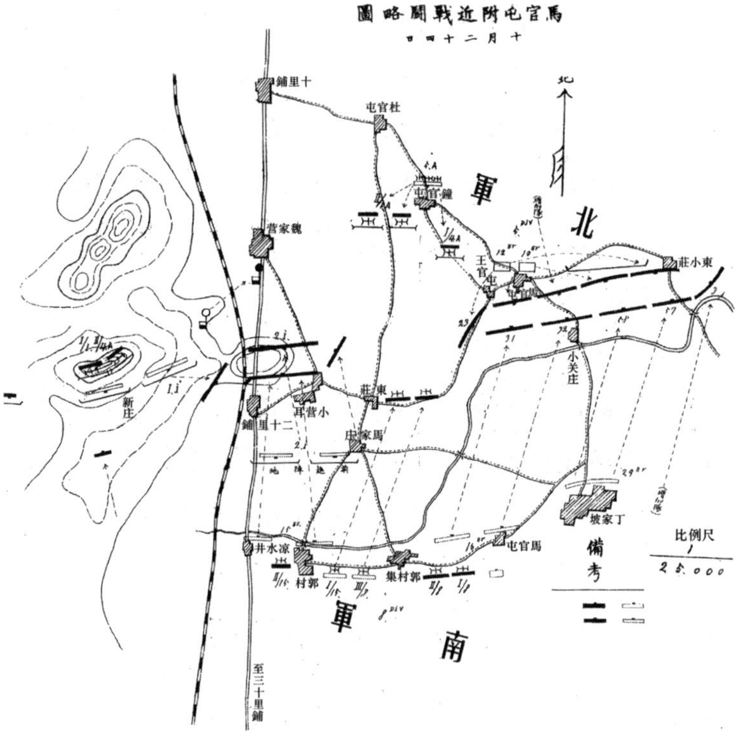

① 《续陈校阅陆军会操详细情形折(附清单六件)》(15—548),骆宝善、刘路生主编:《袁世凯全集》第 15 卷,第 407 页。

② 《明治 40 年至 41 年清国事件書類編冊:清国秋季演習参観報告》,日本防衛省防衛研究所藏:《陸軍省大日記》,档号:C08010368000,アジア歴史資料センター(http://www.jacar.go.jp/)。

南、北两军会操期间，阅兵大臣袁世凯、铁良亲临操地，观摩南、北两军的演习战况，并召集各部军官，评判战斗得失，“奖其所已至，勉其所未能”，激发将士忠君爱国之心。同时，为体恤参加会操的将士，每镇颁发赏银5000两，每协2500两。①

为了使读者从全局角度了解南、北新军在彰德三天会操的全过程，另附《两军运动一览图》，参见图3—8。②

10月25日为会操第四日，举行阅兵仪式。

上午9时30分，南、北两军齐集彰德府城外。阅兵大臣袁世凯、铁良身着戎服，佩刀乘马，检阅新军各部的阅兵式、分列式。

袁世凯、铁良校阅彰德会操后，对参加会操的各部新军总体满意，“小疵均在所不免，大致皆渐有可观”。③ 回京后，袁、铁覆命，两宫召见时，“嘉劳袁宫保之调度有方，并勉其精益求精”。④ 彰德会操，也令外国观操员对中国陆军刮目相看，“大惊进步之速”。⑤

彰德会操，是新军继河间会操之后的第二次大型军事演习。与河间会操不同的是，参加彰德会操的新军不再局限于北洋新军，除了抽调北洋新军外，还涉及湖北、河南新军。正如袁世凯所说：“此次复举数省

① 《续陈校阅陆军会操详细情形折(附清单六件)》(15—548)，骆宝善、刘路生主编：《袁世凯全集》第15卷，第399页。

② 《明治40年至41年清国事件書類編冊：清国秋季演習参観報告》，日本防衛省防衛研究所藏：《陸軍省大日記》，档号：C08010368000，アジア歴史資料センター(http://www.jacar.go.jp/)。

③ 《续陈校阅陆军会操详细情形折(附清单六件)》(15—548)，骆宝善、刘路生主编：《袁世凯全集》第15卷，第399页。

④ 《袁宫保奏陈阅操情形》，《盛京时报》1906年11月6日，第2版。

⑤ 《举行阅兵典礼》，《武备杂志》1906年第23期，选报，第8页。

图 3—8

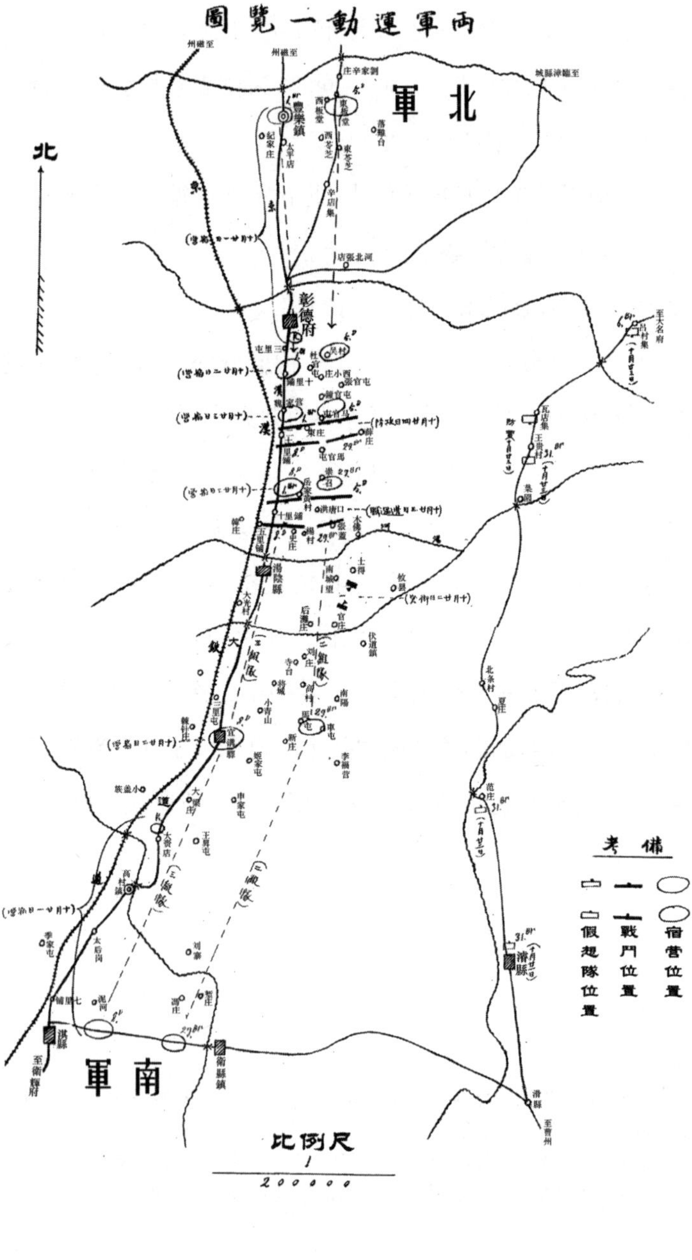

已编之军队，萃集一处而运用之，使皆服从于中央一号令之下，尤为创从前所未有，系四方之瞻听。”[①]因此，彰德会操是首次调集不同省份新军跨区域实施的大会操，对于异地新军的协同作战训练具有积极的意义。

（三）1907年大会操计划

1905年、1906年练兵处调集新军，先后成功举办河间、彰德会操。陆军部成立后，虽因财政支绌有“此后三年会操一次”的想法，但又担心成军未久的新军训练懈怠，故决定继续筹划南北洋新军大会操。陆军部尚书铁良为此事特意咨商直隶总督袁世凯、两江总督端方，“以江南新军编为南军，择北洋各镇去岁未经会操者组合北军，在山东居中之地会操”，会操经费由“南、北洋分摊，预备筹划”。[②]

在磋商过程中，各方因现实的财政问题出现扯皮现象，互相推诿。直隶总督袁世凯接到陆军部筹办会操的消息后，借口巨款难筹，没有明确表态。进入协商阶段后，袁世凯又摆出事实，声明彰德会操时积欠的19万余两尚未还清，无力筹款。同时，袁世凯还借机对清廷收回北洋四镇的做法表达了不满，声明直隶仅余二镇，不便于参与会操。江北提督利用当年的水灾做文章，借口所属州县赈灾无门，万难筹措会操经费。陆军部更是经费支绌，拿不出应付新军大会操的

① 《续陈校阅陆军会操详细情形折(附清单六件)》(15—548)，骆宝善、刘路生主编：《袁世凯全集》第15卷，第397页。

② 《详志南北洋大操》，《盛京时报》1907年4月26日，第2版。

经费,铁良无奈而有推迟大会操之意。[①] 事情出现转机,在于湖广总督张之洞的大力支持,他认为大会操应接连举办方能振奋军心,一旦停罢,恐新军训练生懈。铁良在与度支部尚书载泽积极沟通后,度支部同意拨付100万两的会操经费,南北洋新军会操计划才得以继续协商。[②] 但是,新任直隶总督杨士骧为节省经费延续了前任袁世凯的态度,仍坚持北洋二镇不再参与此次南北洋会操。[③] 至于已经归陆军部管辖的北洋四镇,仍需拱卫京师,也无法再参与会操。在北洋新军确定不参加大会操的情况下,陆军部制定的南北洋新军会操计划已名存实亡了。

陆军部又电商江、鄂两督及江苏巡抚陈夔龙,调集南京、湖北、苏州、江西、江北等地新军在江北一带会操,以南京、苏州、江北三地新军为主军,以湖北、江西两省陆军为客军,每军编组一镇及一混成协,两军共调集陆军三镇规模,会操区域选定在江北宿迁县境内。[④] 在协商过程中,南方省份督抚对此次会操的热情依旧不高,例如,江苏巡抚陈夔龙借口江苏新军成军较晚,规模较小,且炮队、工程队、辎重队尚未完全练成,恐难达到参演资格,"今年决计不赴会操";[⑤]张之洞虽然赞同举办大会操,但也计划"仅派二十一混成协前往,其余概不赴操"。[⑥] 最终

---

① 《详志南北洋大操》,《盛京时报》1907年4月26日,第2版;《本年秋操决计停办》,《盛京时报》1907年6月1日,第2版。

② 《议定南五省陆军秋季大操》,《盛京时报》1907年6月12日,第2版。

③ 《北洋陆军各镇秋操计划》,《盛京时报》1907年6月26日,第2版。

④ 《议定南五省陆军秋季大操》,《盛京时报》1907年6月12日,第2版。

⑤ 《苏省新军暂缓会操》,《盛京时报》1907年6月6日,第3版。

⑥ 《鄂军秋操之预备》,《盛京时报》1907年7月2日,第3版。

的结果是，陆军部奏请“暂停秋操一年”。[①]

其后，两江总督端方致电江北提督荫昌，“决计于今秋举行会操，届时江南出一镇之兵，江北出一协之兵”，以天长、六合、仪征三县地界交界地带为会操区域，并派测绘学堂各员勘测地形。[②] 南洋新军统制徐绍桢与江北提督荫昌面谈，并邀请江北新军军官来南京协商会操事务。然一旦涉及会操经费问题仍是互相扯皮，“群相推诿，毫无定见”。江北军官声明不承担筹款之责，南洋新军无力独自承担此巨额经费，双方会谈三日，毫无头绪。端方不得已，决计停止江南、江北会操。[③]

1907 年，先有陆军部筹办南北洋新军会操、南方新军会操的计划，其后又有两江总督筹办江南、江北新军会操计划，但均未成功举办。

(四)1908 年太湖秋操

1908 年 3 月，陆军部尚书铁良鉴于北洋六镇均经历河间、彰德两次大会操，1907 年又未曾举办新军大会操，提议将北洋各镇及湖北、南洋新军各镇编为南、北两军举行秋季大会操。[④] 其后，陆军部又咨商直隶总督、两江总督及湖广总督，商议会操筹备工作，并派员勘测会操区

---

① 《秋操篇》,《东方杂志》1908 年第 9 期，记载，第 75 页。

② 《议筹江南北军队会操地段》,《盛京时报》1907 年 4 月 27 日，第 3 版；《预计江南北演习地之里数》,《盛京时报》1907 年 5 月 3 日，第 3 版。

③ 《江南北会操仍决计作罢》,《盛京时报》1907 年 6 月 14 日，第 3 版。

④ 《陆部咨商秋季举办南北大操》,《盛京时报》1908 年 3 月 21 日，第 2 版。

域。[①] 6月25日,陆军部大员奕劻等奏称,河间、彰德两次大会操均在北方平原地区,尚未在南方地区举行大会操,计划调集湖北、江苏、江北新军编为南、北两军,“于十月间在安徽太湖县一带会合大操”。[②] 9月21日清廷钦派“陆军部右侍郎荫昌、两江总督端方为校阅秋操大臣”。[③]

长期以来,学界对太湖秋操缺乏实证研究,加上史料匮乏,主客观因素为之罩上了神秘面纱。目前有两种代表性说法:第一,有学者认为,太湖秋操期间,因光绪帝、慈禧太后相继死去,熊成基又在安庆起义,此次秋操“草草收兵”;[④]第二,有网络文章认为太湖秋操因光绪、慈禧的去世而未能如期举行,“此次空前盛会”与太湖“擦肩而过”,与太湖人民“失之交臂”。[⑤] 笔者曾利用相关史料撰文辩驳了上述模糊或错误的两种说法,但尚未充分利用《南洋兵事杂志》等所载稀见资料。此处在原文基础上,增补新史料,以佐证、补充原文内容。

1. 太湖秋操的筹备阶段

清廷确定筹办太湖秋操后,陆军部要求参加会操省份派员,于6月8日齐集部中会议秋操事务。在陆军部主导下,各方围绕“会议纲

---

① 《咨商举行南北大操之要概》,《盛京时报》1908年4月21日,第3版。

② 奕劻等:《奏为本年拟办陆军各镇举行秋操大概情形事》,光绪三十四年五月二十七日,中国第一历史档案馆藏:《军机处录副奏折》,档号:03-6005-023。

③ 《德宗景皇帝实录》(八),《清实录》第59册,第870页。

④ 中国社会科学院近代史研究所中华民国史组编:《清末新军编练沿革》,第84页。按:整理者在整理“新军四次秋操”资料时,在页下注释①中对太湖秋操有此推论。后续的相关著作沿袭了这一说法,如来新夏等著《北洋军阀史》上册,第179页。

⑤ 《太湖历史——擦肩而过的“太湖秋操”》,《安徽文化网》2007年11月8日,http://www.ahage.net/anqing/1197.html。

领”、“编制”、“战术”、“军纪”、“大操教令之摘要”、“阅兵处办事条规摘要”、“阅兵式条规摘要”、“参谋旅行计划书说略”、“检查预备说略”、“杂件”等 10 项问题展开会议，最终确定了太湖秋操的各项办法。[①]

太湖秋操，抽调湖北第八镇及第二十一混成协、江南陆军第九镇、苏州步队第二十三混成协、江北第十三混成协参加，编为南、北两军。南军，抽调湖北步队混成第十五协、步队第二十一协、马队第八标第一营、过山炮队第八标、工程队第八营、辎重队第八营及机关炮 2 队、轻气球队 1 队、电信队 1 队、卫生队 1 队、桥梁队 1 队，编为混成第十一镇，派第八镇统制张彪充任指挥官。北军，抽调陆军第九镇步队第三十三、第三十四标编为第十七协，步队第三十五标、江苏步队第四十五标编为第十八协，江北步队第二十五标、马队第九标第一营、炮队第九标、工程队第九营、辎重队第九营、机关炮三队及轻气球队、电信队、卫生队、桥梁队各一队，编为混成第九镇，派第九镇统制徐绍桢充任指挥官。[②] 南、北两军共计 24400 余名，官佐 1400 余名，工匠夫役 6700 余名，马匹共 3800 余匹，大接济车共 1300 余辆，并邀请外国观操员 37 员、各省观操员 26 员。[③] 太湖秋操之南、北两军战

① 《派员赴部会议秋操禀批》，《申报》1908 年 6 月 5 日，第 1 张第 5 版；《陆军部会议秋操详情》，《申报》1908 年 6 月 20 日，第 1 张第 4 版。

② 《阅兵大臣荫、端会奏校阅江鄂两军会操情形折》，《南洋兵事杂志》1909 年第 29 期，奏议，第 8 页。

③ 《阅兵大臣荫、端会奏校阅江鄂两军会操情形折》，《南洋兵事杂志》1909 年第 29 期，奏议，第 16 页。

斗序列详情,参见表 3—8、表 3—9。①

表 3—8

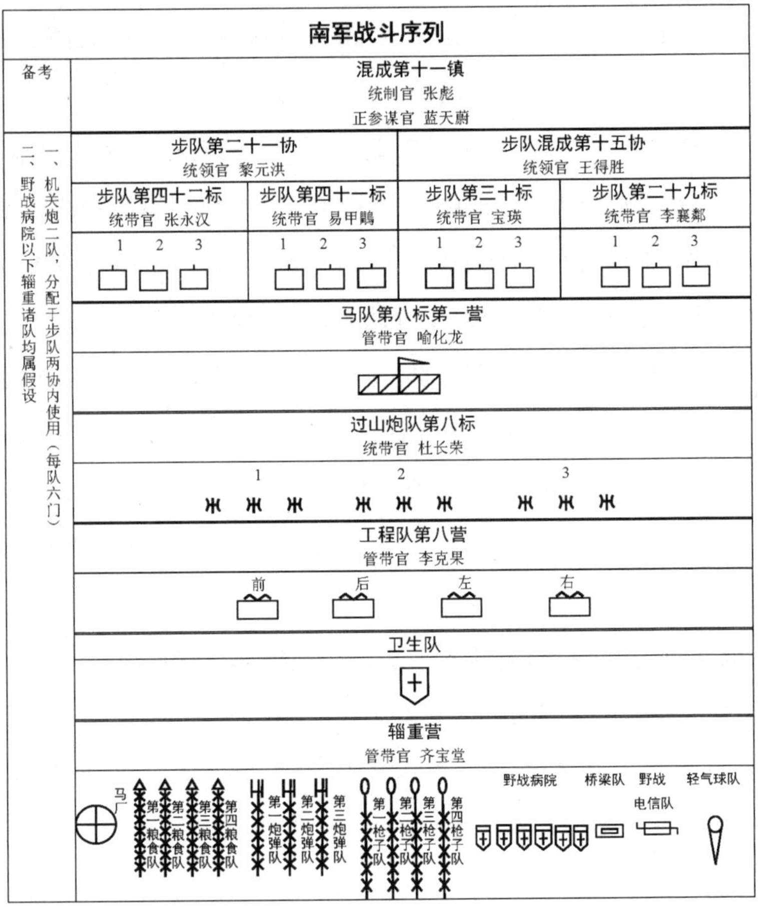

太湖秋操,是清末新军举办的第三次大型军事演习。此次大会操筹办之时,陆军部已经成立,故由该部全权负责。“此一役也,运筹

① 《光绪三十四年秋季大操报告》,林开明等编辑:《北洋军阀史料·徐世昌卷(四)》,天津古籍出版社 1996 年版,第 631—632 页。

表 3—9

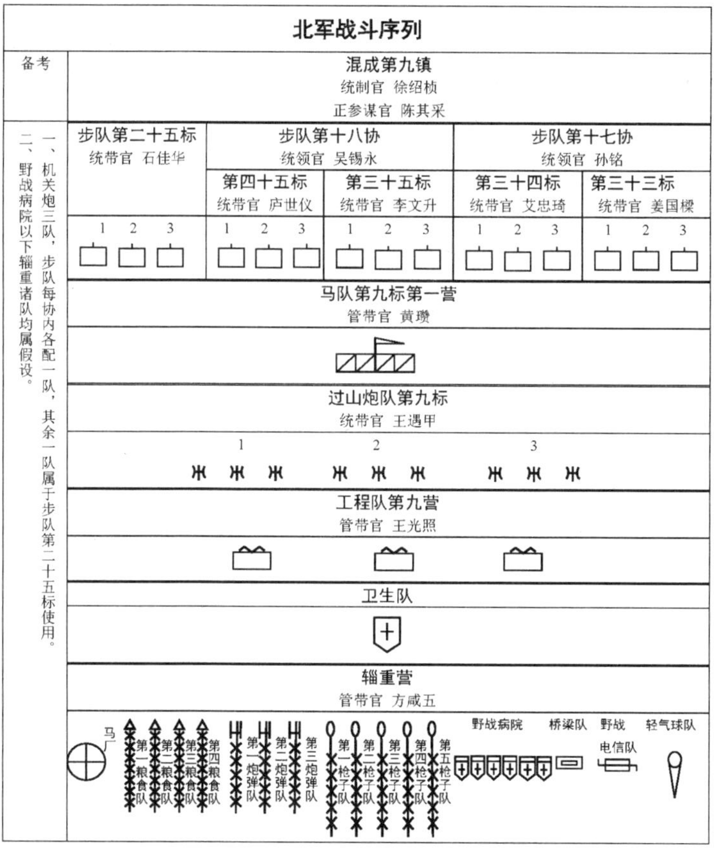

决算，陆军部实握其总权。”①不过，太湖秋操的一切规制，仍参仿河间、彰德会操的成功范例。陆军部颁布《太湖秋操教令》，共计 10 节 42 条，在体例、内容上与《河间会操教令》、《彰德会操教令》大体一致。《太湖秋操教令》规定了会操日期，十月二十五日、二十六日、二

① 《阅兵大臣荫、端会奏校阅江鄂两军会操情形折》，《南洋兵事杂志》1909 年第 29 期，奏议，第 16 页。

十七日(11 月 18 日、19 日、20 日)会操,十月二十八日(21 日)阅兵仪式;其他条令则规定了设立阅兵处、通信、信号、纪律、损坏财产赔偿、后勤供应、军服、旗帜及运输等项事宜。[①] 太湖秋操也颁布了观操规则:其一是《陆军军官随观规则》,计有 14 条,规定了各省参观会操的军官人数、报名办法、着装、会操期间纪律等内容;[②]《学生人民随观规则》计有 10 条,规定了地方人民、学生观看会操时必须遵守的各项规则;[③]《报馆随观规则》计有 12 条,规定了中外报馆记者参观会操时必须遵守的各项规则。[④]

根据《太湖秋操教令》,11 月 15 日在太湖县城开设阅兵处,两江督练公所负责编成陆军警察队、军乐队,湖北督练公所编成卫兵人员、马匹。陆军部也颁发了《阅兵处勤务条规》,共计 7 章 30 条。[⑤] 根据规定,阅兵处全权负责大操期间事务,继续扮演着导演部的角色。该处隶属阅兵大臣之下,设总参议辅助办理阅兵处事务,分设中央审判处、两军专属审判处、综理司、交通司、外宾接待司、警务司等机构。太湖秋操阅兵处组织机构及主要人员详情,参见表 3—10。[⑥]

---

① 《陆军部颁发江鄂两军秋季大操教令》,《南洋兵事杂志》1908 年第 24 期,公牍,第 1—8 页。

② 《光绪三十四年陆军军官随观规则》,《南洋兵事杂志》1909 年第 29 期,秋季大操记事,第 46—48 页。

③ 《学生人民随观规则》,《南洋兵事杂志》1909 年第 29 期,秋季大操记事,第 48—50 页。

④ 《报馆随观规则》,《南洋兵事杂志》1909 年第 29 期,秋季大操记事,第 50—51 页。

⑤ 《光绪三十四年秋季大操阅兵处勤务条规》,《南洋兵事杂志》1909 年第 29 期,秋季大操记事,第 32—38 页。

⑥ 《光绪三十四年秋季大操报告》,林开明等编辑:《北洋军阀史料·徐世昌卷(四)》,第 629—630 页。按:本表仅择录了官长名单,随员名单未录。

表 3—10

机构		官职	姓名
阅兵大臣（荫昌、端方）总参议（冯国璋）副参议官（哈汉章）	中央审判处	审判官长	良弼
		审判官	应龙翔、岳开先、曲同丰、吴晋、魏宗瀚、王培焕、孙树林、吴介璋、姚鸿法、李辰身、毛继成、吴琇文、陶云鹤
		传达官	刘恩源
	南军专属审判处	审判官长	冯耿光
		审判官	张联芬、王麒、陈文运、宫邦铎、李玉麟、田书年、许崇智、苑尚品、张树元、祝谦
	北军专属审判处	审判官长	朱泮藻
		审判官	王廷桢、刘良弼、特克慎、上官建勋、何丰林、张怀斌、李馨、王汝勤、张敬尧、杨祖德
	综理司	司长	易迺谦、孙廷林
		综理官	风仪、恒龄、蔡学培、宣保章、杨葆元、宋学周、方振麟
	交通司	司长	卢静远
		递运官	邓承拔、吴绍璘
		通信官	吴金声
	警务司	司长	丁士源
		办事官	张文元、李方、李应泌、周伸曾、江绍沅
	外宾接待司	司长	温秉忠
		接待官	曾磐、岳昭燏、宋文翔、饶怀文、汪树壁

陆军部最初选定潜山、桐城一带为会操地域，两江督练公所兵备

处、参谋处人员及陆军第九镇人员前往潜山、桐城一带勘测秋操地形。[①] 最终选定太湖县,具体地点是在太湖县西门外郊区三十里处地方,"森林极富,山峦重叠,亦有极广漠之平原,搜索、侦探、驰骋、战斗,无乎不宜"。[②] 湖北督练公所派员前往太湖县办理侦察、测绘、修路、屯粮各事;安徽督办处派员前赴太湖一带测绘秋操地图;江苏督练公所也派陆军步队军官前赴太湖察勘秋操地形。[③] 是年 9 月,陆军部正式制成精确的太湖秋操地图,颁发各军使用。[④]

太湖秋操是南方省份新军在南方地形条件下实施的跨区域的大型军事演习,同样需要筹备军需物资。这一重任由各省督练公所承担,分粮秣和军械两大类。粮秣具体分为大米、干粮、麸料、铺草、马草、柴薪等类,南军在洪家小屋、洪家小屋附近、洪家嘴、李家屋等地储存,北军在曹家屋、曹家老屋及东北沙滩、魏家湾、刘家店、狭窄口、太湖县城西北沙滩等地储存。军械具体分为枪炮马匹、阵营器具、土木工作器具、架桥材料、电信材料、医药器具材料等。子弹,每炮 80 发,每枪 100 余发,另配备皮件、背囊等。[⑤]

太湖秋操的总方略是南守北攻。南军主力撤退到安庆、石牌之间,以混成第十一镇为支队,阻击追击的北军,掩护主力左翼。北军主力追

---

① 《会勘秋操地势》,《申报》1908 年 5 月 17 日,第 2 张第 3 版。

② 《秋操通信三》,《申报》1908 年 11 月 21 日,第 2 张第 2 版。

③ 《察勘会操地段往来电文》,《申报》1908 年 6 月 1 日,第 1 张第 5 版;《测勘秋操地图出发》,《申报》1908 年 6 月 3 日,第 2 张第 3 版;《派员赴皖察勘秋操地址》,《申报》1908 年 8 月 20 日,第 2 张第 3 版。

④ 《札发秋操行军地图》,《申报》1908 年 9 月 14 日,第 2 张第 3 版。

⑤ 《阅兵大臣荫、端会奏校阅江鄂两军会操情形折》,《南洋兵事杂志》1909 年第 29 期,奏议,第 8—9 页。

击到南军主力前方，形成对峙，派混成第九镇为支队，击退阻击的混成第十一镇，以便主力全面进攻时威胁南军左翼。两军在太湖遭遇，展开战斗。[①]

参加太湖秋操新军各部多租赁轮船作为交通工具，南、北军于10月份开始调拨，先后开赴操地。

北军各部新军调拨：江苏第二十三混成协之步队第四十五标先开赴南京驻扎，然后与驻扎南京的陆军第九镇会师，重新混合编制，定于10月31日共赴太湖。[②] 陆军第九镇驻扎镇江之步队第三十五标共计1580人，于11月2日乘招商局公平轮船驶往太湖操地。[③] 江北第十三混成协，马队第一营先行启程，步队第二十五标及军乐队等于11月1日出发，抵达镇江后于3日乘招商局新康、新昌两轮船驶往太湖操地。[④] 江苏第二十三混成协步队第四十六标经江苏巡抚陈夔龙检阅后，定于11月1日开拔，前往太湖操地。[⑤]

南军各部新军调拨：湖北督练公所定下行军计划，因工程第八营有置备电线、架设桥梁等任务，提前于10月10日乘轮驶往操地。[⑥] 为督促此次参加会操的新军加紧训练，陆军部派王英楷前往湖北，先期检阅

---

① 《阅兵大臣荫、端会奏校阅江鄂两军会操情形折》，《南洋兵事杂志》1909年第29期，奏议，第9页。

② 《苏省陆军秋操之预备》，《申报》1908年9月23日，第2张第3版；《江督阅操行期已定》，《申报》1908年11月3日，第2张第3版。

③ 《驻镇秋操陆军出发》，《申报》1908年11月4日，第2张第3版。

④ 《江北陆军秋操军队行期》，《申报》1908年11月3日，第2张第3版；《江北秋操军队过镇》，《申报》1908年11月7日，第2张第3版

⑤ 《苏抚定期预阅秋操》，《申报》1908年10月24日，第2张第3版。

⑥ 《湖北秋操陆军分期启程》，《申报》1908年10月4日，第2张第3版。

新军。[①] 王英楷校阅湖北新军后,参加秋操之湖北新军始出发,雇大亨、长安 2 艘商轮分九批运送。10 月 22 日,第一批官兵 1027 名、马 174 匹出发;10 月 25 日,第二、第三批官兵 2432 名、马 295 匹出发;10 月 27 日,第四、第五两批官兵 2562 名、马 281 匹出发;10 月 30 日,第六、第七两批官兵 2552 名、马 234 匹出发;10 月 31 日,第八、第九两批官兵 2400 余名、马 280 余匹出发。[②]

南、北两军陆续抵达安徽太湖一带后,"混成第九镇在潜山一带,混成第十一镇在宿松一带,均自行演习"。[③] 南、北两军自行演习全部结束后,南军由湖北黄梅县,经安徽宿松抵达太湖;北军由轮船运至安庆,经潜山县抵达太湖。[④] 11 月 17 日夜,南军在太湖县东北一带宿营,北军在枫香铺一带宿营,形成对峙之势。

以往观点认为,因光绪帝、慈禧太后先后于 11 月 14 日、15 日去世,太湖秋操在筹备期间停操,没有进入实施阶段。事实证明,太湖秋操并没有因为光绪帝、慈禧太后去世而停操,阅兵大臣荫昌、端方的奏折也有力地证明了此点:"臣等先后奉到电传哀诏,当即传谕两军一律挂孝,并告以此次秋操,为大行太皇太后、大行皇帝之所注重,是以迭遭大故,仍不废操。"[⑤]

---

① 《部派检阅员南下》,《申报》1908 年 9 月 22 日,第 2 张第 3 版。

② 《秋操陆军分批出发》,《申报》1908 年 10 月 26 日,第 2 张第 3 版。

③ 《电四》,《申报》1908 年 11 月 14 日,第 1 张第 5 版。

④ 《秋操通信一》,《申报》1908 年 11 月 19 日,第 2 张第 2 版;《秋操通信三》,《申报》1908 年 11 月 21 日,第 2 张第 2 版。

⑤ 《阅兵大臣荫、端会奏校阅江鄂两军会操情形折》,《南洋兵事杂志》1909 年第 29 期,奏议,第 15 页。

2. 太湖秋操的实施阶段

11 月 18 日，为会操第一日，南、北军冲锋。[①]

上午 9 时，南、北军各自按 17 日夜间发布命令行军。南军路线如下：(1)马队主力由中央道路，经高家坦向五洋堡前进，其一部由大道经岔路口向赤土岭前进。(2)右纵队派步队 2 队为前卫，经分水岭向虎头山前进。(3)中央纵队派步队 1 营为前卫，经高家坦向五洋堡前进。(4)左纵队派步队 2 队为前卫，向汪洋铺前进。北军路线如下：(1)马队主力经大道前进，其一部向观音寺前进。(2)右纵队派步队 1 标、炮队 1 营、工程队 2 队为前卫，经大道前进。(3)中央纵队派步队 2 队、工程队 1队为前卫，经虎头山向高家坦前进。(4)左纵队经宋家大屋前进。

9 时 20 分，大道上的南军马队与来自赤土岭方向的北军马队在汪洋铺之西遭遇，双方骑兵徒步交战。10 分钟后，南军步队行抵汪洋铺，中央道上的马队主力亦抵达五洋堡南方高地并击退北军马队 1 队，北军马队遂向赤土岭、虎头山方向撤退。9 时 50 分，北军右纵队先头部队抵达赤土岭西方，司令官接到南军已占据汪洋铺西方的情报，此时观音山及五洋堡方向枪声不绝，判断南军必由此进攻，故令主力转向五洋堡。北军右纵队抵达五洋堡后，击退南军马队主力并占据南方高地，迫使南军马队向观音山转移。此时，南军右纵队已占据观音山至观音寺一线，北军左纵队抵达宋家大屋西方时，向观音山上的南军

① 《演习第一日南北两军之行动》，《南洋兵事杂志》1909 年第 29 期，秋季大操记事，第 6—11 页；《阅兵大臣荫、端会奏校阅江鄂两军会操情形折》，《南洋兵事杂志》1909 年第 29 期，奏议，第 11—12 页。

展开攻击;南军左纵队占据汪洋铺南方高地至其西北方高地一线,在汪洋铺南方高地部署炮队 1 营,向占据赤土岭之北军先头部队猛烈打击。

10 时,南军中央纵队之先头部队经高家坦向五洋堡进军,抵达观音寺西北方高地后,发现汪洋铺一带交战及北军步队占据观音寺北方高地的情形,立即展开战斗队形迎敌,其主力驻扎在高家坦一带;北军中央纵队之先头部队经虎头山向高家坦行军,抵达虎头山后,发现南军已占据观音山,本军右纵队主力占据五洋堡,开始攻击观音山之南军。10 时 10 分,南、北军司令官根据战场形势和侦察情报,重新调整兵力部署。南军侦知北军主力向五洋堡、虎头山运动,作战计划如下:(1)即派步队 1 营在中央纵队、左纵队之间展开;(2)在高家坦北方高地部署炮兵 1 营;(3)在高家坦附近预设步队 1 标为总预备队。北军方面:(1)在虎头山附近部署炮兵 1 营,在赤土岭西方及南方高地部署炮兵 1 营;(2)中央纵队、左纵队攻击观音山及观音寺附近之南军;(3)抽调步队 1 标赴五洋堡东方,作为总预备队。10 时 40 分,南军侦知北军大批步队攻击其中央纵队,即抽调步队两营增援观音寺北方战线,同时,炮队猛击观音寺东北方附近之北军。11 时,赤土岭之北军步队向汪洋铺附近进攻,遭遇南军优势炮火打击而失利。11 时 20 分,北军大批步队进攻观音寺,南军调派步队 1 营赴观音寺东方反击,双方互相冲锋。11 时 30 分,北军令中央纵队、左纵队之预备队投入战斗,最终以优势兵力击退南军。12 时 30 分,南军司令官接到增援部队(步队第四十二标及炮队第三营)已达凉亭河镇、当晚可达枫香驿的情报,决定撤退到猫儿岭附近,以与之会合。下午 13 时 30 分后,南军陆续撤退,北军兵分三路追击。南军后卫部队在陈家村及其附近阻击追兵，并破坏三桥梁。北军全力追击，令先头步队占领木家凉亭、左纵队占领曹家屋高地，主力驻扎在太湖西南方。

当晚，南军在猫儿岭附近宿营。其中，步队1标驻扎猫儿岭；1标驻扎李家屋附近；其余诸队驻扎洪家小屋附近。南军在猫儿岭西北高地，经河南坂至最码晏东南高地一带设置警戒线。北军在太湖县西南宿营。其中，前卫驻扎曹家老屋附近，主力驻扎太湖西南沙地，左支队驻扎曹家屋附近。北军在雷家大湾，经曹家屋西南高地至严福岭一带设置警戒线。是夜8时30分，南、北两军司令官根据侦察情报，下达次日作战命令。

11月19日，为会操第二日，南、北军演习攻守战。[①]

南军根据昨晚命令，在猫儿岭至三台岭一线防御，其部署如下：(1)步队1标，占据猫儿岭高地东南端至树林冲南方约500米高地之间；炮队1营，占据猫儿岭西北高地。(2)步队1标，占据三台岭至最码晏之间。(3)炮队2营，占据河南坂南方及西南方高地。(4)步队2标，部署在河南坂西南方600—700米谷地处，作为总预备队。北军决心在南军增援部队赶来以前击败南军，根据昨晚命令，其行军计划如下：(1)左纵队(步队4营)上午8时30分以前从曹家屋，经严福岭向三台岭运动。(2)右纵队(其余诸队)上午8时30分以前从曹家老屋开拔，向狭窄口运动。

上午9时，北军左纵队(早上加入炮队1队)派步队1营、工程队1

① 《演习第二日南北两军之行动》，《南洋兵事杂志》1909年第29期，秋季大操记事，第12—19页；《阅兵大臣廕、端会奏校阅江鄂两军会操情形折》，《南洋兵事杂志》1909年第29期，奏议，第12—13页。

队为前卫,经严福岭前进。9 时 30 分,其先头部队抵达严福岭南方高地,发现南军步队已占据最码晏至三台岭一线,立即令前卫在张家冲展开战斗队形,令炮队部署在严福岭西方高地,主力在严福岭南方高地开进。前卫与南军交火,战斗打响。与之同时,北军右纵队派马队 3 队、步队 4 营、炮队 1 营、工程队 1 队为前卫,向狭窄口运动。马队抵达狭窄口西端后,遭驻扎猫儿岭之南军步队阻击,遂在该村北侧停止。此时,右纵队司令官在狭窄口东南高地观察敌情后,制定占领狭窄口高地、掩护主力运动的计划:(1)调步队 2 营在狭窄口两侧高地展开,1 营赴唐李坊东方高地展开。(2)在狭窄口东南部署炮兵阵地。(3)其余诸队部署在狭窄口东南高地后方,作为预备队。9 时 50 分,部署在河南坂南方高地的南军炮兵向狭窄口附近的北军步队进行炮火打击。10 时 5 分,北军前卫之炮队进入阵地,进行炮火反击。南、北军炮兵在狭窄口进行了局部性的炮战。与之同时,北军司令官接到南军占领猫儿岭至三台岭附近一线的情报,遂调整作战计划:(1)全镇拟由魏家湾向南军右翼主攻。(2)抽调主力中的炮队 2 营(欠 1 队)在狭窄口东南高地(位于主力部队左翼)部署炮兵阵地。(3)前卫从狭窄口向猫儿岭附近进攻。(4)抽调主力中的步队 2 营在会友坂附近(在前卫左翼)展开,向河南坂进攻。(5)左纵队向三台岭进攻。(6)抽调主力中的步队 2 营赴魏家湾(在左纵队右翼)展开,向三台岭西方高地进攻。(7)主力中的所余各队赴严福岭西北方谷地,作为总预备队。

10 时 30 分,北军主力中的炮队进入阵地,进行炮火打击,南军炮火还击,两军炮战升级。10 时 50 分,北军前卫步队占据由唐李坊至树林冲东南无名河岸之线,又调步队 2 营在前卫步队左翼河川展开。南军步队由猫儿岭及河南坂一带高地开始反击，两军枪炮声不绝。

11 时，北军左纵队之步队 3 营在张家冲及魏家湾一线展开，再抽调中央纵队之步队 2 营在魏家湾北侧水田展开，向三台岭及最码晏附近渐次进攻。11 时 20 分以后，北军第一线全面进攻，至 11 时 50 分突击到树林冲东南过猫儿岭东北方村落、最码晏西北一带。此时，北军左纵队第一线已接近南军阵地，仅相距二三百米，并派一部突击南军阵地。北军总预备队 1 标也抵达魏家湾西方水田。11 时 55 分，南军增援部队第四十三标抵达李家屋，在最码晏至河南坂西方一线展开，司令官亲率该部猛烈攻击北军中央阵地。北军也迅速调派总预备队投入战斗，在河南坂北方一带与南军决战。

本日，南、北两军未决胜负。停战后，南军仍在原阵地，以战备队形彻夜警戒；北军撤退到狭窄口及魏家湾之后方宿营，在树林冲经唐李坊至魏家湾一线设置警戒线。是夜 6—7 时，北军、南军司令官先后接到总司令官训令，各自制定本军次日决战计划。

11 月 20 日，南、北军演习决战。①

南军方面，决定发起总攻击，其作战计划如下：(1)步队 1 标、炮队 1 队，上午 7 时从猫儿岭开始运动，占据狭窄口高地，进攻时务必与主力联系。(2)步队 1 协，上午 7 时开始运动，占领魏家湾及严福岭附近之高地。(3)炮队 1 标(少 1 队)，上午 6 时派一营占领最码晏高地。(4)步队 2 标、炮队 5 队、工程队 1 营，部署在李家屋东方谷地，作为预

① 《演习第三日南北两军之行动》，《南洋兵事杂志》1909 年第 29 期，秋季大操记事，第 20—25 页；《阅兵大臣荫、端会奏校阅江鄂两军会操情形折》，《南洋兵事杂志》1909 年第 29 期，奏议，第 13—14 页。

备队。北军方面,接到第五十标前来增援的消息,决定占据烽火尖至曹家屋一线,等待援军到来后反攻,其部署如下:(1)炮队 1 营,部署在五里墩西方高地。(2)炮队 1 营,部署在木家凉亭南方高地。(3)步队 4 营,部署在烽火尖附近。(4)步队 5 营,部署在五里墩南方至曹家屋一带。(5)步队 2 营,部署在五里墩西北,作为右翼预备队。(6)步队 4 营及炮队 1 营,部署在曹家祠堂附近,作为左翼预备队。

凌晨 3 时,南军从猫儿岭派出步队向狭窄口进行火力侦察,因北军防守严密,被击退。3 时 30 分,北军也从会友坂派出步队向河南坂进行火力侦察,因南军警戒严密,被击退。

上午 7 时,南军从猫儿岭派步队 1 标向烽火尖及狭窄口高地攻击,遭到占据烽火尖、狭窄口的北军步队反击。此时,部署在猫儿岭南方高地的南军炮兵也向烽火尖附近的南军进行炮击,掩护步队进攻。北攻南守的局面,转而变为北守南攻的局面。在刘家店附近的北军步队 1 营及右翼预备队,与占据狭窄口两侧高地的北军,协力抵御南军攻击。8 时 10 分,炮队 1 营攻占最码晏高地、2 队攻占魏家湾高地、1 营攻占严福岭高地,向木家凉亭南方高地之北军炮队开始射击,北军炮队还击,两军炮战猛烈。南、北两军僵持不下,陷入胶着状态。

此时,南军司令官根据战场形势,判断北军将兵力集中于烽火尖一带,而汪家屋北方一带兵力势必单薄,决定由此攻击北军中央阵线。8 时 50 分,南军步队主力从严福岭西方、最码晏北方之间展开攻击,全面进攻汪家屋、唐李坊一带,占据刘家店、曹家屋之间的北军步队全力防御。

上午 9 时,北军增援步队第五十标抵达曹家祠堂,司令官命令该部与总预备队从花香坂方向突袭南军右翼。9 时 30 分,南军第一线已攻击到唐李坊及会友坂一带，向高地冲锋。此时北军步队也在花香坂展开，攻击南军右翼。南军步队占据严福岭东北高地，抵御北军来袭。两军至此停战，第三日会操结束。

为便于读者从全局角度了解南、北新军在太湖三天会操的全过程，另附《太湖秋操示意图》，参见图 3—9。[①]

就在太湖秋操的第二日夜间，即 11 月 19 日夜间熊成基在安庆发动马炮营起义。阅兵大臣端方于“二十七早(11 月 20 日——引者注)得信，是日操事适毕，即刻起程，并选派宁省及江北与操军队马、步共七营，均令同时开拔进省”。[②] 原本定于 11 月 21 日举行的阅兵仪式终止，未能顺利举行，“至于阅兵之式，饮至之筵，一律停罢”。[③] 以往研究认为，熊成基发动的安庆起义导致太湖秋操草草收兵。此种说法过于笼统，事实证明，太湖秋操进行了为期三天的诸兵种军事演习，只是停办了阅兵仪式而已。

太湖秋操，是南方新军第一次在南方地区举行的大会操，“南方军

---

① 国家图书馆藏有《光绪三十四年秋季大操地图》(即太湖秋操地图)，但目前不对外开放，无缘得见。本图系笔者依据下列资料绘制而成：太湖县地名办公室编：《安徽省太湖县地名录》，1986 年内部资料，第 4—7、34—47、90—94、112—117 页；《阅兵大臣荫、端会奏校阅江鄂两军会操情形折》，《南洋兵事杂志》1909 年第 29 期，奏议，第 7—15 页；《光绪三十四年秋季大操报告》，林开明等编辑：《北洋军阀史料 · 徐世昌卷(四)》，第 595—628 页；《演习第一日南北两军之行动》、《演习第二日南北两军之行动》、《演习第三日南北两军之行动》，《南洋兵事杂志》1909 年第 29 期，秋季大操记事，第 6—25 页。按：因古今地名变迁，一些地名(如殷家老洼、虎头山、高家坦、观音山、曹家老屋、曹家祠堂、严福岭、三台岭、会友坂、河南坂、刘家店、汪家屋等)已经难以查找，只能结合文字材料和地形推测其位置所在。而且，南、北两军三日的行军、宿营、战斗情形极为复杂，很难在一幅图中完全呈现出来，也只能从简标示。因此，本图并非严格意义上的军演地图，仅可作为简略的示意图，以便读者有一直观的参照依据。

② 《江督电告剿捕乱兵情形》，《申报》1908 年 11 月 27 日，第 1 张第 5 版。

③ 《阅兵大臣荫、端会奏校阅江鄂两军会操情形折》，《南洋兵事杂志》1909 年第 29 期，奏议，第 16 页。

队就南省地方会操之始”。[①] 此次会操,与河间、彰德会操在规模上大致同等,但也有明显的不同:第一、参演部队不再以北方新军为主,而是以南方新军为主。第二、会操区域不再是北方平原地形,而是南方多山多水的地形。第三、装备新式武器,“如轻气球队也,机关炮队也,电话队也,皆前两届之所无”。[②]

太湖秋操具有两方面的积极意义:一方面,延续了清政府此前中断的军事演习活动,不仅再次肯定了新军会操的积极作用,而且强化、完善了其筹备、实施模式。另一方面,将南方数省新军置于多山、丘陵及河流纵横等复杂地形条件下开展实战演习,提高了新军官兵战场适应能力和兵种协同作战能力。西方观操员事后评价说:“此次秋操之成绩,非常良优。”他们对于各兵种的表现赞誉有加:兵士之跋山涉水、集散离合等,“举动无不得当”;在月黑风高之深夜,“辎重兵往来溪谷间者,曾无困乏之状”;侦察兵的战术动作,“亦颇捷灵”。[③]

(五)1909 年及 1910 年停操

光绪帝、慈禧太后相继去世,宣统帝继位。摄政王载沣将军谘处从陆军部中独立出来,初步实现了军政、军令的分离。

1909 年清政府停办秋季大会操。军谘处咨行各省,要求各地新军自行开展军事演习,“本年自行秋操,其预备之地点、兵力、日期及一切

---

① 《阅兵大臣荫、端会奏校阅江鄂两军会操情形折》,《南洋兵事杂志》1909 年第 29 期,奏议,第 7 页。

② 《阅兵大臣荫、端会奏校阅江鄂两军会操情形折》,《南洋兵事杂志》1909 年第 29 期,奏议,第 17 页。

③ 《列强评品中国秋操之成绩》,《吉林官报》1908 年第 6 期,中外时事,第 2 页。

办法，均先行咨报本处查核。一俟操竣后，仍将操演经过地方及指挥、各种操法、命令均详细绘图，咨明本处，以凭稽核”。[①]

1910年，在各省新军陆续编练成镇的情况下，政务处计划云南、四川、广东及福建四省新军联合举办大会操，但因经费问题而终止。[②] 南方四省新军会操计划终止后，本年停办秋季大会操。

（六）1911年永平秋操的筹备与终止

1911年4月18日，管理军谘处大臣载涛奏称，本年仿照河间、彰德、太湖秋操的先例，在滦州、开平一带“调集军队练习野外勤务及攻守一切战法”，以陆军部直辖驻扎小站、马厂的第四镇为主力，酌量抽调禁卫军混成1协及驻扎保定的第六镇步队1标、马队1营、工程1队，合编为西军；以驻扎北苑第一镇为主力，酌量抽调驻扎保定、永平的第二镇混成一协，合编为东军，“定于本年秋间举行会操”。[③] 5月8日清廷谕令“设立军谘府”，并派载涛、毓朗充“军谘大臣”。[④] 同月18日清廷谕令，本年秋季调集禁卫军及近畿各镇陆军在永平府举行会操，派冯国璋充任东军总统官、舒清阿充任西军总统官，“着禁卫军训练大臣及陆军部按照钦颁训令，编成东、西两军，限本年六月内通报军谘府，余均遵照方略、训令，分别妥慎办理”。[⑤] 8月10日谕令：“派军谘大臣贝勒载

① 《通咨秋操之办法》，《申报》1909年9月21日，第2张第3版。

② 《四省新军会操作罢》，《申报》1910年4月15日，第1张第5版。

③ 载涛：《奏报本年拟办秋操大概情形事》，宣统三年三月二十日，中国第一历史档案馆藏：《军机处录副奏折》，档号：03－7491－021。

④ 中国第一历史档案馆编：《光绪宣统两朝上谕档》第37册，第91页。

⑤ 《清实录·（附）宣统政纪》，第946页。

涛恭代亲临总监两军”。[①]

1. 永平秋操的筹备阶段

永平秋操，抽调禁卫军及近畿陆军第一、第二、第四、第六镇，驻奉天第二十镇，组编为东、西两军。以往关于永平秋操的研究，多以东、西两军编制作为满汉冲突的立论依据，认为以满人为主力的西军战胜了汉人为主力的东军，所以，此次秋操是为了炫耀满人武力、压制汉人并震慑国内革命形势。[②] 事实上，永平秋操东、西两军编制经历了一个变动过程。西军原定为陆军第一镇及禁卫军一部，多为满人；东军原定为陆军第四镇及第二镇一部，多为汉人。“东西军互相攻击，直无异满汉两军交战。倘两军争胜，别起冲突，或生出种族意见，则为患匪浅，不可不预为之虑”，故军谘大臣载涛“将第一镇之旗兵分配于东军，禁卫军之旗兵分配于西军”。[③] 最终，军谘府拟定的东、西军编制清单中，双方均以满汉新军互相参杂编组。以往陈说缺乏令人信服的史料，令人生疑。清政府之所以筹办永平秋操，除了例行军事训练外，也带有回应日本在辽东半岛军事扩张的意图，后一点参见下文第三节。

东军系抽调第一、第二、第二十镇各部组成。东军编成混成第一镇、混成第三协、马队协司令处，派冯国璋充任总统官，张联棻充任总参谋官。东军编制如下：(1)混成第一镇，抽调第一镇步队第二协司令处及第三、第四标，马队 2 营，炮队 2 营，工程队第一营；抽调第二十镇司

---

① 《清实录·(附)宣统政纪》，第 1025 页。

② 专著详见唐向荣：《辛亥滦州起义》，第 34 页；赵润生、马亮宽著：《辛亥滦州兵谏与滦州起义》，第 78—79 页。论文详见杜春和：《张绍曾与“滦州兵谏”》，《近代史研究》1985 年第 3 期，第 259 页；高智勇：《清末“永平秋操”》，《炎黄春秋》2010 年第 4 期，第 80 页。

③ 《预备秋操事宜》，《时事新报月刊》1911 年第 2 期，中国时事，第 38—39 页。

令处、步队第四十协司令处及第七十九、第八十标，马队第一营，炮队1营；另附设机关枪队3队、电信队1队、气球队1队、卫生队1队、军乐队1队。(2)混成第三协，抽调第二镇步队第三协司令处及第五、第六标，马队第二标(缺1营)，炮队第二标(缺第3营)，工程队第二营(缺2队)；另附设机关枪队2队、电信队半队、卫生队半队及架桥材料。(3)马队协司令处。西军，抽调近畿陆军第四、第六镇及禁卫军混成第二协，编成混成第四镇、禁卫军混成第二协、马队协，派舒清阿充任总统官，章亮元充任总参谋官。西军编制如下：(1)混成第四镇，抽调第四镇司令处，步队第七、第八协司令处及第十三、第十四、第十五、第十六标(由第六镇步队1标改编)，马队第四标，炮队第四标(缺1营)，工程队第四营(缺1队，以第六镇1队附入)；另附设机关枪2队、电信队1队、气球队1队、卫生队1队及架桥材料。(2)禁卫军混成第二协。(3)马队协司令处。[①] 永平秋操东、西军兵力组成及主要官佐详情，参见表3—11。[②]

---

① 中国社会科学院近代史研究所中华民国史组编：《清末新军编练沿革》，第85—87页；罗正纬：《滦州革命纪实初稿(节录)》，中国史学会主编：《中国近代史资料丛刊·辛亥革命》(六)，上海人民出版社1957年版，第335—339页。

② 中国社会科学院近代史研究所中华民国史组编：《清末新军编练沿革》，第86—87页。按：赵润生、马亮宽所制《东西两军的组成及主要官佐图表》存在较多错误，如将西军“混成第四镇”误作“混成第一镇”、“高景祎”误作“高景”，将东军的“张联棻”误作“张联芬”、“宫长湝”误作“宫长”、“潘矩楹”误作“潘椝楹”、“肖广传”误作“萧广传”、“王金镜”误作“王金境”、“陈文运”误作“陈文远”等。参见氏著：《辛亥滦州兵谏与滦州起义》，第77页。

表 3—11

会操部队	编制			官职	姓名
东军				总统官	冯国璋
				总参谋官	张联棻
	混成第一镇			统制官	张绍曾
				参谋官	刘一清
		步队第二协		统领官	朱泮藻
			第三标	统带官	宫长濉
			第四标	统带官	于有富
		步队第四十协		统领官	潘矩楹
			第七十九标	统带官	肖广传
			第八十标	统带官	石星川
		马队第一标		统带官	孟效曾
		炮队第一标		统带官	昆福
		工程第一营		管带官	李誉俊
	混成第三协			统领官	王占元
				参谋官	刘锡广
		第五标		统带官	王金境
		第六标		统带官	康宗仁
		马队第二标		统带官	贾德耀
		炮队第二标		统带官	崔霈
		工程营		管带官	李长泰
	马队协			统领官	陈文运
西军				总统官	舒清阿
				总参谋官	章亮元
	混成第四镇			统制官	王遇甲
				参谋官	赵瑞龙
		步队第七协		统领官	陈光远
			第十三标	统带官	王宾
			第十四标	统带官	李厚基
		步队第八协		统领官	—
			第十五标	统带官	何丰林
			第十六标	统带官	刘启垣
		马队第四标		统带官	张九卿
		炮队第四标		统带官	蒋廷梓
		工程第四营		管带官	高景祎
	禁卫军混成第二协			统领官	—
	马队协			统领官	华振基

永平秋操筹备期间，军谘府仿照河间、彰德、太湖秋操先例，也颁布了一系列的规章条令。军谘府颁布的《永平秋操教令》，共计有 11 节 47 条，明确规定了会操的日期：八月二十六日、二十七日、二十八日（10 月 17 日、18 日、19 日）会操，二十九日（20 日）阅兵仪式。《永平秋操教令》还规定了设立总监处、通信、信号、禁止、总监处与两军之联络、赔偿、大操应用军需及军械弹药、大操时供给等内容。[①] 此外，军谘府陆续公布了一系列其他条令。《报界随观秋操规制》规定观操记者的服装、食宿、纪律以及报道的尺度。[②]《学生人民随观秋操规则》规定普通民众、学生在观操期间的服装及不得妨碍军事行动的各项禁令。[③]《秋操陆军警察队服务规则》规定了陆军警察队担任总监处、内外宾处所的护卫、警备任务，及在会操期间的监察权限和执行办法。[④]

根据《永平秋操教令》，10 月 14 日在开平镇设立总监处，作为永平秋操的导演部。军谘大臣载涛任监操大臣，统筹一切会操事宜。总监处，分设中央审判处、两军专属审判处、综理处、外宾接待处、参观照料处、警务处。[⑤] 中央审判处处长为卢静远，并派有 29 名审判官；西军审判处处长为良弼，并派有 14 名审判官；东军审判处处长为陆锦，并派有

---

① 载涛、毓朗鉴定：《宣统三年秋季大操教令》，1912 年铅印版，国家图书馆藏。

② 《永平秋操报馆人员随观规则》，《盛京时报》1911 年 9 月 14 日，第 2 版；又见《附报界随观秋操规制》，《民立报》1911 年 9 月 30 日，第 3 页。

③ 《学生人民随观秋操规则》，《盛京时报》1911 年 9 月 30 日，第 2 版。

④ 《秋操陆军警察队服务规则》，《大公报》1911 年 10 月 4 日，第 2 张第 4 版；《秋操陆军警察队服务规则（续）》，《大公报》1911 年 10 月 5 日，第 2 张第 3—4 版；《秋操陆军警察队服务规则（续）》，《大公报》1911 年 10 月 6 日，第 2 张第 3—4 版；《秋操陆军警察队服务规则（续）》，《大公报》1911 年 10 月 7 日，第 2 张第 4 版。

⑤ 《秋操总监处勤务条规》，《大公报》1911 年 10 月 2 日，第 2 张第 4 版；《秋操总监处勤务条规（续）》，《大公报》1911 年 10 月 3 日，第 2 张第 4 版。

18 名审判官。综理处分设军需股、交通股、庶务股三股,综理处处长为陈其采,另派 5 名办事员;军需股股长为张国仁,另派 8 名股员;交通股股长为吴荣鬯,另派 11 名股员;庶务股股长为江绍沅,另派 13 名股员。外宾接待处处长为冯耿光,另派 20 名接待员。参观照料处处长为哈汉章,另派 10 名照料员。永平秋操总监处组织机构及主要人员详情,参见表 3—12。[①]

表 3—12

机构		官职	姓名
监操大臣(载涛)	中央审判处	中央审判处长	卢静远
		中央审判官	陶云鹤、李炳之、袭尚义、噶勒炳阿、张士元、吴元泽、童焕文、许崇智、蔡锷、孙铭、谭振德、程夔、周家树、周道刚、丁慕韩、李辰身、何佩瑢、尹枝一、吴鸿昌、萧耀南、吴骧龙、李济臣、李铎、李正溶、张治华、郝福田、徐定清、张翼鹏、徐镇坤
	两军专属审判处	西军审判处处长	良弼
		西军审判官	张名准、张承礼、张世膺、朱克赓、金永炎、吴祐贞、毛维经、毓狄、汪萤、袁华选、许葆英、周斌、杨志澄、锦铨。
		东军审判处处长	陆锦
		东军审判官	张朝基、朱廷燦、冯家祜、张松柏、张树元、兆有、张培勋、元陞、孙国英、戈宝琛、吴观乐、马连田、卢香亭、靳云鹗、田作霖、梁心田、吴乐之、万其谊

① 《派定永平秋操各员》,《民立报》1911 年 9 月 29 日,第 2 页;又见《永平秋操派定各员一览表》,《大公报》1911 年 9 月 9 日,第 2 张第 3—4 版。

（续）

<table>
<tr><th colspan="3">机构</th><th>官职</th><th>姓名</th></tr>
<tr><td rowspan="14">监操大臣（载涛）</td><td rowspan="8">综理处</td><td colspan="2">处长</td><td>陈其采</td></tr>
<tr><td colspan="2">办事员</td><td>方清、粟养龄、蔡世炌、徐继焜、周葆江</td></tr>
<tr><td rowspan="2">军需股</td><td>股长</td><td>张国仁</td></tr>
<tr><td>股员</td><td>崔承炽、翟作模、马燦斌、许钟荣、门书绅、徐有德、林荫浓、刘春麟</td></tr>
<tr><td rowspan="2">交通股</td><td>股长</td><td>吴荣鬯</td></tr>
<tr><td>股员</td><td>胡大猷、吕景臣、文海、桂砺锋、朱豪、杨孚恩、罗序和、朱锡麟、龚家任、王熙蔚、姚江</td></tr>
<tr><td rowspan="2">庶务股</td><td>股长</td><td>江绍沅</td></tr>
<tr><td>股员</td><td>刘元任、萧光礼、文芳、史悠禄、周维霖、张崇富、张书森、常之华、齐国横、邓锦标、张智良、济煦、叶毓文</td></tr>
<tr><td colspan="2" rowspan="2">参观照料处</td><td>处长</td><td>哈汉章</td></tr>
<tr><td>照料员</td><td>李祖植、霈泽、熊祥生、陈之骥、黄凯元、华世中、凤起、门书绅、马肇明、李春霆</td></tr>
<tr><td colspan="2" rowspan="2">外宾接待处</td><td>处长</td><td>冯耿光</td></tr>
<tr><td>接待员</td><td>徐孝刚、呈经邦、唐宝潮、李宣倜、何澄、王书绅、陈宗达、陈焕赍、唐豸、丁文玺、温应星、杨耀岚、吴元斌、恒印、缪安臣、金在业、冯家遇、卢静恒、张民宝、文祺</td></tr>
</table>

永平秋操东、西两军编制确定后，军谘府扎饬奉天督练处派员，会

同军谘府、陆军部各员前往永平府一带,勘测具体的会操地点。① 经过勘测地形,永平秋操地址选定“在滦州城以西十余里的开阔地,西至坨子头村西龙山(俗称拐子山),南至五子山,北至京奉铁路”。②

永平秋操总方略是东攻西御。东军作为敌军,由秦皇岛登岸后向北京方向攻击,占据抚宁、迁安等处后扎营防御西军;同时,沿边墙等处向永平一带进攻。西军为主军,在丰润、玉田等处驻扎防御,以防东军袭击;同时,西军主力向滦州方向进发,迎战敌军。③ 按照计划,“战时东先胜,最后胜利,归之西军”。④

自 10 月 7 日起,东军由迁安一带开始运动,西军由唐山一带开始运动。据东军总统官冯国璋训令显示,东军将于 10 月 11 日、12 日、13 日在昌黎、滦州之间自行演习。⑤ 17 日至 20 日为两军会操正期:17 日,东、西两军马队在永、滦之间冲锋;18 日东、西两军步队遭遇战;19 日东、西两军全部投入战斗决战,西军进攻,东军退守施放地雷防御,午后停操。20 日,举行阅兵仪式。⑥

2. 永平秋操的终止

---

① 《派员绘勘秋操地基》,《盛京时报》1911 年 7 月 1 日,第 5 版;《督练处派员绘勘秋操地址》,《盛京时报》1911 年 8 月 22 日,第 5 版。

② 唐向荣:《辛亥滦州起义》,中国人民政治协商会议河北省滦县委员会编:《滦县文史资料》第 7 辑,第 34 页。

③ 《秋操两军攻守地点》,《民立报》1911 年 7 月 8 日,第 2 页。

④ 罗正纬:《滦州革命纪实初稿(节录)》,中国史学会主编:《中国近代史资料丛刊·辛亥革命》(六),第 339 页。

⑤ 茹静整理:《清末新军秋操史料集佚》,中国社会科学院近代史研究所《近代史资料》编辑部:《近代史资料》总 122 号,中国社会科学出版社 2010 年版,第 125—126 页。按:整理者收录了东军自行演习的训令,但未见西军自行演习训令。依照惯例,正式会操前,西军应与东军同时自行演习。

⑥ 《秋操布制已定》,《盛京时报》1911 年 6 月 22 日,第 2 版。

清政府按部就班筹备永平秋操期间，虽然国内局势动荡不稳，但尚没有停办的打算。9 月下旬，因四川保路运动需要调兵，陆军大臣荫昌即认为“永平秋操保定之军亦难抽调，如川事不急，此举即作罢论”。[①] 10 月 10 日下午，监操大臣载涛“率阅兵处〔总监处〕全体幕僚巡视西军宿营地，以便翌日奖评”，晚间在滦州城外营地突然接到“武昌十万火急电”。[②] 11 日下午 4 时，载涛乘专车返京，永平秋操已有停止之意。13 日载涛奏称：“现在抽调军队赴鄂，所有大操可否停办。”同日清廷谕令：“本年大操，着即停办。”[③]因此，永平秋操最终未能进入实施阶段。[④]

永平秋操虽然是一次未能真正实施的军事演习，但它对辛亥时局仍带来了一定的影响。清政府对武昌起义的军事镇压是意料之中的反应，但如何迅速集结足够兵力至为关键。载涛获悉武昌起义爆发消息后，立即命令秋操新军严阵以待，“乃命第一〔三〕混成协全协及第四镇

---

① 《川乱中之军变》，《民立报》1911 年 9 月 29 日，第 3 页。

② 丁士源著：《梅楞章京笔记》，中华书局 2007 年版，第 311 页。

③ 《清实录·(附)宣统政纪》，第 1097 页。

④ 学界一般认为永平秋操因武昌起义而终止，但对永平秋操和武昌起义的先后时间关系却各执一词。观点一（赵润生、马亮宽著：《辛亥滦州兵谏与滦州起义》，第 78 页）认为，永平秋操操期共计 11 天，其开操之时正是武昌起义之日，“此次军事演习为期 11 天，10 月 10 日开始，20 日结束……17 日至 18 日举行会操总阅兵式……19 日会操结束”。观点二（章开沅、林增平主编：《辛亥革命史》下册，东方出版中心 2010 年版，第 983 页）认为，永平秋操在武昌起义爆发后的第二天停操，“10 月 12 日，清廷……停止刚刚开始的永平秋操”。观点三（唐向荣：《辛亥滦州起义》，第 38 页）认为，武昌起义爆发于正式开操的前一天，“离永平秋操正式开始只有 1 天……中国腹地湖北省爆发了武昌起义”。近来，又有论者杂糅了上述几点陈说，做了非常混乱的叙述，参见高智勇：《清末“永平秋操”》，《炎黄春秋》2010 年第 4 期，第 81 页。以上几种观点纯属谬误，不足为信。

全镇,整备待命”。[①] 10月12日,清政府决计派兵南下,“着军谘府、陆军部迅派陆军两镇,陆续开拔,赴鄂剿办”。[②] 10月13日,载涛奏请停操,并建议优先抽调秋操新军开赴武汉前线,“本年秋操……现因革命军起,抽调军队赴鄂……以可否停止请旨”。[③] 同日,清政府谕令正式停操。

永平秋操本就是将新军置于实战环境下的一次军事演习,新军各部官兵、武器装备及后勤供应等临战准备极为充分,无疑为清政府迅速集结兵力、开拔南下提供了极大便利,“北军因预备大操,故出发得以稍速”。[④] 清政府对于秋操新军的这一优势有着清醒的判断,故而认可了军谘府抽调秋操新军南下的建议并达成一致意见,将永平秋操西军之第四镇、东军之混成第三协全部编入第一军序列。10月14日,清政府颁布组编三军南下谕旨,正式授予第一军出师名义,“着将陆军第四镇暨混成第三协、混成第十一协编为第一军,已派荫昌督率赴鄂”。[⑤] 当日黎明5时,陆军第二镇之第二十二标已在统带官马继增率领下,从保定开赴前线;15日黎明6时,第三混成协在统领官王占元率领下,从柏树庄陆续开赴汉口;16日下午4时,混成第四镇在统领官王遇甲率领

---

① 丁士源著:《梅楞章京笔记》,第311—312页。按:据《练兵处档》、《陆军部档》收录永平秋操东、西军编制清单,未见有“第一混成协”番号。丁士源时任秋操警务处长,自然知悉东、西军编制。较为合理的解释是,丁氏将“第三混成协”误记为“第一混成协”。

② 中国第一历史档案馆编:《光绪宣统两朝上谕档》第37册,第244页。

③ 《中国大事记》,《东方杂志》1911年第9号,第2页。

④ 《武汉革命之外电》,《民立报》1911年10月21日,第3页。

⑤ 《清实录·(附)宣统政纪》,第1101页。

下陆续开赴武汉。[①] 与之同时，湖北军政府也接到清军南下密报："此次运来之兵，闻即永平秋操之军队。"[②]第一军组编与南下不可谓不迅速，这对武汉前线的革命军形成直接的军事压力，"革军闻大兵至……均整军备战"。[③] 第一军进攻汉口期间，其先进的武器装备也因永平秋操筹备充分才发挥了应有的战斗效能，"历届秋操，向不携带炮弹，乃此次永平秋操，四镇炮队标统蒋仲材，忽携炮弹数十枚，因之攻汉口时大为得力"。[④] 然而，清政府抽调各地驻军组编第二军时却困难重重，甚至战事临近结束仍未成军。[⑤] 第二军耗时日久仍未成军的事实，恰恰凸显了永平秋操的筹备工作对于清政府迅速集结、调遣兵力的重要性。战场之上，兵贵神速是交战双方用兵的基本准则。由第二军组编窘境观之，若没有永平秋操，清政府能否迅速集结足够兵力南下武汉前线恐怕还是未知数。历史毕竟不能假设。正是永平秋操无意中吹响了集结的号角，清政府才能及时征调兵力阻挡南方革命势力北进，革命党人也因第一军的迅速南下遭遇攻势的挫折。南、北双方军事对峙因之形成，这也是日后袁世凯与南方革命党人政治和谈的起点。上述不惮其烦的分析是为了引出一个长期被忽视的潜在事实：永平秋操没有因停操谕

---

① 蒋作宾：《第一军出征陆续开拔之日期》，《兵部全宗(26)：各省军队兵力配备表有关文书》，中国社会科学院近代史研究所档案馆藏。

② 曹伯亚：《武昌起义》，中国史学会主编：《中国近代史资料丛刊·辛亥革命》(五)，第165页。

③ 王树枏：《武汉战纪》，中国史学会主编：《中国近代史资料丛刊·辛亥革命》(五)，第230—231页。

④ 廖少游：《新中国武装解决和平记》，中国社会科学院近代史研究所《近代史资料》编译室主编：《辛亥革命资料类编》，知识产权出版社2013年版，第322—323页。

⑤ 张华腾：《武昌起义后清廷组编新军三军考略》，《南开学报》2014年第1期，第98—113页。

旨而烟消云散,它无意中成为清政府迅速集结兵力、南下武汉前线的一次战场动员,成为影响辛亥时局的历史因素之一。

第三节　新军会操与对抗演习之比较

甲午战后,小站新军、南洋自强军及湖北护军营均举行了对抗演习。从军演形式看,是在地方督抚或军事将领的主导下,进行攻守战或遭遇战形式的对抗演习。从实施范围看,参演部队仅局限于几支新军,影响有限,还不足以促动晚清陆军军事训练的整体变革。从筹办情况看,参演新军往往不足万人,经常在驻地附近举行,不会出现跨区域的情况,属于小规模的战术演习。从军事功能看,主要是单纯的军事训练功能,借此提升新军的战斗力。清末十年是中国军制全面剧变的时期,也是近代军事演习进入中国军队之后,迎来的一个新的发展时期。那么,与甲午战后新军对抗演习相比,清末新政时期新军会操有着怎样的不同?本节将新军会操与对抗演习作一纵向比较,以观察这一时期军事演习呈现出的新特征。

第一、军演形式多样化。

前文已述,新军会操包括校阅性会操、训练性会操及集校阅性和训练性为一体的秋季大会操。校阅性会操和训练性会操,分别是在校阅大臣和地方督抚主导下,一镇、一协或者两镇新军在驻地附近举行的军事演习。在这两种会操中,一些省份新军除了进行对抗演习,还出现了设置假设敌的单方演习,演习结束后还会举办阅兵仪式。除了校阅性、训练性会操外,还有集校阅性和训练性为一体的秋季大会操，如1905年河间会操、1906年彰德会操、1908年太湖秋操、1911年永平秋操。这是由清廷钦派阅兵大臣，中央军事领导机构（练兵处、陆军部、军谘府）制定统一演习计划，新军多个镇、协参加且跨区域实施的军事演习。每次秋季大会操的操期均为四天，前三天举行诸兵种演习，最后一天举行阅兵仪式。演习内容也不再仅有攻守战或遭遇战，而是集行军、侦察、宿营、隐蔽、遭遇、攻守、工程作业、后勤保障、阅兵等多种科目为一体。总之，这一时期新军会操是多种形式军演的集中体现。

第二、实施范围扩大化。

甲午战后新军的对抗演习，主要是在小站新军、自强军、护军营等几支新式军队中实施，地域集中在直隶、江苏、湖北。到了清末新政时期，军事演习不再局限于某几支新军、某几个省份，而是在全国范围新军中推而广之。这当然经历了一个渐进的过程。本章第二节已经指出，奉天、黑龙江、直隶、江苏、浙江、福建、广东、河南、安徽、湖北、湖南、江西、云南、四川等省新军，均有实施校阅性会操和训练性会操的活动。除了西北地区外，这几乎涵盖了全国的大多数省份。最具影响力的新军秋季大会操，其实施地域从近畿地区转移到中部平原，再转移到东南山水之区，不断变化的操地，使越来越多省份的新军能够参与到秋季大会操中。清末新军多种形式的会操，逐渐突破了地域的限制，实施范围日渐扩大化。这说明，军事演习已经成为各省新军普遍化、常态化的军事活动，影响及于全国。

第三、筹办过程的复杂化。

甲午战后新军的对抗演习，规模较小，距离驻地较近，不设阅兵处，半日或一日就能完成战斗任务,几乎不涉及大规模的军事调动和物资供应。清末新军会操则不一样,尤其是秋季大会操,级别高,规模大,每次参加的新军都在数万人以上,操地也是远离驻地的陌生地域,涉及确立军队编制、筹备军需物资、制定会操方略、勘测会操区域、设立阅兵处、调拨动员及后勤补给等多个方面。一般分为筹备、实施两个阶段。先是中央军事机构奏请筹办秋季大会操,清廷批准后进入筹备阶段,由中央、地方军事机构共同筹备会操事务。中央军事机构一般会召集参演新军的将领及当地的督练公所人员,议决会操的各项办法。根据会议要求,新军将领和督练公所人员回本省准备,中央军事机构也会及时颁布秋操训令及秋操教令,指导会操的筹备工作。在筹备阶段,最难者在于花费巨额财力筹备军需物资,毕竟数万人要消耗大量的粮秣、弹药等物资。经过一段时间的筹备,万事俱备,临近操期,开始向会操地域大批输送参演新军各部。新军在调拨的路上还必须开展自行演习,在操地集结完毕后各部新军会师再举行自行演习。一次秋季大会操绝非短时间就能够举行,必须要做长期的筹备工作,才能顺利进入实施阶段。在规定的四天操期内,每一日演习的科目均不同。第一日往往是骑兵侦察、冲锋,第二日为遭遇战,第三日为两军主力攻守战,最后一天举行阅兵仪式。

第四、军事功能的多重性。

清政府筹办新军会操,必然带有军事训练的基本功能。但是,新军会操,尤其是秋季大会操的功能绝不仅止于此,它超越了单纯的军事训练功能。

其一,秋季大会操带有一定的战略指向性。河间、彰德、太湖、永平四次大会操，均在总方略中围绕某一重要防区确定演习任务，或为南攻北御，或为东攻西御。此处以 1911 年永平秋操为例，说明情况。此次会操的总方略是东攻西御，围绕京畿一带展开，其战略企图是依靠新军阻击外敌侵犯京城。据时任秋操警务处长的丁士源分析，东军“似为由东三省侵入之军，而由中央派军迎敌”。[①] 虽然丁士源没有言明“侵入之军”属何方敌对势力，但至少透露了入侵之敌来自东北方向的信息。日俄战争后，日本先后与法、俄、英三国签订协议，营造了有利的外交氛围，在辽东半岛谋求全面扩张和渗透。宣统二年底至宣统三年初，日本在辽东半岛修建兵工厂、暗增南满铁路驻军等扩张军备的动作引起舆论的广泛关注，更令东三省总督锡良恐慌不安。锡良电奏清政府，“某国增兵至六师团，恐有不测”，载沣“甚为忧虑”。[②] 清政府极为警觉，“军机屡开秘密会议，海、陆军两部及军谘处昨（十六日）亦会筹维持之策”。[③] 很快，载涛奏请调集近畿陆军及禁卫军举行永平秋操，英国有关人士指出这是一次剑指日本的军事行动，“英国驻京武官，解释此演习，为攻击驻南满之日军”。[④] 当时，日本在辽东半岛据有南满铁路及其南端附近之旅顺军港，该军港与秦皇岛之间仅隔有一渤海湾，空间距离较近，是渡海登陆秦皇岛的最佳出发点。若中日之间突发战争，日军可以便捷、有效地利用铁路运兵至旅顺港，通过海军输送兵力登陆秦皇岛入侵京畿一带，这基本符合东军的攻击预案。此外，河间会操、彰德会操及太湖秋操三次军演计划，均出自日本教习之手，而永平秋操时，

① 丁士源著：《梅楞章京笔记》，第 310 页。

② 《专电》，《民立报》1911 年 1 月 22 日，第 2 页。

③ 《专电》，《民立报》1911 年 2 月 15 日，第 2 页。

④ 丁士源著：《梅楞章京笔记》，第 310 页。

军谘府派人“亲自编成计划,并未向日系各教员咨询”。[①] 军谘府将日本教习排除在外的做法或许更能体现针对日本的防范心理。可见,清廷筹办永平秋操带有遏制日本在东北扩张军备的企图,是一次带有战略指向性的大型军事演习。

其二,秋季大会操为国内外提供军事交流平台。

清政府筹办秋季大会操时,均邀请国内外观操员,已经将其视为一个军事交流平台。一方面,清政府邀请国内各省文武人员观操,借此树立练兵的典范;另一方面,邀请国外武官观操,借此展示练兵成就。正如1905年河间会操时所宣称的那样,“内为各省标准,外系列国观瞻”。[②] 对内而言,国内各省积极派员观操,人数众多。清政府也抱以改良各省军事的期望,河间会操后阅兵大臣袁世凯、铁良说:“将来推之各省,行之通国,但使教育普及,又何难万众一致,积健为雄,以鬯皇威而张国力。”[③]北洋新军的确给外省观操员树立了榜样,如广东观操员回省后“咸称军事之整齐”。[④] 对外而言,秋季大会操确实向国外观操员展示了清政府的练兵成效,有利于扭转中国军队的不良形象。1905河间会操后,北洋新军的战斗力令一位俄国观操员印象深刻,他忧心忡忡地说:“若北洋新军由一位优秀的军事统帅领导,那它将会成为一支

① 丁士源著:《梅楞章京笔记》,第310页。

② 中国第一历史档案馆编:《光绪朝朱批奏折·军务》第53辑,第441页。

③ 《会奏遵旨校阅陆军会操情形折(附各清单)》(14—378),骆宝善、刘路生主编:《袁世凯全集》第14卷,第211页。

④ 中国第一历史档案馆编:《光绪朝朱批奏折·军务》第35辑,第341页。

值得重视的敌军。”[①]这并不是俄国观操员的孤立看法，各国观操员对中国军队均有积极评价，“同声称许”，认为中国“练兵进步之速，非其思意所及”。[②]

通过纵向比较研究可见，清末新军会操绝不是甲午战后新军对抗演习的简单延续，而是一种超越其上的军事活动。这说明，近代军事演习进入中国军队后，随着清末军事改革的深入获得了进一步的发展和完善。

第四节　新军会操与日本军演之比较

甲午战后，中国军事改革的效仿对象出现了从德国转向日本的趋势，这一趋势在清末新政时期编练新军进程中得以延续和加强，日本操法后来居上。清末新政时期的新军会操，与同一时期的日本军事演习相比，二者是否存在共同点以及为何如此？本节将新军会操与日本军演做一横向比较，以观察这一时期日本对中国军事改革的影响。

在比较之前，必须先确定比较的对象。新军会操的三种形式中，秋季大会操级别最高、影响最大，也最具代表性，故选择秋季大会操为比较对象。在日本军事演习中，1907 年秋季日本陆军“在群马、枥木县境

① Russia. Shtab voisk Dal'nego Vostoka, Pervye bolshie manevry Kitaiskoi armii: Voktiabrie 1905 g. (Harbin: Parovaia Tipografiia Gazety 'Novyi Krai', 1906), p. 14. 转引自 Asada Masafumi, *The China-Russia-Japan Military Balance in Manchuria, 1906-1918*, Modern Asian Studies 44:6(November 2010), p. 1294.

② 《京练兵处来电》，中国社会科学院近代史研究所编，虞和平主编：《近代史所藏清代名人稿本抄本(第二辑)：张之洞档案》第 104 册，第 301 页。

举行特别陆军大演习”,邀请中国派员观操。[①] 中国观操员留下了一份《赴日观操报告书》,详细记录了本次日本军事演习的组织、实施过程,附带有导演部组织机构图、兵力配置图及军事演习地图,全方位纪录了一次完整的日本陆军军演的过程。[②] 故选择 1907 年日本军事演习作为比较对象。

先看 1907 年日本军演,包括筹备阶段和实施阶段。在军演筹备阶段,涉及颁行《大操教令》、筹设统监部、确立两军编制、制定演习计划等事。参谋本部颁布的《大操教令》,计有 7 章 34 条,内容依次为“卫兵及传令骑兵”、“通信”、“信号”、“禁令”、“统监部与两军之联系”、“土地损害赔偿”、“服装及标识”、“铁道输送”。同时制定《统监部编制》,设立统监部作为军演的导演部,统筹一切军演事务。天皇亲任统监,下设有参谋总长辅佐,其编制具体包括审判官(东军、西军审判官)、管理部、交通部、通报部、外宾接待委员及宪兵等。阅兵指挥官由陆军大将贞爱亲王担任,参谋长由陆军少将松川敏胤担任,另有参谋、指挥官副官数人。演习开始前,参谋本部会颁发一般方略及特别方略,一般方略即本次演习的总战略企图,特别方略即是东、西两军编制情况及两军的具体战略任务。一切筹备就绪后,便进入军演的实施阶段。日本军演共计有五天的时间,其实施模式如下:第一、二、三、四日举行诸兵种演习;第五日举行阅兵,根据《阅兵式命令》,由阅兵式和走排(即分列式)两部分

① 《电三》,《申报》1907 年 7 月 25 日,第 3 版;又见《派大员赴日观操》,《盛京时报》1907 年 8 月 30 日,第 3 版。

② 《赴日观操报告书》,王宝平主编:《晚清东游日记汇编(2):日本军事考察记》,上海古籍出版社 2004 年版,第 439—465 页。

组成。

从河间、彰德、太湖、永平秋操的筹办过程来看，除了一些细微的差别，其余与日本军演模式有着惊人的相似之处。具体如下：第一、中央军事机构主导演习全过程。中国方面，先后为练兵处、陆军部、军谘府；日本方面，为参谋本部。第二、颁布军演的规章条令。中国、日本方面均有大操教令之类的指导性文件，都对演习期间传令、纪律、服装标识、土地损害赔偿、交通等方面作出规定，甚至某些章节的表述很相似，也都会颁布一般方略和特别方略。第三、阅兵指挥机构。中国方面，河间、彰德、太湖三次秋操时设立的阅兵处，永平秋操时设立的统监部，与日本军演时设立的统监部之组织机构和军事职能相同。第四、军演的实施模式。新军每次秋季大会操的操期共计有四天，前三天为诸兵种军事演习，最后一天举行阅兵仪式，包括阅兵式和分列式两部分，只是比日本军演少了一天的诸兵种演习，其余皆类似。

通过横向比较研究可见，新军秋季大会操在很多方面都带有日本军演的影子。也即是说，新军秋季大会操在很大程度上借鉴了日本军演模式。究其原因，既与甲午战后日本军界的拉拢、诱导有关，也是清政府放下天朝上国心态、主动学习日本军事的结果。

第一、日本军界主动邀请中国观操，观操员回国后将亲身见闻形诸文字，在国内宣传日本军演的优越性。日本陆军举行军事演习时，多次邀请中国派员观摩，引起中国有关方面的积极回应。早在庚子以前，包括张之洞在内的南方省份督抚就有派员赴日观摩军演的行动。1899年春，日本近卫师团举行军事演习，陆军大尉井户川辰接连三次邀请四川派 2 名观操员。四川总督奎俊派丁鸿臣、沈翊清等人前往观操，并考察日本军制、教育，"记载回川，以广见闻而备采择"。[①] 丁鸿臣回国后，撰写了《四川派赴东瀛游历阅操日记》，并刊刻发行。在日记中，丁鸿臣介绍了日本军制、教育现状，着重介绍了连日观摩日军军演的情况。同行的沈翊清回国后，也作《东游日记》叙述旅日见闻，介绍了日本军制、校阅及工艺、商务情况。[②] 1901 年秋，日本陆军在仙台举行军事演习，江西派钱德培、张国柱等人赴日观操。江苏、安徽、福建、浙江、湖北、四川也均派有观操员，约有 100 多人。钱德培回国后撰写并刊刻《重游东瀛阅操记》，他谈了自己观摩日军军演的感受，总结说："学习武备，须练野战，不得预先择地。先发令由某处往攻某处敌军，则由某处迎敌，然后任择地势，以定胜负，俾考验其谋略之优劣。"也即是说，练兵必须将军队置于陌生地形条件下开展军事演习，才能够提升军队战略、战术水平。当时清末新政已经启动，地方督抚普遍编练常备、续备军，他提醒说："今奉旨改练洋操，倘不从事行军野战操法，则虽精无益也。"[③]1903 年春，上自中央，下自地方，又向日本派遣了一批观操团，"京津派铁良、凤山、段祺瑞、冯国璋，南洋派道员陶森甲，福建派道员孙道仁，浙江派道员程恩培，湖北派道员张彪、黎元洪，湖南派道员黄忠浩等，赴日参观大操"。[④] 晚清国人艳羡日本学习西方走上富国强兵的道路，积极赴日观摩军演，他们回国后充当了传播日本军演模式的媒介。

---

① 《四川派赴东瀛游历阅操日记》，王宝平主编：《晚清东游日记汇编(2)：日本军事考察记》，第 309 页。

② 《东游日记》，王宝平主编：《晚清东游日记汇编(2)：日本军事考察记》，第 385－422 页。

③ 《重游东瀛阅操记》，王宝平主编：《晚清东游日记汇编(2)：日本军事考察记》，第 429 页。

④ 丁士源著：《梅楞章京笔记》，第 287 页。

第二、中国向日本派遣大批留日生学习军事，回国的留日士官生群体成为筹划新军会操的重要力量。从1900年10月入学的第一期留日士官生算起，到1910年11月入学的第九期留日士官生止，毕业生共计628人。[①] 1900年11月5日至22日，第一期留日士官生蒋雁行在日本亲历了一次日军秋季演习，在日记中逐日记载了日军的演习状况及个人的观摩感悟。后来，日本军事顾问贺忠良（即多贺忠之）为了推广日本军制，认为蒋氏日记对于中国军界了解日本军队情况"资益不少"，故为之作序，将其以《庚子十月日本军队秋季演习日记》为名出版。[②] 从日记中可见，蒋雁行对日本军演颇为推崇，如14日他与同学说："此次行军有裨我辈见识不少，若能逐事考究，迨所谓到处留心皆学问者欤"；18日蒋雁行从日军加藤少尉处了解军演后察核弹药发放、消耗情况的重要性后说："法至善也。"[③]随着留日士官生毕业回国，在军界担任要职，成为督导新军编练的重要力量。研究表明，留日士官生在河间、彰德、太湖、永平四次秋操中发挥着重要的作用。如1905年河间会操时，南军总参谋官陆锦、正参谋官蒋雁行、参谋官朱廷灿、贾德耀及北军总参谋官李士锐、正参谋官张鸿达，均是留日士官生。1906年彰德会操时，北军总参谋官陆锦、正参谋官张绍曾与南军总参谋官刘邦骥、正参谋官蓝天蔚，阅兵处下设的中央审判官长哈汉章，北军专属审判官长良弼及其他机构人员，多为留日士官生。1908年太湖秋操时，陆军部举

① 杨典锟：《日本陆军士官学校的中国留学生——以第一至第十一期毕业生为中心的分析》，《台大历史学报》2012年第49期，第54—56页。

② 蒋雁行：《庚子十月日本军队秋季演习日记》，中国社会科学院近代史研究所图书馆藏，目录页。

③ 蒋雁行：《庚子十月日本军队秋季演习日记》，第13、22页。

行会议讨论会操事项,参加者卢静远、冯耿光、章遹骏、舒清阿、孙铭、王遇甲、龚光明、宝瑛等,均为留日士官生。1911年永平秋操时,东军统制官张绍曾、参谋官刘一清、马队协统领官陈文运及西军总统官舒清阿、总参谋官章亮元、马队协统领华振基等,均为留日士官生。[①] 留日士官生长期受日本军事学术之熏陶,在筹划新军秋季大会操时自然优先借鉴日本军演模式。

第三、日本向中国派遣大批军事顾问,协助制定会操计划,直接诱导新军学习日本军演模式。1901年以后,“日本急欲影响中国陆军的发展,她就鼓励中国人雇用日本顾问,并采用日本军制”。[②] 到1903年,不仅直隶、湖北地区聘请有日本顾问,甚至连偏远的四川都有他们的身影。此处以直隶为例说明情况。直隶总督袁世凯先后聘请了立花小一郎、坂西利八郎、多贺宗之、嘉悦敏等人,协助编练新军。日俄战争期间,为了行动方便,这些日本军事顾问不仅剃发易服,还变更姓名,如坂西利八郎改名为班志超、多贺宗之改名为贺忠良。[③] 据日方档案资料显示,有多位日本军事顾问直接筹划并指导了1905年河间会操的全过程,如坂西利八郎在阅兵处,沓谷荣辅在北军专属审判处,野泽悌吾在南军专属审判处,寺西秀武在北军司令部,嘉悦敏在南军司令部,以

① 尚小明著:《留日学生与清末新政》,第105—106页。

② [美]拉尔夫·尔·鲍威尔(Ralph Lorin Powell)著,陈泽宪、陈霞飞译:《1895—1912年中国军事力量的兴起》,第144页。

③ 杨典锟:《近代中国における日本人军事顾问·教官并びに特务机关の研究(1898—1945)》,东京大学大学院人文社会系研究科博士论文,2008年,第27—28页。

及多贺宗之以下的各将校分属各镇、协中，指导各部实施演习。[①] 河间会操结束后，袁世凯为日本各武员请奖时，充分肯定了日本炮兵少佐坂西利八郎、二等军医正平贺精次郎、步兵少佐寺西秀武、步兵少佐野泽悌吾、沓谷荣辅、骑兵少佐嘉悦敏、步兵大尉多贺宗之、步兵少佐佐藤安之助、宪兵少佐海津政德、炮兵大尉岩田美辉、炮兵大尉木堂直枝、骑兵大尉黑川敬藏、辎重兵大尉近藤义策、工兵大尉后藤利一郎、炮兵中尉渡濑次郎等人的作用，称赞他们在会操过程中"襄同经理，深资得力"。[②] 1906 年彰德会操，练兵处军令司在野泽悌吾协助下制定演习计划，野泽为此次演习的顺利实施费尽心力。[③] 不仅河间、彰德会操如此，1908 年太湖秋操时同样有日本军事顾问谋划和指导。据担任永平秋操警务处长的丁士源说："从前三次演习（河间、彰德、太湖三次会操——引者注）时，其计划及设想，均为保定各学堂之日系教官所预拟。"[④]日本军事顾问是新军秋季大会操的幕后设计者，他们必然向中国军界倾力推广日本军演模式。

清末新政时期，中国军事领域处于急剧变革的状态。在练兵处、陆军部、军谘府的先后主导下，地方督抚遵照标准化的练兵章程在各省编

---

① 《明治 39 年清国事件書類編冊：清国北洋陸軍秋季演習参観報告（1）》，日本防衛省防衛研究所藏：《陸軍省大日記》，档号：C08010356900，アジア歴史資料センター（http://www.jacar.go.jp/）。

② 《请赏给日本各武员宝星片》（14－586），骆宝善、刘路生主编：《袁世凯全集》第 14 卷，第 416 页。

③ 《明治 40 年至 41 年清国事件書類編冊：清国秋季演習参観報告》，日本防衛省防衛研究所藏：《陸軍省大日記》，档号：C08010368000，アジア歴史資料センター（http://www.jacar.go.jp/）。

④ 丁士源著：《梅楞章京笔记》，第 310 页。

练了一批新式陆军。近代军事演习从甲午战后一二人的主张,迅速成为清末各省练兵之共识,“言练新军者莫不殚精竭虑以图之,使兵士习于行军、野战之法,平日演练极熟,斯临阵不致惊慌”。[①] 清末新军开展的校阅性会操、训练性会操及集训练性、校阅性为一体的秋季大会操,构成了近代军事演习的三种表现形式。新军多种形式的会操深受日本军演模式的影响,超越了甲午战后局部新军单一形式的对抗演习。它一方面综合展示了清末军事改革的成就,另一方面反映了中国军队军事训练方式和内容的全面变化。此一时期,实质是近代军事演习进入中国军队后获得进一步发展和完善的时期。

---

① 中国第一历史档案馆:《北洋新军初期武备情形史料》,《历史档案》1989 年第 2 期,第 40 页。

第四章　新军会操的总体评述

对于中国军队而言，近代意义上的军事演习是一种舶来品，“仿列邦之成规，创中国所未有”。[①] 甲午战前，中国陆军受编制、武器、战术及军事学术的制约，其军事训练依旧以传统操法或刻板的西式操法为主。甲午战后，新军的军事训练方式和内容，随着其编制、武器、战术及军事学术的变革，发生了前所未有的变化。清末新政期间，近代军事演习在全国新军中迅速普及，有校阅性会操、训练性会操及秋季大会操等多种表现形式。前面三章已经介绍了中国陆军引入近代军事演习并使之发展、完善的过程。那么，近代军事演习进入中国后，在哪些方面推动了中国陆军的发展？期间遭遇了怎样的问题？在中国近代军事史上具有怎样的影响？本章主要围绕这些问题做一总体评述，以期深化人

① 《会奏遵旨校阅陆军会操情形折(附各清单)》(14—378)，骆宝善、刘路生主编:《袁世凯全集》第14卷，第211页。

们对中国陆军近代军事演习早期历史的认识。

第一节 促进新军的现代化

19 世纪末,世界各国军队普遍举行军事演习,为军队训练提供实战环境,“使各军部勒如出一人,通国营队联为一气”。[①] 练兵处大员对西方、日本军队的军事演习功能有着清醒的认识:“东西各国,不惜縻费,岁岁举行者,诚以多一次战役,必多一次改良,多一次会操,必多一次进步。”[②]会操对清末编练新军的意义,体现在战斗力的生成和保持、武器性能的检验、新兵种的增设、诸兵种战术的改良和完善等方面,有力地推动了中国陆军的现代化进程。

一、新军战斗力的保持和生成

会操将新军各部置于近似实战的环境中,演习科目种类繁多,包括军事指挥、战术协同、军事测绘、阵地构筑、后勤保障、军事运输、军事侦察、军事医疗、军纪风纪等内容。“其自编制、调发、行军、屯营、作战、应敌,以逮地形之区画,阵局之展布,粮仗之储峙,士马之补充,水陆输运之通滞,工程防御之完缺,与夫谍探报告之是否适机,疗伤救败之是否

---

① 中国第一历史档案馆编:《光绪朝朱批奏折·军务》第 53 辑,第 441 页。

② 《续陈校阅陆军会操详细情形折(附清单六件)》(15—548),骆宝善、刘路生主编:《袁世凯全集》第 15 卷,第 397 页。

得力，地方民情之是否融洽，军纪法律之是否严肃”，[1]这些演习科目均是现代战争舞台的必备要素，有利于保持、提升官兵们的战斗力。

就一支新军中的官兵来说，各级军官根据中央军事领导机构颁布的会操总方略，以及战场形势发布作战命令，指挥成千上万名士兵完成各种战斗任务，从而锻炼了其战场组织、指挥能力，有利于培养现代战争需要的新型军事指挥人才；士兵经受多种战情的考验，步兵、骑兵、炮兵、工程兵、辎重兵等诸兵种之间互相配合，其整体的军事素质也相应得到提高，有利于提高新军诸兵种的协同作战能力。“将领渐知谋定后动，士卒咸能说以忘劳，于实事之练习、精神之振作，确已均有进步。”[2]

就不同区域的新军来说，将不同省份的新军调集一处举行军演，既能够强化新军对不同地形战场的适应能力，也能够增强不同省份新军之间的协同作战能力。新军秋季大会操，先是在广阔平坦的北方平原，后又到植被茂密、地形起伏的南方山地，“地形之变，自北而南”。不同的地形有不同的训练难度，“太湖操地，截然与北方不同，一切行军、驻军、开进、战斗，以及阵地之据守，桥梁之架设，防御之工事，与夫士马药弹之补充，粮秣柴草之储偫，水陆舟车之输送，均因地形之险阻，愈觉经画之艰难”。[3] 这种跨区域的军事演习，强化了新军对陌生地形的适应能力。而且，中国各省军队存在各自为政的现象，不同省份的新军调集

① 《会奏遵旨校阅陆军会操情形折（附各清单）》（14—378），骆宝善、刘路生主编：《袁世凯全集》第 14 卷，第 209 页。

② 《会奏遵旨校阅陆军会操情形折（附各清单）》（14—378），骆宝善、刘路生主编：《袁世凯全集》第 14 卷，第 211 页。

③ 《阅兵大臣荫、端会奏校阅江鄂两军会操情形折》，《南洋兵事杂志》1909 年第 29 期，奏议，第 7—8 页。

一处隔阂难免。在会操过程中,将不同省份的新军编配到一支新军之中,"联为手足股肱",有利于破除各分畛域的积习。[①] 这自然锻炼了不同省份新军之间的协同作战能力。

二、武器性能的检验

虽然新军会操过程中使用的是空炮弹,但仍需要筹备、消耗大批的武器弹药。以 1905 年河间会操为例,仅参加会操的第三镇就消耗无箭子弹 218252 个,药包 5256 个。[②] 这对于检验新军的武器装备具有双重意义。

一方面,有利于保证新军的现代化武器处于经常使用和维护的状态。清军往往因疏于训练或守旧心理,多将火枪、火炮放置在武库中储存,缺乏使用和维护,致其生锈腐蚀。一些地区的新军也不例外,如伊犁混成协的武器装备即是如此。1910 年在新疆考察的莫理循发现:"两个炮兵连有 6 门 37 毫米口径的克鲁伯山炮,在武备学堂锁着,它们已被保存了 15 年。锁藏在绥定县镇台衙门的是 12 门 57 毫米口径的克鲁左火炮,那是巡抚在克鲁伯炮运来之前送过来的。"[③]新军会操期间,作战武器、辅助武器是筹备军需物资中的重要项目,如枪械、过山炮、陆路炮、炮弹、步枪、马枪、子弹、马刀、短刀等。这一定程度上保证了新军武器的使用率,能够及时发现装备缺陷问题。如福建第十镇新

---

① 《北军吴统制秋操军队出发训词》,《南洋兵事杂志》1908 年第 27 期,公牍,第 29 页。

② 段祺瑞:《三十一年第三镇秋操战报丛录》,中国社会科学院近代史研究所图书馆藏。

③ [澳]莫理循著,窦坤译:《一个澳大利亚人在中国》,福建教育出版社 2007 年版,第 244 页。

军会操过程中，统制官孙道仁注意到枪械卡壳的现象，查出“撞针已镕，撞簧渐松，来复线多已损坏”等问题，事后便禀报闽浙总督，要求更换军械要件。[①]

另一方面，借会操来检验新式武器的性能。进入20世纪，武器发展日新月异，引进新式武器是新军编练过程中的重要部分。“现值整顿军政，厘定枪炮式样，应择其最新、最利者，以资战备”，[②]会操成为检验新式军械性能的绝佳场所。1908年太湖秋操时，中国军队首次引进机关炮、轻气球等武器。1911年永平秋操时，军谘府会同陆军部商议，借秋操检验新式军械，“如试演飞艇以视察情况，复用机关炮以验激射，并新设军用电话及电信铃等以灵通信，皆中国从前未多有之创举”。[③]

三、新兵种的增设

1904年练兵处上奏的《陆军营制饷章》规定，新军兵种主要包括步兵、骑兵、炮兵、工程兵、辎重兵。新军大会操期间，随着新式武器的引进，陆续增设一些新的临时性兵种。

清廷筹办河间、彰德、太湖、永平四次秋季大会操，为保持各部战情消息的畅通，阅兵处及新军各镇、协均设置电信队一队，并携带军用电话。

太湖秋操筹备期间，陆军部在现有步、马、炮、工程、辎重等兵种外，

---

① 中国社会科学院近代史研究所编，虞和平主编：《近代史所藏清代名人稿本抄本（第一辑）：奕劻档》第75册，大象出版社2011年版，第203页。

② 奕劻等撰：《奏定陆军营制饷章》，第18页。

③ 《永平大操之试演新器》，《盛京时报》1911年9月13日，第2版。

增设临时性质的轻气球队、机关炮队、电话队。此类新兵种,皆是首次在秋季大会操中增设。

铁路,在近代战争中的战略作用日益显现,成为远距离的兵力运输工具。新军举行大会操,也使用铁路运输新军各部到操地。河间会操时,部分新军便通过铁路完成调拨。彰德会操期间,南、北军普遍使用京汉铁路大规模运输兵力。

1909 年后,新军开始效仿日本添设通讯兵,当时谓之"交通旅团",分铁道、电讯、气球三队。[①]

新军会操无疑为新军增设新兵种提供了合理的验证途径,有利于改善中国陆军的兵种结构。正如两江督练公所筹设机关炮队、电信队、轻气球队、卫生队、桥梁队时所指出的那样:"此项队伍均于实战关系綦切,诚能借本年秋操先行组织试用,以为将来实行建设之基,则裨益军队,良非浅鲜。"[②]

四、诸兵种战术的改良和完善

通过会操,新军在近似实战的环境中开展战术训练,从胜败中发现不足及其原因,"胜必究其所以胜之故,败必察其所以败之由,讨论标示,更申训练"。[③] 在新军秋季大会操过程中,阅兵处(总监处)之下设立有中央及两军专属评判机构。每日会操结束后,均有审判官点评对

---

① 姜克夫编著:《民国军事史》第 1 卷,重庆出版社 2009 年版,第 11 页。

② 《两江督练公所总参议等会详督宪文(为请增设机关炮队一营并请筹定经费事)》,《南洋官报》1908 年第 118 期,军政,第 6 页。

③ 徐世昌撰:《东三省政略》(五),李毓澍主编:《中国边疆丛书》第 1 辑,第 2771 页。

抗双方战术动作之优劣，并呈报阅兵大臣。其目的之一，就是通过会操“搜求改良军事之材料”，“细察各种军情，以资改善”。[①] 全部会操结束后，阅兵大臣聚集将士，总结、讲评演习中各军的得失情况。

1905 年河间会操结束后，袁世凯、铁良在“评判场训词”中点评说：“本大臣奉命阅操，综观三日以来所演战况，将弁之调度均尚活泼，目兵之动作亦尚勤奋，较诸往昔，已征进境。本大臣颇深欣慰。”二人还告诫诸将士：“自今以后，尚其勿封故步，勿护已短，精研学术，奋勉从事。”[②] 在大会操过程中，检验新军日常军事技术、战术训练之不足，通过研究和探讨后，从理论和实践层面进一步完善战术。

1906 年彰德会操后，西方舆论便指出，“此次秋操，两军交战布阵，较之去岁为胜，且各军兵士亦有进步”。[③] 中国幅员辽阔，各省军队各分畛域，整合极难，“若非联络得法，则必无团结之力，而运掉亦决不能灵，最中兵家之忌”。虽然彰德会操较河间会操有所进步，但毕竟是数省军队首次联合演习，在军队联络方面缺陷难免。因此，阅兵大臣袁世凯、铁良劝诫新军官兵：“以后尤须切实讨究，冀可改良求精。”[④]

1908 年太湖秋操完成三天的诸兵种会操后，阅兵大臣荫昌、端方“督同各审判官依据战理，为之讲评”。他们指出南、北两军在兵力配置、命令传达方面存在缺陷，要求两军嗣后“均当注意改良”，并告诫两

---

① 《练兵处光绪三十二年大操会议记事》，1906 年抄本，国家图书馆藏，第 5—6 页。

② 《会奏遵旨校阅陆军会操情形折（附各清单）》（14—378），骆宝善、刘路生主编：《袁世凯全集》第 14 卷，第 227 页。

③ 《西报评赞秋操之进步》，《申报》1906 年 10 月 24 日，第 2 版。

④ 《续陈校阅陆军会操详细情形折（附清单六件）》（15—548），骆宝善、刘路生主编：《袁世凯全集》第 15 卷，第 408 页。

军,“若散兵之运动,后方部队之队形,则又当参酌新法,亟加研究”。[①]荫昌、端方还进一步提出,“南方地形复杂,不经实验,处置为难。自有此役以后,再加以研究改良,可定为南方行军之标准”。[②] 可见,他们希望能够在南方复杂多变的地形环境中研究、改良新军战术,进而在南方新军中树立示范样板。

第二节　停操与实战思想的缺失

清末新政时期新军会操,相比甲午后新军对抗演习,已有较大的发展和完善,但并非完美无暇,也存在种种问题。本节主要考察两个方面的问题:其一、新军会操的停办及其遭遇的阻碍因素。军事演习作为军事训练的高级阶段,必须连续性、常态化地举行,才能真正实现检验、训练军队之目的。然而,清末新军常常出现停办会操的现象。这一现象背后的阻碍因素,一定程度上体现了清末军事改革面临的困境,值得进一步探究。其二,新军会操实施中的弊病。军事演习毕竟是从外部引入的新生事物,其临敌实战的宗旨易流于形式,新军官兵在会操过程中普遍缺乏实战思想。

---

① 《阅兵大臣荫、端会奏校阅江鄂两军会操情形折》,《南洋兵事杂志》1909 年第 29 期,奏议,第 15 页。

② 《阅兵大臣荫、端会奏校阅江鄂两军会操情形折》,《南洋兵事杂志》1909 年第 29 期,奏议,第 17 页。

一、新军停操及其阻碍因素

1905 年至 1911 年间，清政府的确顺利举办了多次的校阅性会操、训练性会操及秋季大会操。新军会操展示了练兵成效，给清政府推行军事改革带来了极大的自信。其最明显的表现是，河间、彰德会操后，清政府颇为振奋，有“每年实地演习一次”的提法。[①] 但事与愿违，新军会操常常出现停操现象。新军秋季大会操如此，新军校阅性会操、训练性会操也同样如此。新军停操不外乎三种情况：第一，在谋划阶段停操。如 1907 年陆军部计划举办南北洋秋季大会操，在谋划阶段便夭折。第二，在筹备或实施阶段停操。如 1908 年太湖秋操未能在最后一天举办阅兵；1911 年永平秋操在筹备阶段胎死腹中。第三，本年直接停办会操。如 1909 年、1910 年根本未举办秋季大会操。显然，这绝对不是清政府主观上有意为之，而是受制于内外环境不得已而为之的结果。那么，到底是什么原因导致了新军会操筹办过程中的间歇性现象呢？新军会操属于野外军事行动，有时会受到气象条件的制约。如果遭遇恶劣的雨雪天气，会有暂停会操的应对举措，1907 年 12 月荫昌推迟第一镇、第六镇校阅性会操便是明证。不过，自然气象条件只是暂时延迟新军会操的时间而已。新军会操，尤其是秋季大会操，绝不是一项单独、孤立的军事行为，它还是与政治、经济等因素密切相关的社会活动。因此，新军会操难以如期举办的原因，仍需

---

① 《北洋陆军各镇秋操计划》，《盛京时报》1907 年 6 月 26 日，第 2 版。

从社会环境中寻找。本部分从经费、政争、革命等三个方面谈一谈其原因所在。

(一)经费困境

清末新政期间,清政府既要支付巨额的对外赔款,又要筹措大量经费开办各项新政。“国家自庚子以后,举行新政洵自强之基础,郅治之权舆。然各省骤添此大宗之赔款,已属不支,加以学堂需费、练兵需费,其他项之耗财者难更仆数。”[①]在财政万般支绌的情况下,中央财政系统根本无力承担全国练兵经费。由于日俄战争危机的刺激,清政府很快将国防战略重心东移,重点防范京畿一带及东北地区。在此情况下,清政府将烟酒捐等税收“仅供北洋近畿六镇之用”,[②]直隶总督袁世凯也利用这一有利的大环境编练北洋六镇新军。除北洋新军受到中央财政大力支持外,其余省份的练兵经费大多归地方督抚自筹。新军编练过程中耗费巨额款项,地方财政“有不能支持之势”。[③]

在练兵经费如此艰窘之际,筹办新军会操不啻为一种现实负担。尤其是调拨大规模新军跨区域实施的秋季大会操,实施前需经历较长时期的筹备阶段,涉及筹备军资(如军械、被服、马匹、车辆、帐篷)、军事动员(如军队调拨、操前演习)、后勤保障(如粮草供需、铁路运输)等,因此,强大的财政是保障其有效实施的前提和基础。以 1905 年河间会操

① 《掌贵州道监察御史齐忠甲奏财政困难亟宜开源节流以裕国帑折》,《政治官报》1908 年第 435 期,折奏类,第 10 页。

② 文公直著:《最近三十年中国军事史·军制(第一编)》上册,周蓓主编:《民国专题史丛书》,第 48 页。

③ 《陆军费担负之重》,《盛京时报》1910 年 7 月 19 日,第 2 版。

为例，参演新军的薪公饷乾、津贴及枪炮弹药费用约需 200 万两，却因数额巨大难以筹集，不得已将炮弹、枪弹数额减半。每尊炮原计划配炮弹 80 枚的，改为 40 枚；每枪原计划配子弹 500 粒的，改为 250 粒。① 又以 1906 年彰德会操为例，参加会操的南北各军，均担负着巨额的会操经费。参加南军的湖北新军需筹集经费银 80 余万两，实为新增巨款，"现皆悬欠挪借，丝毫尚无着落"。② 参加北军的北洋各军秋操费用同样如此，甚至不得不四处借款，待会操结束后再还款。据统计，仅北洋新军的转运经费一项，积欠就高达 5.2 万余两；③陆军第一镇之混成协的秋操费用是银 6 万余两，但缺银 3.5 万多两，该军"向无闲款"，不得已向商号借垫，直到 1907 年陆军部成立才奏请"于存款内照数拨款拨还，以清垫款"。④

1907 年，陆军部本有举办新军秋季大会操计划。在筹商过程中，陆军部、度支部、地方督抚围绕会操经费问题互相推诿。御史徐定超也以江苏、安徽等省赈灾为由奏请缓办秋操，"江皖待赈孔急，秋操一项，每年需款三百余万，可否饬缓一年，腾出经费，以恤饥民"。⑤ 1907 年秋季大会操，最终"限于经费，未克举办"。⑥

同年，陆军第二、第四两镇退出南北洋新军秋季大会操计划后，袁

---

① 《纪北洋各军秋季大操之预备》，《大陆报（上海）》1905 年第 10 期，纪事，第 5 页。

② 《致练兵处》，赵德馨主编：《张之洞全集·电牍》第 11 册，第 300 页。

③ 《拟拨铁路余利垫充军政要需折（附清单）》（15—357），骆宝善、刘路生主编：《袁世凯全集》第 15 卷，第 264 页。

④ 铁良：《奏为上年彰德大操京旗陆军动支费用扣抵不敷银两请饬给发事》，光绪三十三年，中国第一历史档案馆藏：《军机处录副奏折》，档号：03-6181-075。

⑤ 《德宗景皇帝实录》（八），《清实录》第 59 册，第 575 页。

⑥ 《陆部咨商秋季举办南北大操》，《盛京时报》1908 年 3 月 21 日，第 2 版。

世凯计划举行开平会操。新任直隶总督杨士骧在天津调查各局所账目后,发现除北洋粮饷局、筹款局收支相抵外,其余如海防支应局、淮军银钱所、练饷局等处均亏空巨款,“大操经费至少须用银二十万两上下,即铁路输运饷银一项,已需银五六万两之谱”。[①] 最终,开平会操也因经费问题胎死腹中。

1910 年,政务处会议时有关人员提议云南、福建、广东、四川新军秋季大会操,但世续认为,“财政艰窘,一经会操,必须多费二百余万,不若从缓”。[②] 最终,本年停办新军秋季大会操。

(二)政坛变数

咸、同以后,地方督抚事权膨胀,成为影响晚清政局的一股重要力量。清末新政期间,地方督抚是中央练兵政策的实践者。直隶总督袁世凯、湖广总督张之洞俨然地方督抚中的练兵领导人物,其编练的北洋新军、湖北新军是全国新军中的佼佼者,这些新军又成为二人获取政治资本的基础。新军大会操筹办过程中,袁世凯、张之洞均持积极态度。1905 年河间会操、1906 年彰德会操,袁世凯既是发起者,又是清廷钦派的阅兵大臣。张之洞虽非发起者和阅兵大臣,但同样热心此事,积极派湖北新军参加彰德会操。1907 年陆军部筹办南北洋新军秋季大操时,因遭遇经费难题有停办之议时,张之洞担心停操影响新军士气、懈怠训练,“力主大操”。[③]

---

① 《直督饬停大操之原因》,《盛京时报》1907 年 10 月 29 日,第 308 号,第 2 版。

② 《四省新军会操作罢》,《申报》1910 年 4 月 15 日,第 1 张第 5 版。

③ 《议定南五省陆军秋季大操》,《盛京时报》1907 年 6 月 12 日,第 2 版。

随着清末中央集权的推行和满汉争权的加剧，袁世凯、张之洞因各自兵权甚重而招致满清贵胄猜忌，“袁世凯……在满人心目中，为首欲排去之人，其次则为湖广之张之洞”。[①] 其中，袁世凯近在畿辅，手握北洋兵权，首当其冲。河间、彰德会操后，北洋新军在两次大会操过程中的卓越表现，尤为中外舆论关注，“北洋秋操（河间会操——引者注）颇形雄壮，各国观操员无不称颂，而俄、德两国所派之阅操各官则谓中国陆军可与日本相颉颃”；[②]“西人则谓，观此次大操（彰德会操——引者注），知中国南北军大得训练之效果”。[③] 两次会操期间，北洋新军展示的战斗力固然令清朝统治者振奋，但也引起其对袁世凯的猜忌。在彰德会操举行之际，袁世凯与铁良的兵权之争已经愈演愈烈，“因有‘彰德秋操’之举，袁派与铁派之暗斗，便显著于此时”。[④] 1907年荫昌又旧事重提，奏参袁世凯在河间会操阅兵时的跋扈：“袁世凯阅兵时以龙旗前导，道路不许人行，与警跸相同，人人皆以为异。铁良甚畏袁世凯，不敢发一言。”[⑤]美籍学者鲍威尔指出：“从政治观点看，1905和1906年的操演是有损于袁世凯的最高利益的，因为它进一步地说明，在帝国中指挥着最强和最有效率的军队的不是朝廷而是他。”[⑥]国内学者与鲍威尔的看法基本一致，“袁世凯对北洋军的自如驾驭和北洋军在全国新军中的

① 萧一山编：《清代通史》（四），华东师范大学出版社2006年版，第875页。

② 《俄德赞扬秋操》，《申报》1905年11月4日，第3版。

③ 《论中国亟宜整顿海军》，《东方杂志》1906年第12期，军事，第180页。

④ 吴虬撰：《北洋派之起源及其崩溃》，中华书局2007年版，第9页。

⑤ 《考验大臣荫昌参奏袁世凯附片》，来新夏主编：《中国近代史资料丛刊·北洋军阀》（一），第667—668页。

⑥ ［美］拉尔夫·尔·鲍威尔（Ralph Lorin Powell）著，陈泽宪、陈霞飞译：《1895—1912年中国军事力量的兴起》，第192页。

特殊地位，使满洲贵族再也不能坐视了”。[①]

彰德会操后，袁世凯察觉清廷的猜忌，相当识趣地请辞各项兼差及北洋新军的领导权。清廷顺势应允，仅留北洋第二、第四两镇暂归袁世凯调遣训练。[②] 这对袁世凯来说是一次打击，“志气益形颓丧”，对待各项公务非常消极，对于下级官员举办新政事务的建言，“一概驳斥，谓不必再生新主意”。[③] 1907 年，袁世凯又与奕劻一起卷入丁未政潮中，与岑春煊、瞿鸿禨、林绍年等人明争暗斗，交锋不断。是年 9 月，清廷将袁世凯、张之洞同时调入军机，剥夺了两人的新军领导权。可以说，以往力主筹办会操的袁世凯等人陷入权力斗争的泥淖之中，哪里还有心思和精力去筹划新军大会操呢？

1908 年 11 月，光绪、慈禧相继去世，中央政局为之一变，失去了平衡各方势力的砝码。1909 年 1 月，摄政王载沣将袁世凯开缺回籍。其后，他又通过各种手段频繁调整中央军事机构的人员：7 月 15 日，将军谘处从陆军部独立出来，先后派毓朗、载涛管理军谘处事务。是月 23 日，又开去庆亲王奕劻管理陆军部事务大臣差使。1910 年 3 月 17 日，批准陆军部尚书铁良开缺，荫昌补授陆军部尚书。1909 年至 1910 年间中央军事机构人事变动的过程，其实是以载沣为代表的皇族亲贵集中军权的过程。值此中央军权更迭之际，新军大会操一事奢求何人主持？ 1911 年，在实现了中央军权过渡后，军谘府才将永平秋操提上日

① 张华腾：《河间、彰德会操及其影响》，《近代史研究》1998 年第 6 期，第 94 页。

② 详见《恳准开去各项兼差折》(15—586)、《陆军各镇请分别统辖督练片》(15—587)，骆宝善、刘路生主编：《袁世凯全集》第 15 卷，第 435—437 页。

③ 《直督之消极主义》，《盛京时报》1907 年 6 月 8 日，第 2 版。

程，却因辛亥革命爆发而中止。

清末跌宕起伏的政争，严重消耗了清政府军事改革的权威和精力。1907年后，新军秋季大会操多次出现停办的现象，政坛变数无疑是重要因素之一。

（三）革命因素

十年新政期间，中国在革命和改良两条充满纷争的道路上蹒跚而行。1905年同盟会在东京正式成立，随后创办《民报》宣传革命思想，“慕义之士，闻风兴起，当仁不让，独树一帜以建义者，踵相接也”。[①] 此后，国内风起云涌的革命起义及暗杀风潮未曾间歇，成为影响新军大会操进度的重要因素之一。

1905年河间会操时，慈禧、光绪帝有亲临阅操之意，袁世凯密查“革命党首领孙汶派有党羽多人密布津京一带，思图非常之举”，故“电奏力止，免出意外之险”。[②] 1906年彰德会操时，内阁校签中书兼大学堂监学官殷济上条呈提醒说：“各省土匪充斥，教案纷来，兼以会党繁多，时有乘机而动之势，沿江沿海防范尤难，一旦将各省精兵调至豫省，则他省必至空虚，万一匪徒因而生心蠢动，殊为可虑。”[③]可见，这两次秋季大会操即使如期举办，革命党人的活动却仍给清政府带来一定的恐慌。

---

① 孙文：《革命原起》，中国史学会主编：《中国近代史资料丛刊·辛亥革命》（一），第12页。

② 《袁宫保奏止两宫阅操》，《申报》1905年10月6日，第3版。

③ 《内阁校签中书殷济为豫备立宪条陈筹经费建海军等二十四条呈》，故宫博物院明清档案部编：《清末筹备立宪档案史料》上册，中华书局1979年版，第138页。

1907年南北洋新军秋季大会操计划中止,固然有财政方面的难题,但也与清政府防范革命党人伺机起事有关,“扬子江各省会匪、革命党充斥,皆思乘机起事,已决定今年不再举行”。[①] 其后,陆军第九镇想自行举行军演,选定在高资镇一带实施。但安徽巡抚恩铭刚刚被光复会会员徐锡麟刺杀,引起两江总督端方恐惧。其后,端方“深恐有党人混入军界,趁此秋操时谋为不轨”,停办会操。[②]

同年,革命党人相继在潮州、惠州、防城、镇南关等地发动起义,均告失败。革命党人逐渐认识到会党力量的局限,认为“非运动新军不可”,[③]革命依托力量遂由会党武装开始转向新军。革命党人发动的一系列武装起义,也引起清政府对南方省份治安的担忧。1908年太湖秋操计划之初,清政府内部即有缓办之议,“今者政府磋议举行秋操事宜,或以南省匪氛不靖,亦缓行举办”。[④] 在筹备过程中,陆军部电饬江、鄂、皖、苏督抚严加防范,“江鄂秋操伊迩,两军云集,难保无革命党及枭会各匪混入其中,煽惑为非,借端滋事,应由两军统制责成宪兵队、侦探队,认真查缉”。[⑤] 但是,这并未打消熊成基借大会操发动武装起义之心,“南洋、湖北两军赴皖秋操之时,适逢那拉母子命终之日,人心骚动,我处先发,他处必相继而起……我之目的可达”。[⑥] 1908年11月19日

---

① 《南北洋陆军大操作罢》,《申报》1907年5月12日,第11版。

② 《江南秋操决计作罢》,《申报》1907年9月8日,第12版。

③ 冯自由著:《革命逸史》第5集,中华书局1981年版,第207页。

④ 《论议举秋操以镇匪氛》,《盛京时报》1908年4月14日,第2版。

⑤ 《电饬严防匪徒乘操骚扰》,《申报》1908年10月20日,第2张第3版;又见《陆军部严防匪党乘秋操滋扰》,《盛京时报》1908年10月31日,第2版。

⑥ 《熊成基自书供词》,章开沅、罗福惠、严昌洪主编:《辛亥革命史资料新编》第4卷,湖北人民出版社2006年版,第367页。

夜，驻扎安庆的第三十一混成协之马、炮营在熊成基策动下发动起义。安庆起义的消息传到太湖，端方抽调参加秋操的陆军第九镇、第十三混成协及湖北第八镇之第十五协等镇压安庆起义，停办了阅兵仪式。[①] 其后，清政府接连两年停办秋季大会操，一定程度上就是受安庆起义的影响。据 1911 年时人观察说："后以会操兵变，遂因噎而废食者，已二年矣。"[②]此处"已二年矣"，即指 1909 年和 1910 年，可见新军停操与安庆起义有着因果关系。

1911 年永平秋操筹备阶段，清政府严密稽查参加秋操的新军，"调派永平秋操之军队中发见形迹可疑之兵士十二名，刻已拿办"。[③] 10 月 10 日武昌起义爆发，永平秋操最终停办，未能进入实施阶段。

二、新军官兵普遍缺乏实战思想

军事演习的基本原则是近似实战。这既是其与旧式军事训练的根本区别，也是其作为军事训练新思路、新举措的价值所在。军事演习组织、实施过程中，最忌流于形式，空摆阵仗，缺乏实战的思想和精神。清政府在编练新军过程中引入军事演习后，虽有不断发展、完善的措施，但实施过程中仍有这样或那样的问题。其最重要、最普遍的问题，即是实战思想的缺失。

1905 年河间会操后，阅兵大臣袁世凯、铁良在"评判场训词"中肯

---

① 《江督电告剿捕乱兵情形》，《申报》1908 年 11 月 27 日，第 1 张第 5 版；《鄂督电派军队助剿皖匪》，《申报》1908 年 11 月 27 日，第 1 张第 5 版。

② 《近畿陆军秋操之豫备》，《协和报》1911 年第 29 期，政治，第 5 版。

③ 《秋操军中捕匪党》，《盛京时报》1911 年 10 月 17 日，第 7 版。

定了北洋新军军事训练的进步。同时，袁、铁二人也不讳言北洋新军在会操中缺乏实战思想的现象，“惟将弁学识半多浅稚，于作战理法未能完备，目兵亦多视同平时操演，乏真临大敌之想，殊觉不无遗憾”。[①] 当时在第六镇从军的冯玉祥参加了河间会操，记录了新军一些官兵的表现，可以从细节上丰富、佐证袁、铁二人的批评：“哪知夜间下起雨来，越下越大，依照陆协统（陆建章——引者注）的意思，队伍改坐火车到保定，免得官兵衣服淋湿，到时不便演习。跑到段统制（段祺瑞—引者注）那里请示，段统制就骂他要借此卖人家好，说：‘怕淋湿衣服？难道下雨的时候就不打仗吗？’协统却以为这是演习，并不是真的打仗；若是真的打仗，自然不用说了。协统就碰了这一个钉子，当时生气挂了病号，就坐火车到保定府去了。”[②]

1906年彰德会操后，阅兵大臣袁世凯、铁良在“评判场训词”中，强调新军各部在会操中的战略、战术“必须视同真战，人人有身临大敌之思想”，唯有如此，才能在演习中达到训练新军之目的，并告诫诸将士，“以后训练操演，幸勿徒袭形式，务宜注重精神”。[③] 袁、铁的训词，恰能证明此次会操仍同河间会操一样，南、北两军仍存在实战思想缺失的弊病。亲历彰德会操的冯玉祥，其记述同样能够佐证上述推测。“这次秋操，较之上一年河间秋操，大体上总算有了进步。但仍然毫无实际作战的意义。队伍展开之后，就下令包围，一枪也不发，即将南军团团包围

---

① 《会奏遵旨校阅陆军会操情形折（附各清单）》（14—378），骆宝善、刘路生主编：《袁世凯全集》第14卷，第227页。

② 冯玉祥著：《冯玉祥自传（1）：我的生活》，第60—61页。

③ 《续陈校阅陆军会操详细情形折（附清单六件）》（15—548），骆宝善、刘路生主编：《袁世凯全集》第15卷，第408页。

起来。实际上绝无此理。”[①]时论对南、北军缺乏实战思想的现象也做了针对性批评。例如：第二日两军步队遭遇战，南军俯卧射击，北军仍站立射击，“若实战如此，北军必致全灭”；第三日两军步队再次遭遇，“亦遗此笑柄，此日乃与前日相反，为此者乃在南军”；指挥官率队作战时，仅注视前方敌军，而丝毫不注意部下的战术动作，“彼等之视此演习有同儿戏，固无欲因此以练实战之想也”。[②]

作为新军最高级别的秋季大会操尚且屡屡出现这一弊病，校阅性会操和训练性会操更是难以避免。兹举数例，以说明情况。

1908年10月11日至12日，陆军第一、第二混成协计划在四方台一带会操。冯玉祥参加了此次会操，批评新军官兵种种行为，均是缺乏实战思想的表现。新军军官在会操中不耐劳苦，贪图享乐：“我们自己的标统，行军桌，行军椅，行军床，吃起饭来，四大盘四小盘热腾腾地捧上来，享受极尽丰盛，一切应有尽有，完全是官僚的气派，哪有半点作战的准备？”会操开始后，东、西两军的表现很糟糕，完全不懂战略、战术，动作混乱不堪，“一、二两混成协，骑兵和骑兵打起来，官长和官长冲突起来。因为统监部叫西军后退，以便第二天重行演习。可是东军却堵着后路，不许西军走。西军说：‘这是参谋长的命令，怎么有意违犯？’东军官长说：‘参谋长有什么稀罕？我也当过的’。于是两下秩序大乱，差一点儿闹出事来”。[③]

1909年6月，陆军部署右侍郎姚锡光在山东校阅陆军第五镇，组

---

① 冯玉祥著：《冯玉祥自传(1)：我的生活》，第64页。

② 《河南秋操之评论》，《南洋兵事杂志》1906年第3期，见闻，第34—35页。

③ 冯玉祥著：《冯玉祥自传(1)：我的生活》，第74页。

织、实施校阅性会操。冯玉祥亲历此次会操,揭露了其中存在实战思想缺失的弊病:“觉得这次校阅,目的完全是准备给人家看的,并没有练习实际作战的意思。国家花了许多钱,练了多年的兵,到头不过摆摆样子而已。岂非笑话!这些官儿们,实在对不起国家,对不起人民。”①

1911年6月至8月,陆军部派员校阅了江苏、安徽、湖南、湖北四省新军。江北督练公所参议官徐树铮随同参观,他发现各军的军事演习均流于形式,普遍缺乏实战思想。

南京第九镇,攻、守两军布置阵地时,“散漫勉行,毫无斗志”;晚间露营时人声嘈杂、灯火通明,“无对敌之念”;攻方撤退时散漫无纪,守军追击时错杂呆钝,“无一人怀有战阵之想,惟滥放空响、徒糜子药”。②

湖南新军,从官兵动作看,几乎很少实施军事演习,“似不娴野操之法”。士兵在装弹时,竟然发生走火现象,军官指挥能力低下。③

即使参加过1906年彰德会操、1908年太湖秋操的湖北新军,实施军事演习时也毫无实战精神。在布置作战任务和岗哨时,攻守双方“均无斗志”,官长带兵“嬉笑歌呼,戏逐而前,殊属不成事体”;各队露营时,“多无戒备”,甚至有全队熟睡忘设岗哨的现象。次日晨战斗开始,双方肉搏后,攻方撤退,“悠然游行”,守方尾追,“乌合散漫”,“均无战事观念”,双方“相逐而行,直儿戏耳”;攻方在援军协助下反扑,“两军阵形无聚无散、忽聚忽散,但与小说家所谓漫山遍野而来者相似,纵阵、横阵、散阵、密阵均不足以名之”。战斗结束后,士兵三五成群缓缓入城,因无

① 冯玉祥著:《冯玉祥自传(1):我的生活》,第77页。

② 徐树铮撰:《参观宁镇湘鄂皖陆军禀报》,1911年铅印本,北京大学图书馆藏,第8页。

③ 徐树铮撰:《参观宁镇湘鄂皖陆军禀报》,1911年铅印本,第17页。

军官督率,“有披襟挥扇者,有以枪作肩挑背包及军衣者,有高卧城门下乘凉食瓜者,官长背包亦有由兵代挑而自以指挥刀作杖伛偻缓步者”。徐树铮不无痛心地指出:“陆军至此,军规扫地尽矣。”①《申报》刊登的一则关于陆军第八镇军事演习状况的报道,佐证了徐树铮的观察和批评:“野外镇操事竣,各标营皆拔队返营,沿途所见官兵夫役,无不颜色憔悴,形容枯槁。除军官乘马者不计外,城外一带人力车几为弁兵雇尽。兵士不能乘车者,或彼此相扶,或持枪作杖,狼狈情形,若战败者然。”②

无论是校阅性、训练性会操,还是新军秋季大会操,参加会操的新军官兵多有实战思想缺失的弊病。虽然校阅大臣在会操时有所批评和告诫,但难以彻底摒除此弊。直到武昌起义前夕,徐树铮在长江流域省份参观新军时,发现一向被广泛赞誉的新军也不可避免。这说明,晚清新军组织、实施军事演习不是尽善尽美的,真正发挥军事演习的功能,仍需要在平时的军事教育训练中培育军人的实战思想和精神。这一过程无疑是长期的和艰巨的,绝非一蹴而就。我们应认识到,对于变革中的中国陆军而言,组织、实施近代军事演习是破天荒的事情,处于从无到有的发展阶段,出现一些问题也是正常的,可以理解的。

第三节　会操制度化及其影响

秋季大会操是清末新军最高级别的军事演习,朝野上下极为重视。

---

① 徐树铮撰:《参观宁镇湘鄂皖陆军禀报》,1911年铅印本,第24—25页。

② 《陆军第八镇检阅种种》,《申报》1911年8月9日,第1张后幅第2版。

清廷钦派阅兵大臣,由中央军事机构统筹规划,地方军事机构协助处理,参加大会操的新军人数常在万人之上,会操地点也常远离驻地,实为一种大规模且跨区域实施的高度复杂的军事活动。新军秋季大会操的筹备、实施过程,其实是会操制度化的过程。在练兵处主导下,1905年河间会操、1906年彰德会操产生了一系列指导性的规章条令,并确定了新军开展三天诸兵种会操和最后一天举行阅兵仪式的演习模式。1908年陆军部举行太湖秋操时,仿照河间、彰德会操制定相关条令,遵循既定演习模式,“悉本之前两届之规则,以作准绳”。[①] 1909年,陆军部有制定新军会操专章的消息,“亟应将关于会操一切规制订为专章,以资遵守。特拟定十四条,凡观操人员选派限制,与设置审判处、布置区域、训令方略,及各级军官指挥官命令报告、两军进退、宿营记号、冠服,与校阅评判、见闻心得等事,均应详加厘正,以归划一”。[②] 秋季大会操制度的形成,具有深远的历史影响。

一、秋季大会操的领导机构

清末军事改革过程中,原有兵部无法承担编练新军的重任。为了指导、监督各省编练新军的进程,清廷从中央到地方建立了新型军事领导体制。在中央,军事领导机构经历了从练兵处、陆军部到军谘府的演变过程;在地方,各省普遍设立督练公所。最终清廷建立了一套中央、

---

① 《阅兵大臣荫、端会奏校阅江鄂两军会操情形折》,《南洋兵事杂志》1909年第29期,奏议,第8页。

② 《陆军部咨行会操专章》,《申报》1910年1月15日,第1张第4版;又见《新军会操专章之咨行》,《盛京时报》1910年1月13日,第2版。

地方二元结构的军事领导体制，结束了晚清兵部统领全国陆军的低效状态。中央练兵处（后为陆军部、军谘府）和督练公所，成为筹备、实施秋季大会操的军事领导机构。

1903 年 12 月 4 日，清廷为了应对日俄战争危机和统一全国军制、操法及器械，特设练兵处，作为全国编练新军的总机关。是月 24 日，练兵处确定了军政、军令、军学三司的组织机构及其职掌。军政司，“考查官兵，筹备军需，凡各司例行公事径咨各军，重要事件禀请本处核饬”。军令司，“运筹机宜，策画防守，赞佐本处出纳号令暨用兵机密事务”；军学司，“训练各军操法，整饬武备学校，订期选员呈请分派各处校阅队伍、考试学堂等事”。[①] 从练兵处三司的职掌来看，秋季大会操属于练兵处校阅、训练新军的范围，自然归其主导筹划。1904 年 9 月 12 日练兵处上奏的《陆军营制饷章》规定：“凡各省新军，业经练及一协以上者，应于省会设督练公所一处，慎选兵学谙练事理精详各人员，分任兵备、参谋、教练……以期纲举目张，划一不紊。”[②]为响应中央练兵新章，直隶军政司率先改设督练处。10 月 25 日，袁世凯奏称，“咨钞到直，当即钦遵办理”，派言敦源为兵备处总办、段芝贵为参谋处总办、何宗莲为教练处总办，“即将军政司改为督练处，以符新章”。[③]

1905 年河间会操，作为新军的第一次秋季大会操，就是由练兵处大员奕劻、袁世凯、铁良、徐世昌等人联衔奏请，经清廷批准后实施。而

---

① 《设练兵处拟定管理章程折（附章程）》（11—963），骆宝善、刘路生主编：《袁世凯全集》第 11 卷，第 520—521 页。

② 奕劻等撰：《奏定陆军营制饷章》，第 4 页。

③ 《直隶军政司改为督练处片》（12—1107），骆宝善、刘路生主编：《袁世凯全集》第 12 卷，第 527 页。

且,清廷钦派练兵处会办大臣袁世凯、襄办大臣铁良充任阅兵大臣。从前文可见,练兵处通盘筹划,全面主导了河间会操的筹备、实施过程。因参加河间会操的新军全部是北洋新军,故由北洋督练公所配合练兵处,筹划此次会操事宜。根据《河间会操教令》规定,阅兵处卫兵人员何时开拔、路程以及运送日期、办法等事,均归北洋督练公所负责;军需物资如军械、弹药、被服、骡马、帐篷等均呈报北洋督练公所筹备。① 此外,北洋督练公所还负责勘测地形,绘制秋操地图;②负责为中外观操记者挂号、查验照片和护照,并发放观操凭证及应守规则。③

1906 年彰德会操,也是练兵处大员奕劻、袁世凯、铁良等人联衔奏请,经清廷批准后实施。如同河间会操一样,清廷钦派袁世凯、铁良为阅兵大臣。也即是说,练兵处同样主导了彰德会操的筹备、实施过程。袁世凯、铁良覆奏时说:"是役也,发纵指示,练兵处实操其总权,各省镇、协禀承于该军总统,各该总统听命于练兵处。无町畦之各别,若指臂之相从。"④与河间会操不同的是,此次参加会操的新军有北洋新军、河南新军、湖北新军。练兵处同时向直隶督练公所、京旗督练公所、湖北督练公所、河南督练公所发布秋操训令,要求它们配合练兵处,参与筹划彰德会操事务。直隶督练公所职责如下:"订定北军军司令处及第五混成镇,并其大小接济卫生队之编制";令北军军令处及第五混成镇

① 彭贺超:《河间太湖秋操资料补辑》,中国社会科学院近代史研究所《近代史资料》编辑部编:《近代史资料》总 130 号,第 229、232 页。

② 《大操绘图》,《四川官报》1905 年第 17 期,新闻,第 4 页。

③ 《会奏遵旨校阅陆军会操情形折(附各清单)》(14—378),骆宝善、刘路生主编:《袁世凯全集》第 14 卷,第 217 页。

④ 《续陈校阅陆军会操详细情形折(附清单六件)》(15—548),骆宝善、刘路生主编:《袁世凯全集》第 15 卷,第 399 页。

于10月20日在丰乐镇及其附近集结，归北军总统节制；与京旗督练公所协商“大操前应行之野操”，9月内向练兵处报告“操演地方及日期并计划大纲”。① 京旗督练公所职责如下：编订第一混成协及大小接济之编制；令第一混成协于10月20日在丰乐镇及其附近集结，归北军总统节制；与直隶督练公所协商“大操前应行之野操”，9月内向练兵处报告“操演地方及日期并计划大纲”。② 湖北督练公所职责如下：“订定南军军司令处及第八镇，并其大小接济卫生队之编制”；令南军军令处及第八镇于10月20日在淇县北方之七里铺及七里铺以南一带集合，听南军总统节制；与河南督练公所协商“大操前应行之野操”，9月内向练兵处报告“操演地方及日期并计划大纲”。③ 河南督练公所职责如下：编订第二十九混成协及其大小接济之编制；令第二十九混成协于10月20日在淇县北方之七里铺及七里铺以南一带集合，听南军总统节制；与湖北督练公所协商“大操前应行之野操”，9月内向练兵处报告“操演地方及日期并计划大纲”。④ 根据《彰德会操教令》规定，阅兵处的宪兵队、军乐队、卫兵也均由直隶督练公所负责编成；阅兵处电信队人员、马匹、车辆也由直隶督练公所抽调第六镇马队编成，其余各镇、各混成协电信队则由本省督练公所酌量编成。在军需物资供应方面，军械、弹药、干粮、被服、车辆、马匹、帐篷等均由该省督练公所筹备，并报告练兵处备案。会操结束后，参加会操的军队回营采用铁路或水路运送，均由

① 中央审判官内务日记员：《光绪三十二年彰德附近秋季大操》，1906年刻本，第2—3页。

② 中央审判官内务日记员：《光绪三十二年彰德附近秋季大操》，1906年刻本，第4页。

③ 中央审判官内务日记员：《光绪三十二年彰德附近秋季大操》，1906年刻本，第5页。

④ 中央审判官内务日记员：《光绪三十二年彰德附近秋季大操》，1906年刻本，第7页。

该省督练公所确定,并报告练兵处备案。[①] 在测绘会操地图时,直隶、河南、湖北督练公所均派员共同商议,并派员测量、绘制地图。[②] 正如此次秋季大会操前召开会议时规定的那样,"准备大操事,业分为二途:其关于军队者,应委该督练公所;而关于阅兵者,军令司与阅兵处各官长当自任也"。[③]

1906 年 11 月 6 日,清廷谕令成立陆军部,结束了兵部、练兵处双轨运行的局面,负责全国新军编练事宜。陆军部下设两厅十司,"承政、参议二厅,及军衡、军乘、军计、军实、军制、军需、军学、军医、军法、军牧等十司,分理部务"。其职掌如下:承政厅"掌本部文牍收发、经费出入、各官差缺、各员功过并全部庶务,凡不归各司事项皆属焉";参议厅"掌规划军事、考订章制、研究访查、详议决议等项事宜,凡一应饬议提议、调查密查之件皆属焉";军衡司"掌武职月选、旗绿营官弁轮升拔补暨荫袭封典各项事宜";军乘司"掌军台、驿站、牌票、贡马、军马各项事宜";军计司"掌陆军官佐之补官任职并旗、绿、防营员弁之叙功议过各项事宜";军实司"掌器械、弹药,一应军装制造、储存销用各项事宜";军制司"掌陆军一切制度、编制、征调、补充各项事宜";军需司"掌陆军军队及各学堂局厂薪资饷项、军装建造,并经理人员教育各项事宜";军学司"掌陆军各学堂教育及各项队伍操法、官兵学术教练程度各项事宜";军医司"掌陆军卫生、疗伤、医药及军医、马医教育各项事宜";军法司"掌

① 甘厚慈辑:《北洋公牍类纂(二)》,沈云龙主编:《袁世凯史料汇刊》(7),第 922—927 页。

② 《南北军大操场之布置》,《申报》1906 年 6 月 10 日,第 3 版;《大操度地》,《江西官报》1906 年第 3 期,选报,第 2 页。

③ 《练兵处光绪三十二年大操会议记事》,1906 年抄本,第 5 页。

陆军一切法律及陆军监狱各项事宜”；军牧司“掌各项马匹孳生、牧养及整顿改革，颁行马政各项事宜”。[①] 陆军部所设各司及其职掌更为全面和专业，取代练兵处、兵部后，新军大会操的领导权也转归陆军部。

1908年太湖秋操，就是陆军部主导下的秋季大会操。先是陆军部大员奕劻、铁良等人奏称，在南方省份举行一次由南方新军参加的大会操。清廷批准后，钦派陆军部右侍郎荫昌、两江总督端方为阅兵大臣。陆军部仿照练兵处筹办河间、彰德会操的先例，颁布了一系列会操的规章条令，通盘筹划会操事务。荫昌、端方覆奏时说：“陆军部实握其总权……各该指挥官服从于中央一号令之下，有如身之使臂，臂之使指。”[②] 此次参加会操的新军，主要是江北、江苏、湖北等南方省份的新军，江北、苏州、两江、湖北等督练公所均配合陆军部，筹划太湖秋操事务。陆军部向江北、苏州、两江、湖北等督练公所同时发布秋操训令。湖北督练公所的职责是：以步队二十一协为主、挑选第八镇各队编成混成第十一镇，“限七月内报告陆军部”；确定大会操前混成第十一镇大操自行演习的地段、日期及计划，“限八月内报告陆军部”；酌派本公所及混成第十一镇的要员“五月初十日到陆军部会议一切筹备事宜”。[③] 两江、苏州、江北督练公所的职责：共同协商编成混成第九镇，“限七月内报告陆军部”；商定混成第九镇的兵力运送计划，“限八月内报告陆军部”；确定

① 国家图书馆：《清陆军部档案资料汇编》第1册，全国图书馆文献缩微复制中心2004年版，第212—217页。

② 《阅兵大臣荫、端会奏校阅江鄂两军会操情形折》，《南洋兵事杂志》1909年第29期，奏议，第16页。

③ 《光绪三十四年秋季大操报告》，林开明等编辑：《北洋军阀史料·徐世昌卷(四)》，第587—590页。

大会操前混成第九镇的自行演习地段、日期及计划,“限八月内报告陆军部”;酌派本公所及混成第九镇的要员“五月初十日到陆军部会议一切筹备事宜”。① 据《太湖秋操教令》规定,阅兵处陆军警察队、军乐队由两江督练公所编成,卫兵人员、马匹由湖北督练公所编成;电信队人员、马匹、车辆由近畿督练公所抽调第六镇工程队编成,其余各镇电信队则由该省督练公所编成。②

1909 年载沣摄政,重新调整中央军事机构。7 月 15 日清廷谕令:“着先行专设军谘处,赞佐朕躬,通筹全国陆海各军事宜,即着贝勒毓朗管理军谘处事务。”③军谘处从陆军部独立后,成为赞佐摄政王统率陆海军的总参谋部,构成载沣总揽兵权措施的重要一步。当然,军谘处的独立,客观上推动了中央军事机构的改革,奠定了军谘府成立的基础。1911 年 5 月 8 日,清廷正式成立军谘府,派载涛、毓朗为军谘府大臣。军谘府的成立,实现了全国军政、军令的分离,与陆军部共同成为编练新军的总机关。

1911 年永平秋操,在军谘府主导下进入筹备阶段。军谘府大臣载涛奏请在永平府一带举行秋季大会操,清廷批准后,钦派载涛为阅操大臣。永平秋操筹备期间,军谘府已取代了陆军部主导新军大会操的职责,颁布一系列会操的规章条令及会操方略,并会同参加会操省份的督练公所勘测会操区域等。虽然军谘府在永平秋操倡议、筹备的若干事

① 《光绪三十四年秋季大操报告》,林开明等编辑:《北洋军阀史料·徐世昌卷(四)》,第 590—594 页。

② 《陆军部颁发江鄂两军秋季大操教令》,《南洋兵事杂志》1908 年第 24 期,公牍,第 1—3 页。

③ 中国第一历史档案馆编:《光绪宣统两朝上谕档》第 35 册,第 251 页。

项上仍与陆军部商议，但其主导地位已无可撼动。时论也对军谘府主导永平秋操大肆宣扬，“自编练新军以来，曾办秋操数次，然俱在军谘府、禁卫军未成立以前，虽鲁莽灭裂，不足怪也”。言下之意，永平秋操势必因军谘府、禁卫军的加入，超越历次秋操而大放异彩。清廷也寄予厚望，“观瞻所系，当局者颇费苦心”。[①]

总之，新军大会操是高度综合的大型军事演习，极其复杂，既需中央通盘筹划，也需地方配合实施。中央练兵处（后为陆军部、军谘府）、地方督练公所作为军事领导机构，共同承担着新军大会操的筹备、实施工作。

二、秋季大会操制度的形成

（一）秋季大会操的筹备

练兵处（后为陆军部、军谘府）奏请筹办会操之时，参加会操新军各部已基本确定。按照新军编制和战术行动，重新将新军各部混合编成兵力大致均等的敌、我双方，或为“南军”和“北军”，或为“东军”和“西军”，两军均规定服装识别标志。清廷一经批准，大会操便进入了筹备阶段。在筹备期间，中央军事领导机构（练兵处、陆军部、军谘府）颁发一系列规章条令、设立指挥机构、制定大会操方略，并会同地方督练公所勘测会操区域和动员新军。

1. 颁发大会操规章条令

---

① 《军谘府派员赴法阅操》，《大同报（上海）》1911 年第 25 期，国内紧要新闻，第 31 页。

新军大会操筹备阶段,中央军事机构(练兵处、陆军部、军谘府)会先颁布本年大会操的相关规章条令,成为保证大会操顺利实施的制度文件。每次大会操所颁行的规章条令表述或有差异,但规划会操期限、指挥机构、会操纪律、军需供给、通信、接待观操员等方面是其一贯不变的内容。

1905年河间会操作为新军第一次大会操,无论对北洋新军还是对全国新军,均具有开创性意义。河间会操因无成例可循,在借鉴西方、日本等国陆军军事演习模式和经验的基础上,陆续颁行了一系列规章条令:《河间会操教令》、《阅兵仪式教令》、《阅兵处办事章程》、《行军纪律》、《宿营禁令》、《野操赔补物产办法》、《野操私斗治罪条例》、《地方人民学生等随观应守规则》、《报馆随观员应守规则》等。其中,《河间会操教令》是核心指导性文件,涉及会操日期、设立阅兵处、通信、信号、禁令、阅兵处与两军联络、土地物产赔偿及预防危险、军需弹药供应等项。它并非凭空产生,许多内容是练兵处参照北洋督练公所印制的《野外勤务书》编订而成。如信号、阅兵处之两军军属审判官的责任、土地物产赔偿等办法,均是按照《野外勤务书》中的内容执行。河间会操期间练兵处颁布的一系列规章条令,为日后新军大会操提供了参考文本。

1906年彰德会操期间,练兵处颁布《彰德秋操教令》、《阅兵仪式教令》、《随观规则》。[①] 彰德会操时的规章条令,其内容基本以河间会操的规章条令为蓝本。这说明,彰德会操不仅沿袭了河间会操时练兵处颁布规章条令的做法,而且承袭了一系列的制度文件。

---

① 甘厚慈辑:《北洋公牍类纂(二)》,沈云龙主编:《袁世凯史料汇刊》(7),第922—927页。

1908 年太湖秋操期间，陆军部继续沿袭河间、彰德会操期间练兵处的做法，颁布了一系列规章条令。陆军部颁发的《太湖秋操教令》，也几乎是以《河间会操教令》、《彰德会操教令》为蓝本，除细节表述略有差异，其主体内容则无太大的更改。①

1911 年永平秋操期间，军谘府颁发《永平秋操教令》，与河间、彰德、太湖秋操时颁布的秋操教令相比，其较大的改变在于会操指挥机构的更名，即将“阅兵处”改名为“总监处”。其余如会操期限、信号、通信、后勤等内容的规定，仍与此前会操的规章条令如出一辙。

2. 设立会操指挥机构

清廷非常重视新军秋季大会操，每次均会钦派阅兵大臣。阅兵大臣，是负责筹备、实施大会操的最高指挥官，一般会指派总参议作为副手，以及随员若干名。根据规定，在会操地区设立会操指挥机构，河间、彰德、太湖秋操时称阅兵处，永平秋操时改称总监处。无论是阅兵处，还是总监处，均隶属于阅兵大臣，下又分设数个机构，统归总参议调遣，是负责筹备、实施大会操的中枢机构，类似于今日军事演习中的导演部。这一机构在幕后指挥，不像活跃于台前的两军那样引人注目，扮演着“隐而不显、微而不彰”的角色。但它全权负责大会操的实施工作，其是否正常运转，关乎大会操能否顺利举行。“阅兵处准备不完全，则实施不能巧妙，军队动作亦由是不能巧妙”，“阅兵处人员之责任极重且大矣。”②

① 《陆军部颁发江鄂两军秋季大操教令》，《南洋兵事杂志》1908 年第 24 期，公牍，第 1—8 页。

② 《练兵处光绪三十二年大操会议记事》，1906 年抄本，第 5 页。

1905年河间会操时，阅兵大臣袁世凯、铁良奏称，参加会操新军多达两镇、四协，计有4万多人，如此大规模的军事活动“绝非一手一足所能任”。因此，在河间成立阅兵处，作为秋季大会操的指挥机构。同时，阅兵大臣委派军学司正使冯国璋为总参议，“佐臣等以发号施令，运筹决策”。[①] 河间会操阅兵处，下设评判处、综理处、递运处、传宣处、执法处、接待处、信号处。评判处负责阅兵处与两军联络，其职责相当于军事演习中的调理机关，能随时监督新军各部遵守演习中战术动作和战略企图，有效推进新军各部行动。其余各处各司其责，负责会操期间运输、信号、军需、日常杂务等事。阅兵处的设立，为新军大会操提供了一个独立的、统一的指挥机构，有效提高了大会操的组织工作，保障了大会操的顺利实施。在随后三次新军大会操筹办过程中，这一机构被沿袭下来。

1906年彰德会操，阅兵大臣袁世凯、铁良指派军令司正使王士珍为总参议，阅兵处下设中央审判处、南军专属审判处、北军专属审判处及综理司、递运司、传达司、内宾接待司、外宾接待司。从彰德会操阅兵处组织机构和职掌可见，大体承袭了河间会操阅兵处的模式，同时精简、细化了某些机构，如将传宣处、信号处合并为传达司，接待处细分为内宾、外宾接待司等。

1908年太湖秋操，清廷钦派荫昌、端方为阅兵大臣。与河间、彰德会操阅兵处不同的是，阅兵大臣不仅指派冯国璋为总参议，还指派哈汉章任副参议，二人均作为阅兵大臣的副手。太湖秋操设置阅兵处，也基

---

① 《会奏遵旨校阅陆军会操情形折(附各清单)》(14—378)，骆宝善、刘路生主编：《袁世凯全集》第14卷，第209页。

本参照河间、彰德会操阅兵处的模式，下设有中央审判处、南军专属审判处、北军专属审判处及综理司、交通司、警务司、接待司。

1911 年永平秋操之时，军谘府取代陆军部，成为新军大会操的领导机构。不过，钦派阅兵大臣、设立会操指挥机构的惯例依旧沿袭不悖。清廷派军谘府大臣载涛为监操大臣，并设立总监处隶属之。总监处下设中央审判处、西军审判处、东军审判处及综理处（军需、交通、庶务股）、参观照料处、外宾接待处等。[①] 此次会操的导演部，除了将机构名称由“阅兵处”更改为“总监处”外，其余如组织机构、职能等仍是延续了前三次大会操阅兵处的做法。

3. 操地的勘测与规划

为最大程度地提升新军战斗力及检验新军训练成效，中央军事机构（练兵处、陆军部、军谘府）极其重视操地的选择。新军四次大会操均是跨区域实施，即使是在部分新军驻地省份的大会操，操地也远离该部新军驻地。因此，操地对于新军各部而言，均为陌生地形。中央军事机构先指定某省某一区域，然后会同相关督练公所勘测该区域，择定一合适操地。例如，彰德会操之时，练兵处选定河南彰德府一带为会操区域，咨商湖北派员赴彰德勘测会操区域。[②] 后经练兵处会同直隶督练公所、湖北督练公所前往“测绘战地，勘视战线，预备布置新军之规划”。[③] 太湖秋操时，陆军部选择安徽太湖为会操区域后，派军谘处副使哈汉章前赴太湖勘测操地，两江督练公所、湖北督练公所均派员与之

① 《派定永平秋操各员》，《盛京时报》1911 年 9 月 29 日，第 2 版。
② 《咨明秋操地址》，《申报》1906 年 3 月 13 日，第 4 版。
③ 《南北军大操场之布置》，《申报》1906 年 6 月 10 日，第 3 版。

同赴太湖勘测。① 永平秋操时，军谘府选择永平府一带为会操区域，并会同陆军部、奉天督练公所各员勘测操地。通过勘测操地，详细了解该地区的行军路线、道路、桥梁状况及山林、河流的环境，从而为参加会操新军提供精确的军事地图。

新军会操区域经过勘测后，根据会操地区复杂的地形进行相应的规划，如设立临时军粮供给站、安设通信设备、修筑行军道路、迁移或安抚当地居民等措施，以确保大会操在该区域能够顺利实施。规划操地工作，也是经中央军事机构(练兵处、陆军部、军谘府)通盘筹划后，会同地方督练公所共同办理。

因新军会操地域多远离驻地，须设临时的军用粮站为参加会操的新军提供足够的军粮。河间会操时，在臧家桥、沙河桥一带暂设军粮分所，负责提供军粮、饼干、柴草、麸料及储蓄物资。彰德会操时，练兵处电饬直隶总督袁世凯前往彰德，"相度地势，安设两军粮台，以免临时贻误"。② 太湖秋操时，设立"江南军需局"，保障军队给养，"由安庆抵太湖共设十六站，专司分配标营粮秣料草之事，照原定表式，每兵日发米二十六两，该局早在芜湖订购，运皖分储各站，算定某营抵某站，即发米若干石"。③

阅兵处是新军大会操的导演部，需要设置稳定、独立的通信系统，以便及时、有效地掌握两军的军事行动。新军内部也使用电报、电话等

---

① 《会勘秋操地势》,《申报》1908 年 5 月 17 日，第 2 张第 3 版;《江鄂秋操地方》,《申报》1908 年 5 月 19 日，第 2 张第 3 版;《察勘会操地段往来电文》,《申报》1908 年 6 月 1 日，第 1 张第 5 版。

② 《练兵处议饬筹备秋操粮台》,《申报》1906 年 4 月 15 日，第 3 版。

③ 《秋操通信一》,《申报》1908 年 11 月 19 日，第 2 张第 2 版。

军用通信设备，以便与各方通信联络。大会操区域勘测工作结束后，往往需要安设通信设备。如太湖秋操时，陆军部“以秋间江、鄂各军在安徽会操，请设安庆至太湖电线”。[①]

大会操区域往往选择远离城镇的险要地带，道路崎岖，对于大规模新军运输、行军带来不便，修筑行军道路便成为规划会操区域的重要任务。1906 年彰德会操，南、北两军调度均使用铁路运输，“由直隶达山东、河南、湖北修筑军用铁路，其一切应用材料赶办不及，暂在卢汉铁路借用，以期迅速”。[②] 1908 年太湖秋操时，陆军部咨行湖广总督、两江总督，计划修筑潜山至太湖、黄梅至太湖的两条行军路线。全长 410 里，对行军道路、桥梁宽度、承载力、用料等均有严格规定，共分三段。南京担任修理自安庆至潜山县城一段；陆军部会同安徽省担任修理自潜山县城至凉亭河镇一段及太湖城内街道；湖北省担任修整自小池口至凉亭河镇一段路线。[③] 1911 年永平秋操时，军谘府与邮传部商议，计划“在滦州距雷庄中间添设轻便运兵铁道枝路一条，并添设临时火车站一处，秋操完毕，仍行拆去”。[④]

清军一向留给普通民众负面形象，“如果一支 3 万人的中国军队走到这个帝国的任何地方，他们不是忍饥挨冻就是靠抢劫为生。人们纷纷离乡逃难，甚至妇女们会投井自杀”。[⑤] 普通民众对于清代旧军的恶

---

① 赵尔巽等撰：《清史稿》第 16 册，第 4469 页。

② 《议筑军用铁路》，《申报》1906 年 6 月 15 日，第 3 版。

③ 《秋操修路办法》，《盛京时报》1908 年 7 月 2 日，第 3 版。

④ 《添设秋操运兵铁道》，《盛京时报》1911 年 8 月 16 日，第 2 版。

⑤ [澳]冯兆基(Edmund S. K. Fung)著，郭太风译：《军事近代化与中国革命》，第 135 页。

感波及新式陆军,而且民众对大会操的认识较为模糊,大规模军队集结一处自然导致当地民众的恐慌不安。清政府安抚当地居民,有两种途径。其一是迁移当地居民远离操地。如彰德会操时,清除妨碍会操之沟渠、房屋等杂物后,“其附近村民亦一律迁移”。[①] 其二是出具安民告示。如太湖秋操时,一度引起潜山县居民的恐慌,许多富户躲避深山之中,一些地痞流氓造谣生事、趁机打劫。安徽士绅以此为由禀请变更会操区域,安徽巡抚驳斥后,要求地方官员张贴告示,劝导乡民毋庸恐慌。[②]

4. 颁布会操方略

新军大会操是按照中央军事机构(练兵处、陆军部、军谘府)制定的会操方略进行。这些方略预先规定会操新军的演习计划,然后以命令形式颁发双方军队执行,从而实现训练、检阅新军的目的。一般而言,新军会操方略包括总方略和两军方略。

新军会操总方略,由中央军事机构(练兵处、陆军部、军谘府)制定,并同时颁发给参演的两支新军各一份,作为本次大会操的总战略企图。河间会操期间,练兵处颁布的总方略是南攻北御,永平秋操期间,军谘府颁布的总方略是东攻西御,均是围绕京畿一带展开,其战略企图是近畿陆军保卫京城不受外敌侵犯。彰德会操期间,练兵处颁布的总方略是南攻北御,此次来犯之南军则是通过京汉铁路侵入河南北境,北军则南下御敌,其潜在战略意图仍是阻击侵犯京城之敌。太湖秋操

---

① 《南北军大操场之布置》,《申报》1906 年 6 月 10 日,第 3 版。

② 《皖民对于秋操之惊恐》,《盛京时报》1908 年 11 月 8 日,第 3 版;《不准禀请易地》,《申报》1908 年 6 月 30 日,第 2 张第 3 版。

期间，陆军部颁布的总方略是南守北攻，以防御沿海之敌侵犯为宗旨。

在颁布新军大会操总方略时，中央军事机构会也会颁布两军方略，以总方略规定的敌情为前提，规定该军的战斗任务，并通报会操前敌军兵力及活动范围。

5. 邀请中外观操员

每次秋季大会操，清政府都向各地、各国积极邀请观操员，并设有接待国内外观操员的专门机构。以1906年彰德会操为例，阅兵处下设有内外宾接待司。外宾接待司主要接待国外观操员，安顿房屋时悬挂中文、英文两种门牌，分配住处时“使同国之人同住一处为要”；内宾接待司主要接待国内观操员，安顿房屋时也要悬挂门牌，分配住处时“使同省同衙门之人同住一处为要”。[①] 内外宾接待司的工作细致周到，可见清政府对中外观操员的重视。

1905年河间会操时，京师、奉天、江宁、江苏、安徽、山东、山西、河南、福建、浙江、江西、湖北、湖南、两广、云南、热河等地派送245名观操员；日、英、美、俄、法、德、意、奥、和、比等国派送33名观操员。[②] 1906年彰德会操时，京师、奉天、吉林、黑龙江、顺天、直隶、江宁、江北、安徽、山东、山西、河南、陕西、甘肃、浙江、江西、湖北、湖南、四川、广东、广西、热河、察哈尔、绥远、伊犁等派送445名观操员；日、英、美、俄、法、德、

① 《光绪三十二年秋季大操阅兵处细则》，1906年抄本，国家图书馆藏，第32—34页。

② 《会奏遵旨校阅陆军会操情形折(附各清单)》(14—378)，骆宝善、刘路生主编：《袁世凯全集》第14卷，第230—232页。

意、奥、和、比等国派送42名观操员。[①] 1908年太湖秋操时,“各国来观操者计三十七员,各省各处来观操者共二十六员”。[②] 1911年永平秋操时设立总监处,内设有外宾接待处,以接待国内外观操员。[③] 军谘府还饬令各省“派员参观,借资考究”,并发放观操规则。[④]

6. 大会操的动员

参加会操的新军由中央军事机构重新编制,“顾会操之始,必注重编制”。[⑤] 编制既定,对会操新军的动员工作即提上日程。大体言之,新军动员工作涉及军需筹备、军队调拨及战前演习等内容。

第一、军需筹备。

军需筹备,事关数万新军会操期间的行军宿营、战斗行动、医疗救护、交通运输等任务能否顺利实施。因此,充足的军需物资供应,如粮秣、器械、马匹、车辆、服装等,能够为新军各部提供稳定的后勤保障。“粮饷器械,尤命脉之所关,实先务之为急。”[⑥]

粮秣,一般在会操区域设立临时性军粮供给站,就近供应军粮。如1905年河间会操时,在河间府属的臧家桥、沙河桥一带设有军粮分所。1908年太湖秋操时,在洪家小屋、洪家小屋附近、洪家嘴、李家屋、曹家

---

① 《续陈校阅陆军会操详细情形折(附清单六件)》(15—548),骆宝善、刘路生主编:《袁世凯全集》第15卷,第409—411页。

② 《阅兵大臣荫、端会奏校阅江鄂两军会操情形折》,《南洋兵事杂志》1909年第29期,奏议,第16页。

③ 《派定永平秋操各员》,《盛京时报》1911年9月29日,第2版。

④ 《咨派随观秋操委员》,《吉林官报》1911年第14期,时事类,第1页。

⑤ 《续陈校阅陆军会操详细情形折(附清单六件)》(15—548),骆宝善、刘路生主编:《袁世凯全集》第15卷,第397页。

⑥ 《会奏遵旨校阅陆军会操情形折(附各清单)》(14—378),骆宝善、刘路生主编:《袁世凯全集》第14卷,第210页。

屋、曹家老屋、东北沙滩、魏家湾、刘家店、狭窄口、太湖县城西北沙滩等处设有粮秣储存分配站。

其他军需物资多由参加会操省份的督练公所筹备。1906 年彰德会操时，阅兵大臣袁世凯、铁良奏称："此次两军炮械、车辆、马匹、服装等项，均由各该省督练公所先期筹备。"①1908 年太湖秋操期间，军需物资"先期由各督练公所筹足"。② 这在《彰德会操教令》、《太湖秋操教令》中"大操应用军需及军械弹药"、"大操时供给"两节中也都有明文规定。1911 年永平秋操期间，军需物资筹备有所不同，主要是禁卫军、陆军部负责。按照《永平秋操教令》规定，枪炮空弹一项，"禁卫军及陆军部为各该军队准备大操所用空子，其数每枪七十、每炮八十、机关枪每枪五十"；大会操期间除平日所给粮食外，另给干粮，"由禁卫军及陆军部适宜准备"。③

第二、军队调拨及自行演习。

一般情况下，在操期临近时，不同驻地的新军根据既定编制，分期、分批从驻地开拔，到达预定地点与某处新军会师后，再向会操地域运动集结。各部新军在开赴操地途中，往往开展自行演习。

1905 年河间会操开始前，南军各部向交河一带运动集结，"沿途各分队操演"；北军各部向高阳一带运动集结，"在中途逐日操演"。④ 据

---

① 《续陈校阅陆军会操详细情形折(附清单六件)》(15—548)，骆宝善、刘路生主编：《袁世凯全集》第 15 卷，第 397 页。

② 《阅兵大臣荫、端会奏校阅江鄂两军会操情形折》，《南洋兵事杂志》1909 年第 29 期，奏议，第 8—9 页。

③ 载涛、毓朗鉴定：《宣统三年秋季大操教令》，1912 年铅印版，第 13 页。

④ 《会奏遵旨校阅陆军会操情形折(附各清单)》(14—378)，骆宝善、刘路生主编：《袁世凯全集》第 14 卷，第 210 页。

河间会操的亲历者冯玉祥回忆:北军一部分“从南苑出发,分成两混成团,沿途自己预行演习”。[①] 1906 年彰德会操开始前,南军各部在前往集结地点途中“自行演习”,各部会师后在卫辉府附近“全军合操一次”;北军各部同样如此,在前往集结地点途中“自行演习”,各部在码头镇会师后“全军合操一次”。[②] 1908 年太湖秋操开始前,南军各部于九江会师,其后在黄梅以北“自行演习”;北军各部于江宁会师,其后在潜山以南“自行演习”。[③]

每次秋季大会操前的军队调拨及自行演习,可视为大会操开始前的“热身”动员。这既可以调动新军各部参加大会操的积极性,也可使新军各部提前熟悉各种战术动作。

(二)秋季大会操的实施

新军大会操筹备工作一切就绪后,便进入实施阶段。秋季大会操的时间计有 4 天。其完整的实施程序一般包括两个环节:第一环节是前三天的诸兵种演习,第二环节是最后一天举行的阅兵仪式。

1. 新军诸兵种演习

在会操总方略规定的陌生环境下,对抗双方根据会操中所充任的角色执行相应的战略任务。新军诸兵种演习,每日均有不同的战术动作和战略任务。参加会操新军各部均远离驻地,经过长途行军和自行演习

---

① 冯玉祥著:《冯玉祥自传(1):我的生活》,第 60 页。

② 《续陈校阅陆军会操详细情形折(附清单六件)》(15—548),骆宝善、刘路生主编:《袁世凯全集》第 15 卷,第 398 页。

③ 《阅兵大臣荫、端会奏校阅江鄂两军会操情形折》,《南洋兵事杂志》1909 年第 29 期,奏议,第 9 页。

后，先期一天抵达会操地域驻扎，形成对峙之势。每日会操开始前，对抗双方总统官根据侦察兵情报，向所辖各部传达本日战斗命令。

从新军四次会操教令及实施过程看，前三天的新军诸兵种演习，在内容、程序上具有一定的共性：第一日为骑兵冲锋；第二日为遭遇战；第三日为攻守决战。

第一日会操，骑兵冲锋。两军各派出骑兵侦察敌情，相向搜索前进，在某一处遭遇后交锋，拉开新军大会操的序幕。新军战术，重视战前侦察，尤其是骑兵侦察。1905 年河间会操时，袁世凯、铁良便强调骑兵侦察在大会操中的重要性：近代战争火器精利，不能冒进，必须知己知彼，各国用兵时往往先派侦察骑兵，然后才派主力跟进，“此次两军会战，亦先令马队互相冲突，并以侦察敌状”。① 1906 年彰德会操时，仍延续了这一战术思想，“马队者，师之耳目，全军所恃为向导者也。故战斗之始，必先用马队尝敌”。② 这两次大会操地域均选定在北方平原地带，利于骑兵驰骋，故先派骑兵搜索、侦察、交锋，成为第一日大会操的主体内容。1908 年太湖秋操时，虽然多山多水的地形限制了骑兵的机动性，但是骑兵冲锋仍是第一日会操的主要内容。北军前锋马队“搜索至赤土岭以西，与敌之马队相遇”，两军骑兵均下马，“徒步作战”。③ 1911 年永平秋操计划中，第一日科目也是骑兵冲锋。

---

① 《会奏遵旨校阅陆军会操情形折（附各清单）》（14—378），骆宝善、刘路生主编：《袁世凯全集》第 14 卷，第 210 页。

② 《续陈校阅陆军会操详细情形折（附清单六件）》（15—548），骆宝善、刘路生主编：《袁世凯全集》第 15 卷，第 398 页。

③ 《阅兵大臣荫、端会奏校阅江鄂两军会操情形折》，《南洋兵事杂志》1909 年第 29 期，奏议，第 11 页。按：由于南方地形复杂，太湖秋操与河间、彰德会操科目稍有不同。第一日包括骑兵冲锋、遭遇战；第二日攻守战，南守北攻；第三日决战，南军转守为攻，北军转攻为守。

第二日会操,遭遇战。对抗双方骑兵交锋后,开始负责警戒本军左翼或右翼任务。双方主力步队按照预定命令陆续前进,各自派出侦察步兵侦探敌情,双方先头部队在某处遭遇后,即开始对峙。根据战场地形和敌情,部署步兵、炮兵阵地。会操开始后,双方炮兵开炮互射,掩护己方步兵机动冲锋,阅兵大臣视战斗情形下令停操。遭遇战主要是对步兵、炮兵战术之考核,完全依据指挥官战场判断作出相应的军事行动。

第三日会操,攻守战。一方主攻,一方主守,每一方均梯次配置兵力,分编战斗部队和预备队。守方依据地形修筑防御工事,设置步、炮兵阵地,并预设伏兵诱敌;攻方则扫清攻击点之外围,令炮兵进行纵深火力打击,步兵乘势以散兵线进攻。战斗结果往往是攻守双方易位,攻方转攻为守,守方则转守为攻。攻守战过程中,新军诸兵种全面投入战斗,步、骑、炮协同等战术得以全面开展。攻守战是新军大会操战略企图最为直接、真实的体现,处于防御一方的新军成功阻击来犯之敌,并转守为攻,取得会操的最后胜利。

为期三天的诸兵种演习结束后,阅兵大臣会聚集各级军官,发表评判场训词,以对本次会操各军的表现作一总结,并向官兵们宣扬朝廷整军经武、体恤军人的宗旨,教育官兵要忠君爱国。评判场的布置有严格规定:两位阅兵大臣立于中央面向前方,总参议立于阅兵大臣之后。阅兵处、南军及北军审判官呈半圆形环绕于阅兵大臣、总参议之后,阅兵处、南军暨北军审判官随员,各自紧随审判官,环绕站立于后。南、北军司令官各率幕僚,呈半圆形环绕于阅兵大臣对面;南、北军统制官各率镇幕僚紧随其后,环绕于后。统领官,则站在统制官之后。统领官之后，依次为协幕僚、统带官、标本部、管带官及督队官、队官、排长，环绕站立。各级军官众星拱月般，环绕在阅兵大臣周围，听候训示。详见图4—1。①

图 4—1

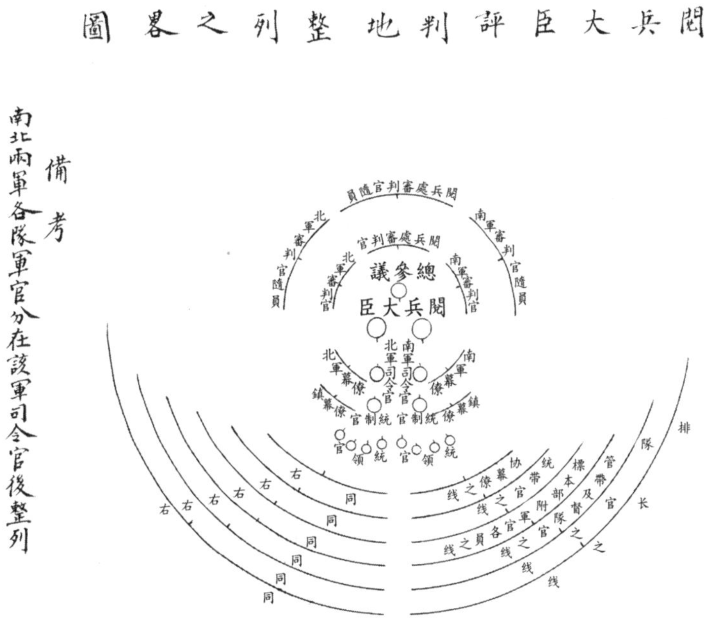

新军诸兵种演习内容虽因地形或战略任务不同而有差异，但其实施过程中基本遵循上述模式，这正是其在实践中定型为一项制度的体现。

2. 阅兵仪式

为期三天的诸兵种演习结束后，第四日举行阅兵仪式。阅兵仪式，

① 《北洋秋季大操日记》，1905 年抄本。

是阅兵大臣对部分参演新军的检阅仪式,由阅兵式、走排(即分列式)组成。从1905年河间会操开始,阅兵仪式被正式列为秋季大会操的一项内容。1906年彰德会操时,承袭了河间会操模式,继续在最后一天举行阅兵仪式。1908年太湖秋操时因安庆起义停办阅兵,1911年永平秋操因辛亥革命爆发未进入实施阶段,但两次秋季大会操筹备时均将阅兵仪式列入日程。

此处以河间会操为例,介绍秋季大会操阅兵仪式的一般情况。[①]受阅新军,并不是所有参加会操的新军,而是抽调部分新军官兵。《阅兵仪式教令》中,对参加阅兵式、分列式和不参加阅兵式的人员均有明确规定。一、加分列式的人员如下:(1)阅兵指挥官及所属之参谋等官;(2)各镇、协司令处中的统制、统领、参谋、参军、中军、执事、司号等官;(3)各标标本署中的统带、教练,执事、掌旗等官及司号长;(4)各营中的管带、督队官、队官、排长、司务长、正副目兵及号目兵等;(5)军乐队同。二、参加阅兵式的人员如下:除以上参加分列式的官佐外,其余如步队每一标的官佐编成一队,马、炮、工程队每一营的官佐编成一队,列于所属队的后方。阅兵式结束后,他们需退后130步,仍行排立,阅兵大臣未退以前,不得移动。三、以下人员均不参加阅兵式:(1)各军队之弹药队、大小接济队;(2)各混成协专设之卫生队、架桥队、辎重弹药队;(3)各队之备补兵、驾车兵、管驮兵、伙夫、喂养夫、马夫等。

第一,阅兵式。

---

① 《光绪三十一年秋季大操阅兵式教令》,1905年铅印本;《会奏遵旨校阅陆军会操情形折(附各清单)》(14—378),骆宝善、刘路生主编:《袁世凯全集》第14卷,第227—230页。

阅兵式，是阅兵大臣从受阅新军的队列前通过，检阅新军各部的仪式。10 月 26 日上午 7 时，各镇参谋官、各协参军官、各标教练官、各工程营督队官均需到阅兵场内阅兵指挥官王士珍及总参谋官鄢玉春处集合。

受阅新军按兵种排列，依次为步队、工程队、过山炮队、陆路炮队、马队、辎重队（假设）。各兵种的阅兵队形，具体如下：

（1）步队。以排为基本单位，三个排横列为一队，四队按前、左、右、后顺序，重叠排列，组成营纵队。三个营纵队，按照第一、第二、第三的顺序，重叠排列，组成标纵队。每队、每营之间均距离六步。不同标纵队之间，距离二十步。参见图 4—2。[①]

图 4—2

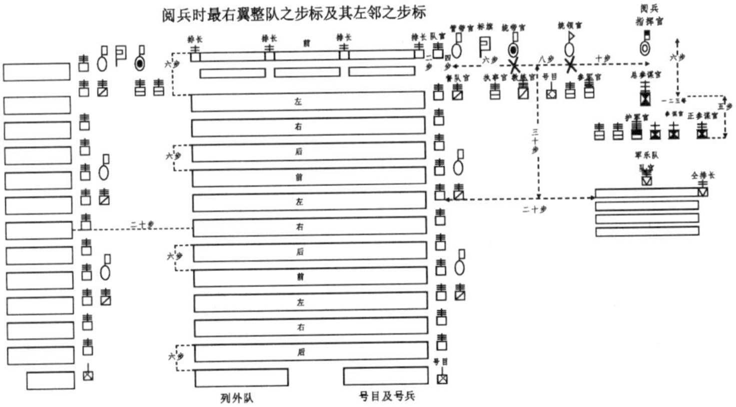

（2）工程队。以排为基本单位，三个排按序前后重叠，组成队纵队。三个队纵队，按前、左、右、后的顺序，前后重叠，组成营纵队。每排、每

① 《光绪三十一年秋季大操阅兵式教令》，1905 年铅印本。

队之间,距离均为六步。参见图 4—3。[①]

图 4—3

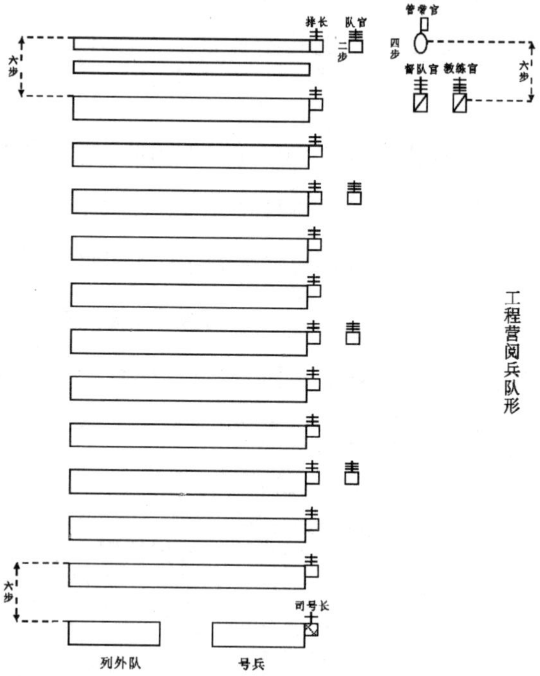

(3)过山炮队及陆路炮队。以排为基本单位,三个排组成一队,每队之间距离十步。三个队按中、左、右的顺序,前后重叠为一个营纵队。两个营纵队之间距离为二十步。过山炮营阅兵队形,参见图 4—4。[②]

(4)马队。以排为基本单位,二个排前后重叠,组成一队,每队之间距离为十步。三队前后重叠,组成一个营纵队,两个营纵队之间距离为二十步。三个营纵队,组成一个标纵队。参见图 4—5。[③]

---

① 《光绪三十一年秋季大操阅兵式教令》,1905 年铅印本。
② 《光绪三十一年秋季大操阅兵式教令》,1905 年铅印本。
③ 《光绪三十一年秋季大操阅兵式教令》,1905 年铅印本。

图 4—4

过山炮营阅兵队形

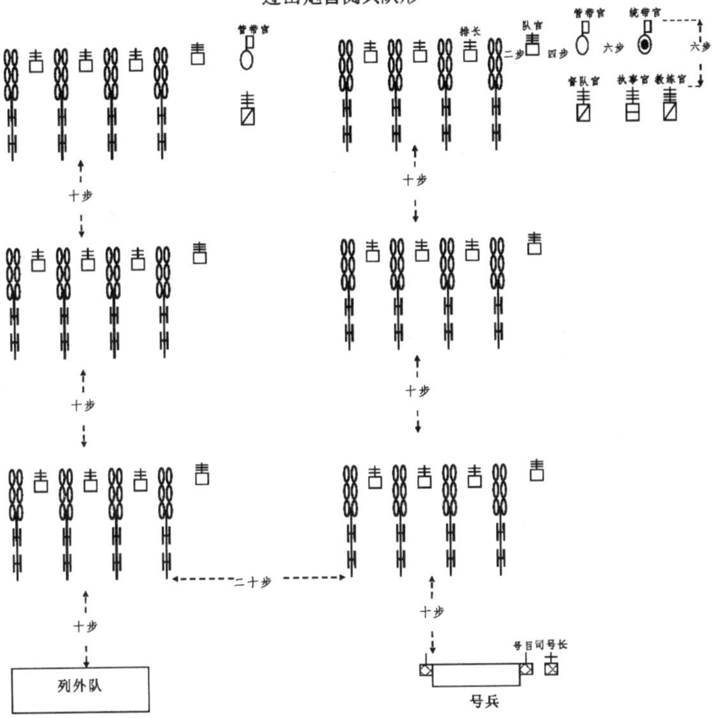

图 4—5

马标阅兵队形

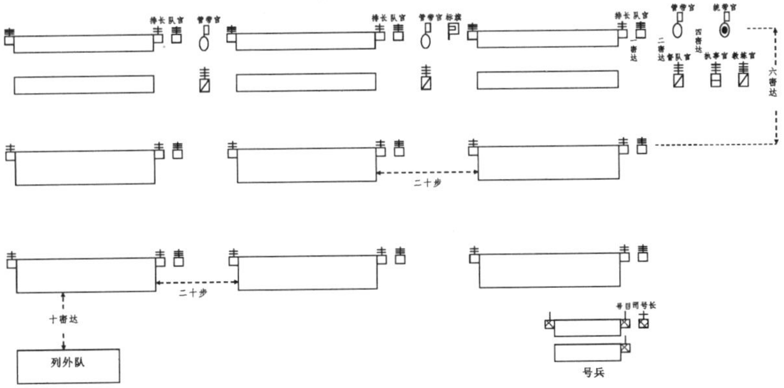

以上除了规定同一兵种内部的队形和距离之外,不同兵种之不同单位之间的间隔也有所不同。步队各标及马、炮、工队各营之间,均间隔二十步。步队各协及炮、马、工、辎重各队之间,均间隔三十步。各镇之间,间隔四十步。

阅兵大臣到阅兵场时,阅兵指挥官吹立正号令,各步队、工程队之步枪均上刺刀,行举枪礼,炮队、马队及参加阅兵式的配刀官长、头目均须拔刀,行撇刀礼。在慷慨激昂的军乐声中,阅兵指挥官率领总参谋官迎接阅兵大臣。军乐停奏后,各军队均下枪、抱刀,各官长行抱刀礼。阅兵大臣进入检阅台稍作休息,开始阅兵式。阅兵大臣离座后,受阅新军肃静立正,等候检阅。阅兵大臣行至受阅新军队形时,阅兵指挥官相迎,距六步处站立,行撇刀礼致敬,再进数步,报告本日受阅新军的人员总数,然后引导阅兵大臣检阅各军。阅兵大臣到场后,阅兵式全场之队形,参见图 4—6。[①]

阅兵大臣即将到达受阅队形右翼时,该部先奏军乐。阅兵大臣到该部右翼时,统带以上各官及工程、辎重管带出列数步,行撇刀礼致敬。一镇之统制官、统领官报告该部镇、协番号。阅兵大臣行至该部左翼时,一标统带官或一营之管带官需向各兵种下达命令:步队、工程队发"双手举枪"口令;炮队、辎重队发"向右看"口令;马队发"举刀"口令。命令下达后,统带官及管带官需迅速到阅兵大臣前,报告本标、本营的番号和人员总数。发布以上口令时,号兵需奏军乐,军官均行礼致敬。该部军官应随阅兵大臣之后检阅本部,待检阅后行礼致敬,归队。阅兵

---

① 《北洋秋季大操日记》,1905 年抄本。

图 4—6

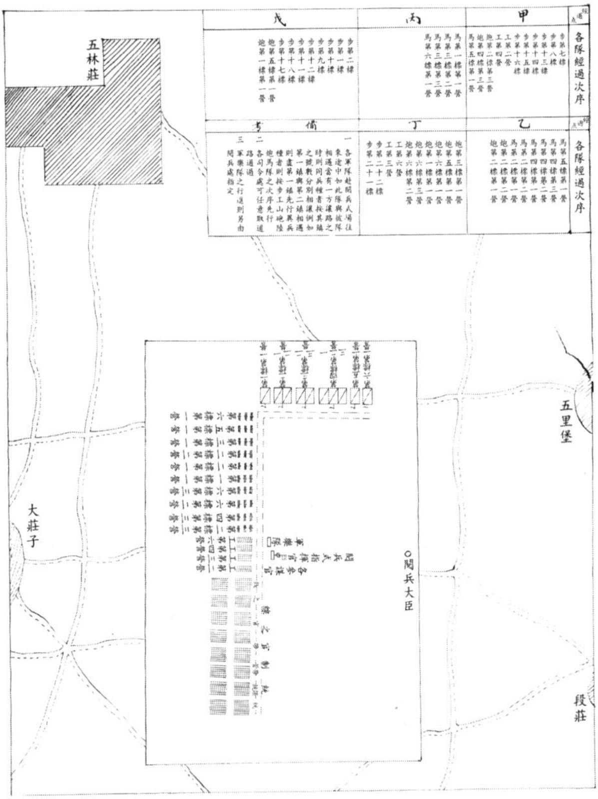

大臣行至该部左邻部队中央时，各统带及管带官始下达“直立”、“枪放下”、“向前看”、“抱刀”口令。该部号兵听到邻队号兵奏乐后，方可停奏。若队伍在末端，左右无邻队，则号兵需等阅兵大臣离开二十步外，再行停奏。

第二，分列式。

阅兵式结束后，进行“走排”。所谓“走排”，即分列式，是受阅新军列队从阅兵大臣前通过，接受阅兵大臣检阅的仪式。

阅兵大臣检阅该部后，各队长毋庸听候命令，直接带队走到预定出发点,将队伍由右翼挨次靠拢,为分列式预作准备。各兵种行进次序,与阅兵时队形之次序相同,依次为步队、工程队、过山炮队、陆路炮队、马队。辎重队不参加分列式。关于分列式全场之队形,详见图 4—7。①

图 4—7

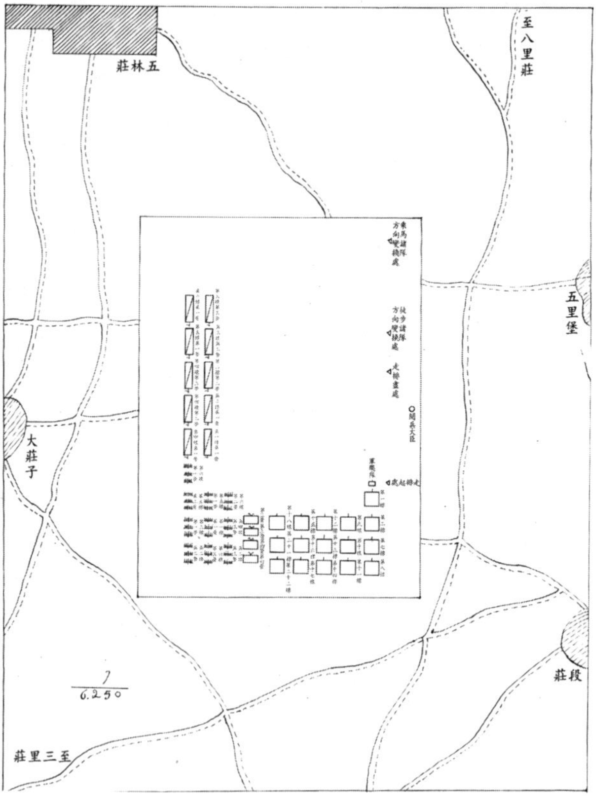

参加分列式的各兵种,其分列式队形也有相应的规定,具体如下:

(1)步队。用标纵队,与阅兵式时相同,各队前后距离七步。统带、管带、教练、执事、督队各官及标旗等,均在该标前行走。步队各营之

① 《北洋秋季大操日记》,1905 年抄本。

间，距离为三十步；各标之间，距离为六十步；各镇与各协之间，距离为一百步。参见图 4—8。[1]

图 4—8

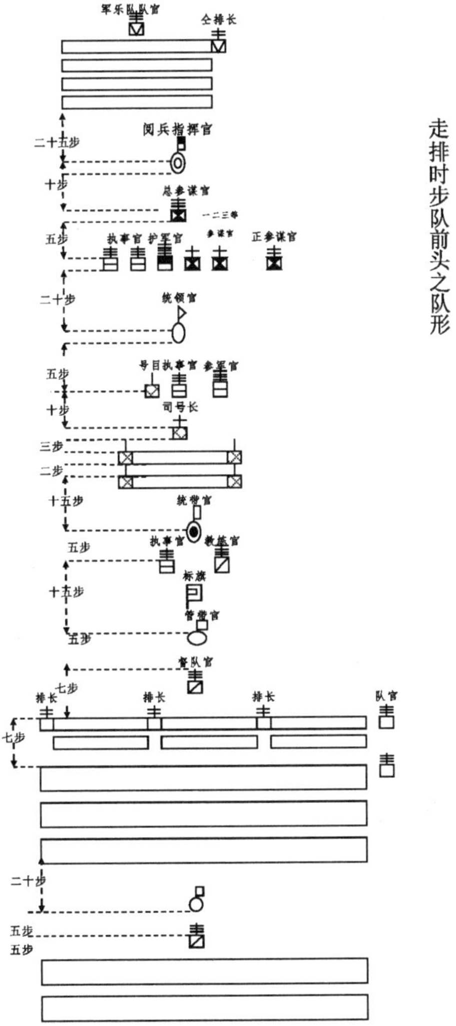

① 《光绪三十一年秋季大操阅兵式教令》，1905 年铅印本。

(2)工程队。工程队在步队之后,两者间隔八十步。用营纵队,各队前后重叠,每队距离七步,管带官、督队官、队官均在队前行走。各营之间,距离六十步。参见图 4—9。①

图 4—9

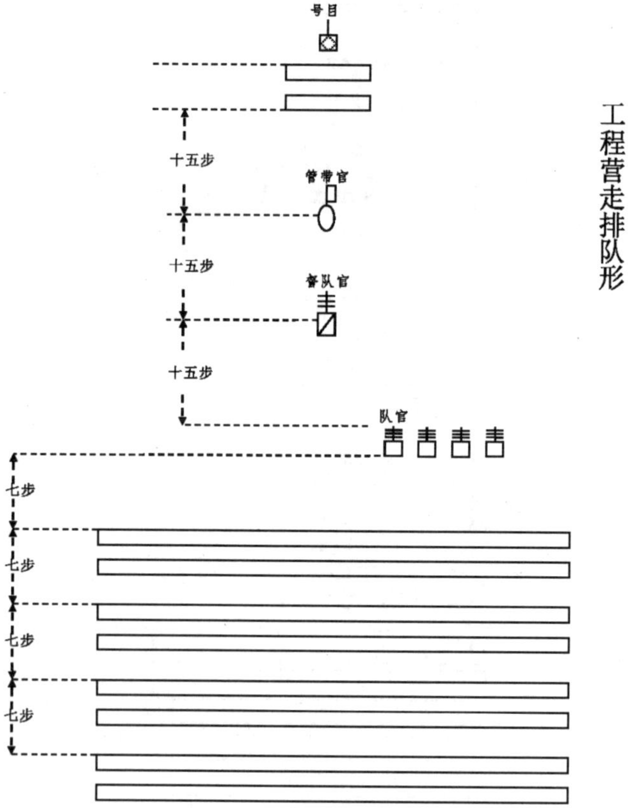

(3)炮队。过山炮队在工程队之后,两者间隔八十步。用营纵队,各营之间距离为二十步,管带官、督队官、队官均在队前行走。陆路炮队在过山炮队之后,两者间隔五百步。陆路炮队分列式队形,与过山炮

① 《光绪三十一年秋季大操阅兵式教令》,1905 年铅印本。

队同：第一、各标及各营之间，距离为六十步；各标内，各营之间距离为四十步。第二、统带官应在号兵十步之后行走，教练官、执事官在统带官五步之后，管带官则在教练官、执事官十步之后行走。关于过山炮队分列式队形，参见图 4—10。①

图 4—10

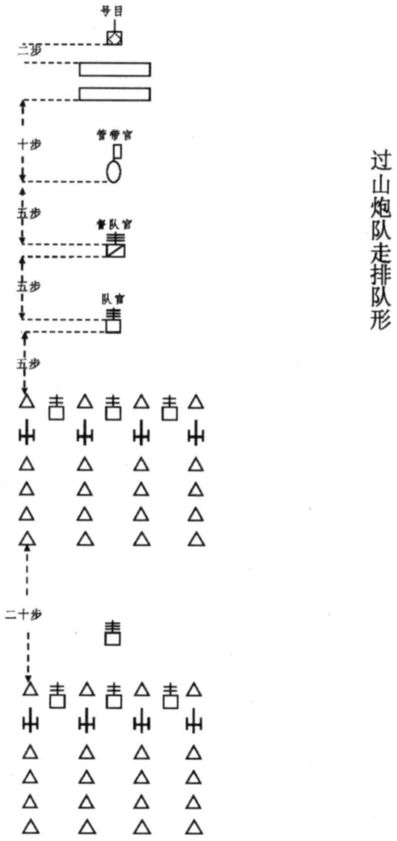

① 《光绪三十一年秋季大操阅兵式教令》，1905 年铅印本。按：陆路炮走排队形，与过山炮队形相同。其不同之处在于，统带官应在号兵十步之后行走，教练官、执事官在统带官五步之后，管带官则在教练官、执事官十步之后行走。

(4)马队。马队在陆路炮队之后,两者间隔八十步。在标用标纵队,在营用营纵队,各部及各营之间,距离为八十步。各标内,各营之间,距离为五十步。

以上各军分列式时,凡统带以下各官长,均在本队内行走。行进时,各队看齐均以右翼为准,以旗帜二面为行进目标。各标之教练官、各营之督队官,务必在开始前,将目标详细指示右翼排长,以免误解口令。右翼排长走至行礼位置,不必执行"向右看"口令,应始终向行进目标前进。陆路炮队、马队行进,均用快步,但须在步队全部经过行礼位置后才能换步。

分列式,当各军听到"开步"口令时,正式开始。军乐队及前列队伍听到口令开始行进,军乐队奏乐,各兵种队形按照既定次序行进。

军乐队行至阅兵大臣前约二十步之处,即向左转,前进至无碍各军行进之处,再向右转,行至阅兵大臣对面,向右停止,持续演奏军乐。

阅兵指挥官统率受阅新军行至阅兵大臣前,行撇刀礼致敬,约走六步后,即跑步向右方转进,绕至阅兵大臣右后方立定,待各队行进结束,才能移动。参谋以下各官,则带队继续行进。行进过程中,各镇协统制、统领行抵阅兵大臣前,均行撇刀礼致敬,约走六步后,用跑步绕至阅兵大臣左侧后方,报告其部下统带、管带各官官职、姓名,等所属诸队经过后,跑步归队。其余各官带队前进,不必到阅兵大臣之侧。各队行进至行礼处,即发"向右看"口令,队尾走过行礼处,即发"向前看"口令。发各口令时,步队、工程队由管带官行之,马、炮队则由队官行之。

分列式结束后,阅兵大臣返回,向各军行礼致敬时,各军队形、间距、方位均需变换。步队、工程队将队距由七步变为四步,向左转成纵队形停止，面向阅兵大臣。过山炮队、陆路炮队，其距离均靠拢至十步，成营纵队。马队各队之距离，亦靠拢至十二三步成营纵队。各兵种诸队之距离，均为阅兵式之诸队距离的二分之一。统领、统带、管带等官，各在其所属队前十步之处；统制官则在各官前方十步之处；阅兵式指挥官在各军前方百步处，与阅兵大臣正对；参谋以下各官，在指挥官后方十步之处；军乐队之位置，在其左后方五十步之处。

阅兵大臣离开阅兵场返回时，吹奏一声号音，军乐队及各军如同迎接阅兵大臣时，行举枪礼、甩刀礼致敬。至此，阅兵全部结束。

河间会操的阅兵仪式，奠定了此后秋季大会操举行阅兵的模式和程序。1906 年彰德会操时继续举办阅兵仪式，并颁布了《阅兵仪式教令》。1908 陆军部筹划太湖秋操期间，将“阅兵式条规摘要”列为议题，[①]只是在实施过程中因安庆起义停办阅兵仪式。1911 年永平秋操教令第一节“大操日期”规定，第四日举行阅兵仪式，[②]后因武昌起义停操，阅兵仪式自然停办。每次秋季大会操，遵章举行阅兵仪式已成惯例，构成大会操制度不可或缺的组成部分。

以上可见，新军秋季大会操绝非毫无规范的临时性军事活动，而是有法可遵、有章可循。秋季大会操筹备阶段颁布的各项规章条令，以及实施阶段形成的演习模式，是其制度化的重要体现。秋季大会操制度的形成，使得近代军事演习以制度的形式在中国军队中扎根，并由此定型为中国陆军军事训练的组成部分。

---

① 《陆军部会议秋操详情》，《申报》1908 年 6 月 20 日，第 1 张第 4 版。

② 载涛、毓朗鉴定：《宣统三年秋季大操教令》，1912 年铅印版，第 3 页。

三、秋季大会操的影响

秋季大会操的制度化,初步确立了中国军队组织、实施近代军事演习的基本模式,具有积极的导向作用,有利于近代军演在中国军队中的延续。

辛亥鼎革之际,北洋新军控制在袁世凯手中,其余独立各省为巩固革命成果,以新军为主体大肆扩编民军。“有些省的军队如云南、武汉、南京、浙江、福建,因有一定数量的清朝新军作骨干,军官素质和部队训练都较好,战斗力也较强……当时各省民军究竟有多少人,南京临时政府参谋本部也不清楚,每天只是接到各部民军要番号和军饷的电报,并未派员去点编。”[①]南京临时政府自成立后始终面临战争的压力,战事匆匆的环境下,根本没有组织、实施会操的可能性,起义各省的民军只是进行了简单的战时军事训练,“当时训练的主要内容是射击、队列操练等”。[②]

袁世凯就任大总统后,进入北洋政府统治时期。在袁世凯主导下,北洋政府的军事力量继承清末新军而来,只是统一了建制单位和番号。全国陆军镇、协、标等统一改称师、旅、团,“惟自客岁军兴以来,各省军队或沿袭旧制,或便宜编制,殊于统一军政之旨不相符合。应即通行各

---

① 姜克夫编著:《民国军事史》第1卷,第32页。

② 陈高华、钱海皓总主编:《中国军事制度史:军事教育训练制度卷》,大象出版社1997年版,第288页。

省，凡沿用镇、协、标、队名称之军队，查照新订军队名称一律更改”。[①] 北洋政府也对秋季会操的军事功能有着清醒的认识，“秋操本军政要典，不独使军队有作战之经验，亦借以觇国内军力之强弱”。[②] 不过，民初国内政局不稳，北洋政府完全没有组织、实施军事演习的环境。1914年，北洋政府本有举办秋季会操的计划，然第一次世界大战爆发，中国宣告中立，防务吃紧，停办秋操。1915 年，北洋政府又有筹办秋季会操的计划，甚至有选定安徽某县为操地的消息，约需经费 70 万元，终因财政困难停办。虽然北洋政府没有像晚清政府那样，成功筹办数次秋季大会操，但仍将军事演习定为民国军队军事训练的高级阶段。根据中央军事领导机构的变迁情况，1915 年前，参谋本部统筹规划军事演习，并咨商陆军部；1915 年后，设立陆军训练总监，“参议筹划陆军特别大演习”。[③] 为按期对陆军开展教育训练，北洋政府颁布了《陆军军队常年教育顺序令》。该章程共计 27 条，分“总则”、“教育之要旨”、“教育之区分”三部分。在教育之要旨中，第十一条规定：“战斗演习为教育首要之事项，须斟酌兵丁程度，就野外各种地形施行之。又夜间各种动作亦须实地练习，俾发达其临机应变之能力。”第十二条规定：“雨雪行军、露营演习及各种困难动作，剧烈运动，最足历练军人之精神，故每年各队教育务须随时随地特别酌定演习，俾经验愈多，借以养成其坚忍不拔之

---

① 《陆军部通行更改军队名称文》，《政府公报》1912 年 9 月 16 日，第 139 号，公文，第 13 页。

② 《征兵与秋操之行止谭》，《申报》1915 年 7 月 19 日，第 6 版。

③ 张侠、孙宝铭、陈长河编：《北洋陆军史料(1912—1916)》，天津人民出版社 1987 年版，第 321 页。

志。但尤须注重军纪风纪,确实操作,勿得率尔从事。”[①]在教育之区分中,根据步兵、步兵机关枪连、骑兵、野战炮兵划分了各兵种一年间的教育顺序,或4期,或5期,或6期,各兵种最后一期均是在11月下旬举行“秋季演习”。[②]

袁世凯死后,北洋集团进一步分裂为直、皖、奉等派系,连年混战,混乱的环境更加不利于组织、实施军事演习。不过,1919年皖系参战军第一师还是组织、实施了混成旅攻防对抗演习和步炮协同演习,并邀请在华武官观操,赢得了较高声誉,在国际上也产生了一定的影响。[③]

北洋政府在军队建设方面,一直有筹办秋季演习的设想,终受制于内外纷纷扰扰的环境无果而终。但是,北洋政府设有主管秋季演习的专门机构,其颁行的军事制度条文中始终将秋季演习列为军事训练的高级阶段,体现出对清末新军秋季大会操的延续。可以说,辛亥鼎革后,新军会操没有因政权更迭失去应有的军事价值,它对于北洋政府时期甚至后来中国陆军组织、实施近代军事演习,起着开风气之先的作用。

① 张侠、孙宝铭、陈长河编:《北洋陆军史料(1912—1916)》,第278页。
② 张侠、孙宝铭、陈长河编:《北洋陆军史料(1912—1916)》,第280—289页。
③ 张英辰、王树林主编:《中国近代军事训练史》,第205页。

结　　语

近代军事演习革新了军事训练的方式和内容，它一经出现，迅速成为世界各国军队常态化的军事活动。19 世纪末 20 世纪初，西方、日本均“不惜莫大之经费”举行军事演习，“盖以行军、野战之道不能实行，终不免纸上空谈之弊，若能加以实习，则官长各兵士互有历练，虽不能如实战之枪林弹雨骇目惊心，然事事务求逼真，临时自确有把握。德人有言：‘使实战而能取肖于演习，则战无不胜。是可知演习之利矣’”。[①]中国军队对近代军演有一个认识过程，举行近代军演的起步较晚，期间伴随着惨痛的代价。

迭经两次鸦片战争和太平天国起义的冲击，内忧外患的晚清政府艰难而缓慢地启动了局部性的陆军改革。“对一支浸透了既往传统、战

① 中国第一历史档案馆：《北洋新军初期武备情形史料》，《历史档案》1989 年第 2 期，第 40 页。

例和战略的军队来说,其面临的挑战是要先人一步认识到变化、拥抱变化并利用变化。”[1]认识、拥抱并利用“变化”对于一支军队而言,尤其是有着辉煌战绩的胜利之师,是相当艰难的,但也是至为关键的。若面对世界军事变革浪潮置若罔闻而沉溺于昔日的辉煌,或者亦步亦趋仅进行修补式的改革,终会因不合时宜被角逐出现代战争的舞台,对于八旗、绿营如此,对于湘、淮军亦是如此。直到甲午战败,中国败于被国人视为“蕞尔小邦”的日本,才真正刺激晚清政府彻底地整顿陆军。在朝野日益高涨的练兵自强呼声中,袁世凯、张之洞适时抓住机会,结合清军现状、参仿德国军制,聘请德籍教习传授德国操法,最终编练成小站新军、南洋自强军及湖北护军营。这些新式军队在编制、武器、战术及军事学术方面发生了系统性的质变,其军事训练方式和内容也相应变化,在驻地附近举行了多次对抗演习。这标志着 19 世纪后期中国局部区域的军队正式引入了近代军事演习,顺应了世界军事发展潮流。

清末新政时期全国编练新式陆军,为军事演习的普及提供了新载体。随着军事改革的不断深入,军事演习在中国军队中获得了进一步的发展和完善,不再局限于单一形式的对抗演习,而是出现了训练性会操、校阅性会操及集训练性和校阅性为一体的秋季大会操。新军会操也突破了以往局部地域、局部军队的限制,全国范围内新军频繁组织、实施军事演习。在练兵处、陆军部、军谘府先后主导下的河间、彰德、太湖、永平秋操,其筹划和实施过程复杂,超越了单纯的军事训练功能,带有一定的战略指向性,代表着中国近代军演早期阶段的最高水平。由

① 孙夕华、李德彪:《由“分粥规则”看军事制度创新》,《解放军报》2006 年 4 月 18 日,第 6 版。

于晚清军事改革的效仿对象由德国转向日本，新军会操中带有较多的日本因素，可见日本军演模式对中国近代军演早期形态的影响。

军事从来不是单纯的领域，它总是与政治、经济、社会因素结合在一起，很大程度上还受其制约。在清王朝的最后十年间，军事改革环境已经不容乐观，政坛内耗、财政支绌、革命冲击等因素交织在一起，很大程度上影响着新军会操的筹办进程，一定程度上反映了近代军演在中国军队中曲折发展的历程。

新军会操毕竟处于中国近代军演的早期阶段，组织、实施过程并非完美无瑕。一个普遍的严重问题是，官兵们缺乏实战的思想和精神。显然，中国军队不是仅仅从外部引进军事演习的形式就能战无不胜了，还必须花费时间、精力培育官兵以练为战的意识。唯有如此，才能真正实现考核、训练军队的目的，否则，这与淮军机械学习洋操的做法实在是没有什么两样。中国军事改革过程中，学习域外因素时不能仅注重形式、轻忽实质，二者并重，方能收效。

尽管新军会操存在这样或那样的问题，但在提高新军的战斗力、检验武器性能、增设新兵种及改良战术方面发挥了极其重要的作用，极大地推动了新军的现代化进程。“（新军）各镇军容，颇有可观，且复迭次举行大演习，军队教育，日见改革，规模因以大备。”[①]更为重要的是，河间、彰德、太湖、永平秋操筹备和实施过程中形成了秋季大会操制度，使中国陆军举行近代军事演习有了制度上的保证，意义深远。辛亥鼎革之际，清末新军改编或扩编为民国军事力量。民国肇建，北洋政府延续

① 《军队教育之目的》，训练总监部编订：《军事讲话》，公孚印书局 1929 年版，第 4 页。

了晚清军事训练体系并有所发展,军事演习一直被列为军队训练的重要科目。简言之,新军会操深刻地改变了中国陆军的军事训练方式和内容,拉开了中国近代军演史的序幕。

附录　新军四次会操稀见史料辑录

一、河间会操

（一）河间会操教令

第一节　会操日期

第一条　会操日期开列于左：

九月二十五日，第一日会操。

九月二十六日，第二日会操。

九月二十七日，第三日会操。

九月二十八日，阅兵。

第二节　设立阅兵处日期及选派该处卫兵马弁办法

第二条　秋季大操阅兵处于九月二十二日设立于河间府。

第三条　阅兵处卫兵由督辕卫队选派,着于九月二十二日以前先行驰抵河间府。至何时拔队、路经何处,以及输送等事,悉归督练处定夺。抵河间府后,并须速报阅兵处综理处,听候差遣。其应派卫兵额数开列于左:

卫兵管带一员

卫兵:步队目兵□名

马队目兵□名

练兵大臣由天津至河间途次,应用护卫兵丁则另行选派。

第四条　第二、第三两镇,每镇选派马队官长一员、目二名、兵六名,以备阅兵处传令之用。该员兵着于九月二十二日下午,至河间府阅兵处听候差遣。第二镇所派员弁如欲由铁路输送,则限于八月下旬呈报督练处。其输送之日期及办法,均归督练处指示。

第五条　各镇及混成协九月二十四日于齐集地方,各选马目一名、马兵三,归军属审判官传令之用。如军属审判官再请多派数名,则照所请办理。

第六条　凡选充传令之马目兵,均以伶俐敏捷、口音清楚为要,故各镇除由马队挑选外,亦可由平时各司令处或他队马弁内挑选。

第七条　阅兵处卫兵及传令马目兵之供给归综理处办理,但属于军属审判官者,则归该军司令处办理。

第三节　通　　信

第八条　会操各镇及混成协均着携带行军电话机，以备通信。

第九条　行军电话机由该镇各带十副，由混成协各带四副，各编电信队一队，附属于镇司令处及协司令处，并须有时分属于军司令处及独立马队。

第十条　编成电信队职务及运用行军电话机之法，其详细各规另行颁发。

第四节　信　　号

第十一条　号音照《野外勤务书》下编第六十条所定办理外，兼用信号以通声息。

第十二条　信号队所在地位竖立旗竿一枝，竿上悬赤球一个，惟行用信号时应照所定符号表揭扬其符号。

第十三条　各队当留意信号队之动静，见有信号时，号兵听军官命令随之鸣号；若信号队先闻鸣号，则亦随之揭扬其符号。

第五节　禁　　止

第十四条　会操各队除军司令处、镇司令处、协司令处及独立马队司令处外，不准占用民房舍。

第十五条　凡属阅兵处之宿舍、马号、铁路、电线，均不准无故擅用及有阻碍情事。若有时假用电杆等类于阅兵处事务并无妨碍者，不在此禁例。

第十六条　敌军所设之电信线,不准略夺及实行毁坏,虚演则可。

第六节　阅兵处与两军之连络

第十七条　由阅兵处所派之两军军属审判官,除遵照《野外勤务书》所定责任办理外,应随时使阅兵处与所属军互相连络。

第十八条　两军主将有呈报阅兵处关于作战之命令、报告书类,悉交军属审判官转达。该文书之函面记号,南军当画一红线,北军当画一蓝线,以示区别。

第十九条　两军主将未发命令报告以前,务其将所决进止及办法大要迅速通报附近之审判官。

第二十条　两军主将所决意见倘临时必须改变,应即将临时所决再行通报于附近之审判官。

第二十一条　两军主将归营后,务速将军中日记报告于督练处。其日记随后仍行交还。日记记法,应将重要事件简略记明,不可繁琐。

第二十二条　记〈载〉命〈令〉、报告及其他操演诸事所用地名,均照秋季大操地图办理。其在此图以外者,则照一百万分之一〈一〉览图办理。

第二十三条　军属审判官及其随员之宿舍、马号,应由各该军在其司令处左近准备。

第二十四条　阅兵处审判官及随员或其他阅兵处员,有时与两军同住一处地方,则两军应允其所请,为之准备宿舍、马号。

第二十五条　军属审判官及随员与阅兵处所属员有时与两军同住

一处地方，其阅兵处员人马之供给，固由随从军属审判官之综理处员办理，该两军司令处之军需官亦有资助之责。

第七节　土地物产损坏赔偿及预防危险

第二十六条　人民土地物产因野操致有损坏，统归阅兵处赔偿，故各镇司令处及各混成协司令处，如见有系该镇、协军队损坏之处，务速将其地段及损坏之多寡报告阅兵处。设非必应损坏而亦损坏者，则其赔偿即责成该军队办理。

第二十七条　各队除遵照《野外勤务书》下编第一百三十一至第一百三十七条办理外，如有田园灌溉以及用井等类足以危害人马者，务当留意。

第八节　野操应用军需及军械弹药

第二十八条　会操各队每枪携带空子五十发、每炮八十发，着于七月上旬内各该镇及混成协将应需空子数目、预算，呈报督练处，听候核给。

第二十九条　此外军械、被服、车辆、骡马、帐篷等项军需，如有额数不足等事，至迟限于七月上旬内逐一开列，呈报督练处，听候核办。

第九节　会操时供给

（下缺）

（《河间太湖秋操资料补辑》，中国社会科学院近代史研究所《近代史资料》编辑部编：《近代史资料》总 130 号，第 228—232 页）

(二)阅兵仪式教令

目　　录

总　　纲

第一条　本届秋操,各军队除炮队之弹药队、大小接济队暨各镇、各混成协专设之卫生队、架桥队、辎重弹药队并各队之备补兵、驾车兵、管驮兵、伙夫、喂养夫、马夫等外,均参列阅兵式。

第二条　不列阅兵式之各队内,所有炮队之正副目兵均编成徒步队,列于本队后方(按附图列外队之地位)。又,辎重队官长及正副目兵亦编成徒步队,以每镇或每协为一队,列于所定之地位。惟炮队于阅兵既毕,应即退后百密达,以便诸队运动。该队在阅兵大臣回节以前,不得移动。

第三条　参列阅兵式之步、马标内各队之伍数,务当一律。在工程队,则一营内各排之伍数亦当一律。

第四条　阅兵式各种队形所用之军旗及军官等位置,除本教令所定外,余均遵照各兵种操法办理。

第五条　施行走排者,为阅兵式指挥官及所属之参谋等官。其在各镇、协司令处,为统制、统领、参谋、参军、中军、执事、司号等官。在标本署，为统带、教练、执事、掌旗诸官及司号长。在各营，为管带、督队官、队官、排长、司务长、正副目兵及号目兵等。

第六条　除前条所述外，各该队员弁应参列阅兵式者，步队每一标编成一队，马、炮、工队每一营编成一队，列于所属队后方(按附图列外队之地位)。惟炮队应与第二条所载之正副目兵并列。阅兵既毕，应即退后百密达，以便诸队运动。该队在阅兵大臣回节以前，不得移动。

第七条　参列阅兵之军乐全队，亦施行走排。

第八条　左列各员，着于九月二十八日午前七点钟到阅兵场内阅兵式指挥官及总参谋官处会集。

各镇参谋官　一员。

各协参军官　一员。

各标教练官　一员。

各工程营督队官　一员。

阅　　兵

第九条　阅兵时各队整队次序如左：

步队

工程队

过山炮队

陆路炮队

马队

辎重队(假设)

(注意)凡同兵种之各标营，应照原标营号数分各镇协，由右而左依次排列。

第十条　阅兵时诸队应用之队形如左(参观第一图):

步队:每标之各营皆按第一、第二、第三之次序,前后重叠,距离六步。其各营内之各队皆成横队,按前、左、右、后之次序,前后重叠,亦距离六步。

工程队:每营之各队,皆按前、左、右、后之次序,每队各成三排,前后重叠,距离六步。

过山炮队及陆路炮队:每营之各队,按中、左、右之次序,前后重叠,距离十步,各队成收缩间隔之横队。

马队:每营成营纵队。

第十一条　前条所述诸队之间隔,凡步队各标及马、炮、工队各营之相隔,均二十步。惟异兵种之间隔,如工队与炮队,或炮队与马队,或马队与辎重队及步队各协之相隔,均三十步。各镇相隔四十步。统制官、统领官并炮队、马队之统带官,均列此间隔之内。

第十二条　凡看齐,以右方为准。至整顿各纵队之横方向,既应齐一,而纵方向之看齐,尤当注意。看齐之法,以植立小桩、示定位置为最妥善。人之足尖与马之蹄尖并列桩线上,自能整齐不乱。

第十三条　阅兵大臣莅阅兵式场时,阅兵式指挥官令吹立正号音,各步队、工队均上刺刀。其他参列阅兵之军队所属官长头目之带刀者,以及马队,均须拔刀。

第十四条　乘马军官之体势及缰绳保持法,又,徒步军官之体势、步法及其他持刀行礼法,最为人所注目,各军官尤宜加意,务须整肃。

第十五条　阅兵大臣莅阅兵式场时,指挥官(总参谋官当须随行)

前进迎迓，军乐队及各队号兵奏崇戎之乐。各队行举枪（执刀者举刀）礼，各官长行甩刀礼。乐奏毕，各军队均将枪放下抱刀。此时，各官长行抱刀礼。迨阅兵大臣莅预定之地位，各队均稍息，宜低声号令，各队应严持静肃。

第十六条　阅兵大臣既莅阅兵式场，尚未阅兵时，无论何人不得在军队前面行走。

第十七条　当阅兵大臣阅兵时，其不属于各队之中等以上军官、军佐及内外宾等，凡乘马者均应随从阅兵大臣。

第十八条　阅兵大臣将行阅兵，离其定位时，各队即应低声号令，一律立正。

第十九条　阅兵大臣将行至近接军队之时，指挥官前进迎迓至前面六步之处，行持刀敬礼。再进至适宜之地位，报本日出场军官以下人员总数，然后引导阅兵大臣阅看各队。此时，凡属指挥官之总参谋官以下诸员，均随从指挥官之后。

第二十条　阅兵大臣如行至整列军队最右翼时，该队先奏崇戎之乐。

第二十一条　阅兵大臣抵各军队右翼时，统带以上各官及工、辎管带当前进数步，行持刀敬礼。统制官及统领官应申告该镇或协之称号。

第二十二条　统带官及独立管带官，俟阅兵大臣将至其右邻部队之左翼时，如系步队、工队，则发双手举枪口令，炮队、辎重队则发向右看口令，马队则发举刀口令。下令之后，速至阅兵大臣前申告本标或本营之称号及人员总数。发以上口令时，号兵吹奏崇戎之乐，军旗及军官均行敬礼。

第二十三条 以上诸带队官亦应随行阅兵大臣之后,俟阅兵大臣阅视其所部已毕,然后再行敬礼,复归本队。各统带官及管带官在先,曾发举刀、举枪、向右看之口令者,此时更发抱刀、枪放下、向前看之口令。然必候阅兵大臣将至其左邻部队之中尖时,方可发此口令。此队号兵应候彼邻队之号兵吹奏乐音时,方可停奏。

第二十四条 凡属于举枪、举刀之军队,其向右看应于举枪或举刀已毕时行之,即双手举枪之第二节及举刀之第三节,而向前看则应于枪放下或抱刀之预令前行之。

第二十五条 阅兵时最左翼之号兵,必候阅兵大臣已离其左翼二十步以外时,方可停止吹奏。

第二十六条 阅兵时,统制、统领、统带及管带各官,当申告其军队称号及人员总数时,应行甩刀礼,口音务当明了,报毕抱刀。统制官越过指挥官所属之总参谋官,随于指挥官右后。统领、统带、管带各官,随行于阅兵大臣之左侧后,待大臣已过其军队之左翼时,再行刀礼。

第二十七条 凡注视不能严正沉静及碍于受礼者之目迎送时目光他注者,均于军容大有损害。故各官长务须严密训示部下为要。

走　排

第二十八条 阅兵行过一队之后,该队长毋庸听候他令,即向所定之走排开始地点,将队伍由右翼挨次靠拢,以为走排之准备。

第二十九条 诸队施行走排之次序,与阅兵时站队之次序同,即步队、工程队、过山炮队、陆路炮队、马队是也。惟辎重队不行走排。

第三十条 走排时各队应用队形列左(参观第二图):

步队：用一队面之标竖队，与阅兵时队形同。其各队前后之距离，以七步为率。统带、管带、教练、执事、督队各官及标旗等，均在队前行走。步队各营间之距离三十步。各标间之距离六十步，各协间之距离八十步。各镇与各协间之距离一百步。步队与工程队间之距离八十步。

工程队：队形用营纵队，即各队用横队，而前后重叠之，每距离七步是也。管带官、督队官、队官均在队前行走。工程队各营间之距离六十步。工程队与过山炮队之间距离八十步。

过山炮队：队形用营纵队，各队用收缩间隔之横队，前后距离二十步。过山炮队各营之间距离六十步。过山炮队与陆路炮队之间距离五百步。陆路炮队队形与过山炮队同。但其各标及各独立营之间距离六十步。各标内各营之间距离四十步。陆路炮队、马队之间距离八十步。

马队：队形在标用标纵队、在营用营纵队，各标及各独立营之间距离八十步，各标内各营之间距离五十步。

第三十一条　走排间之看齐，均以右翼为准。

第三十二条　走排时行进目标以旗帜二面为之标示，各标之教练官、各独立营之督队官，务于走排以前将目标详细指示右翼排长，毋使误解为要。右翼排长行至行礼地位，虽闻向右看口令，亦毋庸向右看，依然向行进目标前进为要。

第三十三条　陆路炮队、马队之走排，均用快步。但换行快步之时，当在徒步兵最后之队伍经过行礼地位为要。

第三十四条　走排以闻开步走号令为始。军乐队及面部闻号令即前进，军乐队同时奏乐。各军队向走排开始地点挨次靠拢，遵照第二图及三十条之距离前进。

第三十五条 指挥官统率各军队前进,抵阅兵大臣六步之前,即行持刀敬礼,约过六步之地,即用跑步向右方转进绕至阅兵大臣之右后立定,待各队走排毕,方可移动。惟参谋以下诸官,均直向前进。

第三十六条 行礼地位以马队军官为标示,军队行抵该处即发向右看口令,其队尾走过行礼地位时即发向前看口令。发唱向右看及向前看诸口令,步队则由资深之管带官,工队则由管带官,马、炮队则由队官行之。

第三十七条 如在未至行礼地位前已发向右看口令,则头向右看,而行走为时稍长,恐行至该处,队伍不能十分整齐,是故发令者于此不可不深为注意。

第三十八条 走排时第三、第四镇统制官并第一协、第四协、第九协、第十一协之统领官行抵敬礼地位时,均行持刀礼,俟行过阅兵大臣前约六步之处,用跑步绕至阅兵大臣之左后,例申告其部下之统领官、统带官并独立营管带官等之官职、姓名,候其所属诸队通过之后,仍用跑步,以归本队。其他诸官可以直进,不必至阅兵大臣之侧。

第三十九条 军乐队行至阅兵大臣前约二十步之处即向左转前进,抵不至碍于走排之处即向右转、前进,行至阅兵大臣对面地方向右停止,连续奏乐。

第四十条 走排之起处、尽处及方向变换处均以马兵为标示。各军队至走排之尽处即换便步,至方向变换处即换方向。惟阅兵大臣回节应行敬礼时,各军队仍须至应站地位整齐队伍,号令总宜低声无哗为要。

阅兵大臣回节

第四十一条　当阅兵大臣回节行敬礼时，诸队应用之队形如左：

步队及工程队，将原队形各队七步之距离改为四步，向左转成路纵队停止，面向阅兵大臣之位置，各协内之左翼标在右翼标后方二十步之位置。

过山炮队及陆路炮队，其距离均靠拢至十步，成营纵队。

马队各队之间距离，亦靠拢至十密达，成营纵队。

以上诸队之间隔，均用阅兵时间隔二分之一。

统领、统带、管带等官各在其所属队前方十步之处，统制官则更在其前方十步之处。

阅兵式指挥官在诸队之前方百步处，与阅兵大臣正对。其参谋以下诸官，在该指挥官之后方十步之处。军乐队之位置，在其左后方五十步之处。

第四十二条　阅兵大臣回节，吹奏一声号令。闻此号令时，军乐队及诸队按照第十五条行各种敬礼（即阅兵大臣将莅阅兵场时之敬礼）。

（《光绪三十一年秋季大操阅兵式教令》，1905 年铅印本）

（三）阅兵处办事章程与人员

阅兵处办事章程

第一章　总　　纲

第一条　练兵处大臣麾下设阅兵处一所。

第二条　阅兵处下分设右列各处，专司各项事务，统归总参议调派。

一、审判处。

二、综理处。

三、递运处。

四、传宣处。

五、执法处。

六、接待处。

七、信号队。

第二章　审判处(计九条)

第三条　审判处，设审判官及随员若干员，分为两属：一属阅兵处，为阅兵处审判官；一属两军，为军属审判官。

第四条　阅兵处审判官及随员之责任，除按照新编《野外勤务书》所载遵行外，余均照规条办理。

第五条　阅兵处审判官，凡遇审判事件，均须随时呈明总参议，禀报阅兵大臣，以备查考。每日晚九点钟前，应将本日野操有何评议之处及审判缘由简略记载，呈交总参议核阅。

第六条　阅兵处于野操时，指授方略、总裁战理，与夫使用信号、受授命令等事，均由总参议先行特定审判官及随员分别办理。

第七条　军属审判官及其随员之责任，系将阅兵处之命令、训令、通报事件传告本军，暨将本军之命令、报告等事转报于总参议，其两军主将所决进止及夫他项关系总裁重要事件，均须于该军命令、报告未经颁发以前，用最迅速之法将其要略秘密报总参议(其要略如本军行军命令是何宗旨，是何敌情，军队若何分派，其前护队、支队、本队若何运动，并声叙其开始时刻、地段及其任务）。

第八条　阅兵处如调集两军主将，其军属审判官均须随其主将前往。

第九条　军属审判官之下，除随员外，另置传令将弁二员、马队头目三名、马兵九名，其马队目兵均由本军遣派，如不敷用，再由本军加派。

第十条　军属审判官及其随员等住所、马棚均归本军预备。

第十一条　军属审判官办公处所，如有迁徙，当从速安设电话，以便与阅兵处随时通信，借资联络。

第三章　综理处(计四条)

第十二条　综理处，设综理官及参赞、随员若干员。

第十三条　综理官责任，系经理阅兵处一切庶务。

第十四条　综理官之下，置参赞、随员，分司左列各项：

一、筹备阅兵处驻扎处所。

二、预备外宾随观员宿舍及马棚等事。

三、承管杂务及会计、支发等事。

四、照料阅兵处人员伙食及马匹喂养。

五、经管赔偿物产各事。

六、引导外宾及随观员观操。

七、凡有与地方官交涉者，均由综理员随时妥为商酌。

八、布置阅兵处守卫事宜。

九、管辖军乐队。

第十五条　外宾随观员人数或临时别有事故，均应随即由综理官通知传宣处。

第四章　递运处(计七条)

第十六条　递运处,设递运官及委员若干员。

第十七条　递运官责任,系管理铁路、水道各项运输事宜及电话、通信等事。

第十八条　递运官之下,除随员外,其委员分司左列各项事务:

一、委员专管铁路运输事宜。

二、委员专管水道运输各事。

三、委员专管电报、电话各事。

第十九条　铁路运输委员,凡事均与铁路总局预为接洽,并筹备阅兵处及外宾随观员坐车与陆续运送军队等事。

第二十条　水道运输委员,所有白河、运河、子牙河将一切运输事宜,均责成该员经理。

第二十一条　专管递信委员,凡阅兵处所属电信、电话均由该委员承管,阅兵处所有电信队并归统辖。设电信队规条,另行订编。

第二十二条　递信委员所设电信、电话,除阅兵处军官准用外,其余概不准擅用。

第五章　传宣处(计五条)

第二十三条　传宣处,设传宣官及随员若干员。

第二十四条　传宣官责任,系管理刊印各项方略、命令、训令,传发各事。

第二十五条　传宣官将各项传宣要件迅速刷印，分送于阅兵处各官，其军属审判官随员及随观员，亦均备送一份（发送随观员信件，其函面写接待员衔命）。

第二十六条　传宣官应派随员军官二名，令其接待报馆随观员，并检察其记载。

第二十七条　接待报馆随观员须将两军攻守情形详为指告，应考度作战情势，假如兵力之分合，军队之进退若何分派及一切任务等。两军倘有须互相秘密之处，该员仍不得率行告知，倘系经过事项，则不在此例。总之，不可因有新闻探访，致将机要泄漏于人。

第六章　执法处(计三条)

第二十八条　执法处，设总执法官一员，宪兵队及巡警队各若干员。

第二十九条　总执法官禀承总参议统辖宪兵、巡警各队，办理警务一切事宜。

第三十条　宪兵队长督率所部宪兵，除由总执法官指示一切外，余照《野外勤务书》所载各条办理。

第七章　接待处(计两条)

第三十一条　接待处，设接待官及随员若干员，分为两属：一为内宾接待员，一为外宾接待员。

第三十二条　接待官除接待内外宾，并致送方略、命令、印件外，其内外宾往来野操界地之内，亦归该员等引导。

第八章　信号队(计三条)

第三十三条　号音照《野外勤务书》第六十条办理外,另设信号队一队,管理大操一切信号,以通声息,归阅兵处指定之信号审判官及随员节制。

第三十四条　信号队所驻地位,应竖五十密达长旗杆一枝,上悬赤球一个,以为标示。其信号用法,另有条规。

第三十五条　信号队用信号时,各队均鸣号应之。但未用信号以前,各队已发号音,则亦随其号音施用信号。

(《直隶阅兵处秋操办事条规》,《东方杂志》1905 年第 12 期,军事,第 387—391 页)

阅兵处人员

阅兵大臣:直隶总督袁世凯,署兵部尚书铁良。

随员:三品顶戴内阁即补侍读朱彭寿,即补侍读内阁中书徐致善,二品衔候选道娄晋,二品衔奏留直隶尽先补用道阮忠枢,分省补用知府袁祚廙,四品衔直隶候补直隶州知州刘宝泰,直隶即用知县胡商彝。遵奉阅兵大臣之谕,调查各项事务,并综核文牍。

总参议兼评判处首领:二品衔署军学司正使冯国璋,总理阅兵处各处事务。遵奉阅兵大臣之谕,施行方略,监视军情,评判战况并指导演习等事。

评判处总办:副将衔直隶补用参将田中玉,都司衔直隶补用守备王廷桢,陆军学生唐在礼、班志超。遵奉总参议之命,判断战况,传布命令并监视行军等事。

评判处委员二十七员：掌管接发电信、报告、日记，递送命令、训令，查核文牍等事。

南军总评判官：副都统衔署军政司正使王士珍，军学司副使良弼，陆军学生翟达武。

南军评判委员四员：掌管阅兵处命令、训令，传告本军，并将本军命令、报告报知总参议等事。

北军总评判官：直隶正定镇总兵徐邦杰，陆军学生华振基、顾荣光。

北军评判委员四员：掌管阅兵处命令、训令，传告本军，并将本军命令、报告报知总参议等事。

综理处总办：二品衔山东候补道陆安清、言敦源。综理阅兵处一切庶务。

综理处参赞官：在任候补道、直隶河间府知府丁象震，候选同知王亨鉴，分省补用通判饶昌龄，副将衔直隶补用参将王怀庆。经管综理处各项事宜。

综理处委员五十七员：掌管地方军民交涉、内外宾宴会供给、收支银钱、探运粮草、支应车马房舍等事。

递运处总办：直隶升用知县丁宗英。总理铁路、水道各项运输事宜。

递运处委员十六员：掌管铁路、水道，运送军队并各军驻屯处所转输等事。

传宣处总办：游击用候补都司、直隶八沟营守备鄢玉春。总理印发方略、命令、训令及关涉报馆随观员兼递信、信号各事。

传宣处委员二十员:掌管编校、刷印,接收递送旗灯信号并接待报馆员等事。

执法处总办:二品顶戴骁骑参领凤山,二品衔前直隶存记道倪嗣冲,二品衔直隶候补道吴籛孙。统辖各军执法官并指授宪兵、巡警各队办法及发布禁令等事。

执法处委员二十四员:掌管稽查、巡护、保卫、约束等事。

接待处总办:二品衔前直隶存记道倪嗣冲,山东候补道张祖启,直隶候补道蔡绍基,候补副将李鼎新。总理内外宾一切庶务。

接待处委员四十二员:掌管接待内外宾,致送方略、命令印件,导观野操界地并翻译等事。

信号处队官:陆军教习、直隶尽先把总李廷弼。掌管信号、信炮、旗语、灯号等事。

阅兵式指挥官:副都统衔署军政司正使王士珍。

阅兵式总参谋官:游击用候补都司、直隶八沟营守备鄢玉春。

阅兵式参谋官:直隶尽先千总、陆军学生李春膏,尽先千总童焕文,陆军学生蒋廷梓、唐在礼、华振基。

阅兵式执事官:陆军学生汪庆辰。

(《会奏遵旨校阅陆军会操情形折(附各清单)》[14—378],骆宝善、刘路生主编:《袁世凯全集》第 14 卷,第 212—214 页)

(四)观操规则

《地方人民学生等随观应守规则》

第一条 陆军会操时,地方人民、学生等如有来看操演者,应统由宪兵引导。

第二条　地方人民不得填塞道路，妨碍军队行动，且不得任意踏坏农田。

第三条　学生列队来看操演者，应在军队之后行走，不得羼入行军纵队之距离内，以免敌军误认。

第四条　学生、人民应静肃齐整，不得任意喧嚣，致误口令。

第五条　露营地左近人民不得夜间群集，以免敌军误认。

第六条　各处所设之行军电线，随用随设，不取坚牢。地方人民不得攀援观看，以致断绝，与军队大有关碍。

《报馆随观员应守规则》

第一条　中西报馆访员，应于九月十五日前到北洋督练处挂号，呈交该员像片。西报员并应呈验护照。备案后领取凭照及应守规则。

第二条　中西报馆访事员，应于九月二十三日以前到河间府阅兵处报到，由接待员发给随观记号，并由综理处指定宿舍。

第三条　报馆员之服装务须一律，如带有照像之人，其服装应与报馆员同。西报员则仍着西式服装。

第四条　凡在演习地段内行动及阅操之地位，概由接待员指告，不准擅自往来，致碍事机。倘有事他往，须将所往之地及归还时刻告知接待员，俟允准后方可他往。

第五条　两军操演情形有不明晰者，应由接待员指告。

第六条　接待员须将每日一切命令及已经判定之战斗情形发给报馆员，俾记载有所依据，以免失实。

第七条 每日观操笔记,应由接待员检查,若接待员有须修改之处,即应遵行。如未经接待员检查盖章,不准擅行登报,以免舛错。

第八条 凡关大操情形,该员须电知本馆者,如需递信所之电线,须盖有接待员戳记方可使用。应照章交付电资。但文字太长有妨操务者,须由接待员斟酌缓发。

第九条 中西报馆访事员,如违不遵以上各条,接待员即应随时禁止随观。

(《会奏遵旨校阅陆军会操情形折(附各清单)》[14—378],骆宝善、刘路生主编:《袁世凯全集》第 14 卷,第 217 页)

二、彰德会操

(一)彰德会操教令

第一节 大操日期

第一条 大操日期开列于左:

九月初五日,第一日会操。

九月初六日,第二日会操。

九月初七日,第三日会操。

九月初八日,阅兵式。

第二节 设阅兵处日期及选派该处宪兵队、军乐队、卫兵、传令人员等办法

第二条 阅兵处于九月初二日在彰德府城开设。

第三条　阅兵处之宪兵队、军乐队、卫兵均由直隶督练公所酌量编成，于九月初二日以前先行驰抵彰德府。宪兵队则先赴阅兵处报到，军乐队、卫兵则赴综理司报到，随候差遣，其额数如左：

一、宪兵队。队长一员、官三员、目六名、兵十五名、马二十五匹。

二、军乐队。其人员编制遵照奏定营制。

三、卫兵。卫兵长、管带官一员、马一匹；步队官一员、目二名、兵二十八名（内号兵一名）；马队官一员、目一名、兵十名（内号兵一名）、马十二匹。

第四条　由第六镇、第八镇各选派马队官长一员、目二名、兵九名，并由第六镇选司号长一员、号兵二名，以备阅兵处传令之用。该人员等于九月初二日下午到彰德府阅兵处听候差遣。

第五条　第三条各队及第四条内第六镇所派人员如欲由铁路输送，则限于八月中旬呈报练兵处，其输送之日期及办法均归练兵处指示。

第六条　各军九月初三日于齐集地方选官长一员、马目二名、马兵九名，归专属审判官传令之用。如专属审判官再请多派数员，则照其所请办理。

第七条　凡选充传令之马目，均以伶俐敏捷、马术熟练、口音清楚为要，故各该镇、协除由马队挑选外，亦可由各司令处或由他队内挑选。

第八条　阅兵处卫兵及传令马目兵之供给，归综理司办理。惟属于专属审判官者，归该军司令处办理。

第三节　通　信

第九条　阅兵处及各镇、各混成协均置电信队一队，携带行军电话机,以备通信。

第十条 各电信队即冠以所属各处之名称。如阅兵处电信队、第某混成协电信队是也。

第十一条 军司令处于所属镇、协之电信队,均可任意使用,以通声息。

第十二条 阅兵处电信队之编制及服务等法,另有规条。

第十三条 阅兵处电信队之人员、马匹、车辆,由直隶督练公所选第六镇之马队编成,限三月下旬内将其花名清册报告练兵处,听候指示。

第十四条 各镇、各混成协电信队之编制,由各督练公所酌定,限六月内报告练兵处。至其服务等事,参照阅兵处电信队规条酌定办理。

第十五条 阅兵处电信队,会操间,须视为中立。

第十六条 两军因马队通信,可利用官商常设电线,惟只能作电话之用。

第四节 信　　号

第十七条 号音照《野外勤务书》下编所定办理外,兼用号球以通声息。

第十八条 号球队由直隶调用,限九月初三日以前先行驰抵汤阴县,速至阅兵处所派审判官之处报到,听候差遣。

第十九条 号球队表示安设位置之记号及其符号,另有定章详列。

第二十条 各队当留意号球队之动静。见有信号时,号兵听闻军官命令随之鸣号，若号球队先闻，亦应随即揭扬。

第五节　禁　　止

第二十一条　会操各队除军司令处、镇司令处、协司令处及独立马队本署外，不准占用官民房舍。

第二十二条　凡铁路不得以战术便宜使用。

第二十三条　凡临阅兵处之宿舍、马号、电线，均不准擅用及有阻碍情事。

第二十四条　敌军所设之电线，不准掠夺毁坏，虚演则可。

第二十五条　凡安设号球队之处，不得施放枪炮及吃烟等事。

第六节　阅兵处与两军之联络

第二十六条　由阅兵处所派之两军专属审判官，除遵照《野外勤务书》所定责任办理外，应保持阅兵处与该军之联络。

第二十七条　两军主将有呈报阅兵处关于作战之命令、报告等文件，悉交专属审判官转达。该文件之函面记号，南军当画一红线，北军当画一蓝线，以示区别。

第二十八条　两军主将未发命令、报告以前，务将其决心及处置之大要，迅速通报附近之审判官。

第二十九条　两军主将所决意见，倘临时有改变之处，应即再行通报于附近之审判官。

第三十条　两军总统，限九月初八日内将作战一览图、每日会战略图呈送阅兵处。再，大操毕归营之后一月半内，应将该军大操记事呈由该督练公所，转报练兵处。其记法，照《野外勤务书》所载要领办理。

第三十一条　记载命令、报告及其他操演诸事所用地名，均照秋季大操地图办理。其在图以外者，则照一百万分之一一览图办理。

第三十二条　专属审判官及随员之宿舍、马号，应由各该军在其司令处左近准备。

第三十三条　中央审判官及随员，或其他阅兵处之员，有时须驻于两军宿营地之时，则两军应允其所请，为之准备宿舍、马号。

第三十四条　前条所揭诸员及马匹之供给，由该两军随时照料。

第七节　赔偿土地物产之损坏及预防危害

第三十五条　人民之土地物产，凡因大操致有损坏者，统归阅兵处赔偿。故各镇司令处及各混成协司令处，如见有系该镇、协队损坏之处，务速将其地段及损坏之多寡报告阅兵处，设有不当损坏而亦遭损坏者，其赔偿即责成该军队办理。

第三十六条　各队除遵照《野外勤务书》下编预防危害而外，如有因灌溉田园所设之井坑等类足以危害人马者，务当随时注意。

第八节　大操应用军需及军械弹药

第三十七条　各督练公所须为各该军队准备大操所用空子，其数每枪五十、炮八十。

第三十八条　军械、被服、马匹、车辆、帐篷等项之军需，其筹备情形至迟限于四月中旬内由各督练公所报明练兵处。

第九节　大操时供给

第三十九条　大操日期内各队人员，除照平日所给粮食外，另给干粮，由各督练公所适宜准备。

第四十条　大操期内各队应需之柴草、麸料，由练兵处预集于要地。临时由阅兵处使两军专属审判官每日将其分配时刻及地段指示该军，则该军即派军需官前往领用。

第四十一条　前条所用柴草、麸料之费，由练兵处发给。其余一切供给之费，概不发给。

第十节　服装旗帜

第四十二条　凡参于大操之军人，各按原充之军职而穿制定之军服，若参与〈阅〉兵式，即穿制定礼服。其余人等均一律。

第四十三条　南军诸队自九月初四日薄暮起，至初七日操毕止，均用蓝色衣服，北军诸队用土黄色军服。

第四十四条　审判官及所属人员左臂均缚白布，其余阅兵处人员左臂均缚黄布。惟递运司人员在黄布上另附红绒车辆记号，电信队人员在黄布上另附红绒 Y 字记号。

第四十五条　随观员均缚赤布。

第四十六条　各队须照《野外勤务书》下编携带假设旗。其用法如下：即假设步工兵一队时，用旗一面，兵丁四名；假设马兵一队时，用旗一面，马兵四名；假设炮队一队时，用旗一面，炮一尊，附以一炮应用之人马。

第十一节　归营运送

第四十七条　大操已毕,军队归营。如由铁路运送或由水路运送,均归各督练公所酌定施行,但不许有碍阅兵处之运送。

第四十八条　前条所揭之运送,其队名及乘车、下车地等项,限七月上旬由该督练公所报告练兵处。

(甘厚慈辑:《北洋公牍类纂》(二),沈云龙主编:《袁世凯史料汇刊》(7),第922—927页)

(二)阅兵仪式教令

第一节　总　　纲

第一条　本届大操,各镇、各混成协除大小接济、卫生队、电信队、架桥、纵列等外,均参列阅兵式。惟夫役概不参列。

第二条　大小接济、电信队、架桥、纵列人员,除辎重队之外,各归其本队之列外队。辎重队及卫生队人员,各编成徒步队,以每镇或每混成协为一队,列于所定之地位。

第三条　参列阅兵式之步、马标内各队之位数,务当一律。在工程队,则一营内各排之伍数,亦当一律。

第四条　阅兵式各种队形所用之标旗及军官等位置,除本教令所定外,余均遵照各种兵操办理。

第五条　施行走排者,为阅兵式指挥官及所属之参谋等官。其在各镇、协司令处,为统制、统领、参谋、参军、中军、执事、司号等官。在标本署,为统带、教练、执事、掌旗诸官及司号长。在各营,为管带、督队官、队官、排长、司务长、正副目兵及号目兵等。

第六条　除前条所述外，各该队中所有应参列阅兵者及第二条所载应归其本队之列外队者，均按步队每一标，马、炮、工队每一营，各编成一徒步队，列于所属队后方（即附图列外队）。

第七条　列外队及第二条所载徒步队阅兵既毕，应即退后百密达，以便诸队运动。该队在阅兵大臣回节以前，不得移动。

第八条　各镇、各混成协之军乐全队集为一队，参列阅兵之后施行走排。

第九条　左列各员着于九月初八日午前七点钟到阅兵场内阅兵式指挥官及总参谋官处会集：

各镇参谋官；

各协参军官；

各标教练官；

各工程营督队官。

第二节　阅　　兵

第十条　阅兵时各队须按左列次序整队。同队种之各标营，应照原标号数由右而左，依次排列：

步队；

工程队；

过山炮队；

陆路炮队；

马队。

第十一条 阅兵时诸队应用之队形如左(参观第一图):

步队:每标之各营皆按第一、第二、第三之次序前后重叠,距离六步。其各营内之各队皆成横队,按前、左、右、后之次序前后重叠,亦距离六步。

工程队:每营之各队皆按前、左、右、后之次序,每队各成三排,前后重叠,距离十步。各队成收缩间隔之横队。

马队:每营成营纵队。

第十二条 前条所述诸队之间隔,凡步队各标及马队、工队各营之间隔均二十步。步队各协之间隔及异兵种之间隔,如工队与炮队,或炮队与马队,均三十步。各镇相隔四十步。惟统制官、统领官并炮队、马队之统带官,均列此间隔之内。

第十三条 凡看齐以右方为准。不惟横方向应当齐一,即纵方向之看齐亦宜注意。阅兵式〈场〉植立小桩,以便看齐。人之足尖与马之蹄尖部,并列桩线上,整齐不乱。

第十四条 阅兵大臣莅阅兵式场时,阅兵式指挥官令吹立正号音,由是各步队均上刺刀。其他参列阅兵之军队,所属官长头目之带刀者,以及马队,均须拔刀。

第十五条 乘马军官之体势及缰绳保持法,又,徒步军官之体势及其他撇刀行礼法,最为人所注目。各军官尤宜加意,务须整肃。

第十六条 阅兵大臣莅〈阅〉兵式场时,阅兵式指挥官(总参谋官常须随行)前进迎迓,军乐队及各队号兵奏崇戎之乐四回。独立管带官以上之带队官撇刀行礼。乐奏毕,即抱刀。迨阅兵大臣莅预定之地位,各队均稍息,宜低声号令,各队应严持静肃。

第十七条　阅兵大臣既莅阅兵式场，尚未阅兵时，无论何人，不得在军队前面行走。

第十八条　阅兵大臣将行阅兵，离其定位时，各队即应低声号令，一律立正。

第十九条　阅兵大臣阅兵之时，不属于各队之中等以上军官、军佐及内外宾等，凡乘马者均可随从阅兵大臣。惟须整齐严肃，并不准擅带目兵、夫役等。

第二十条　阅兵大臣将行近军队之时，指挥官前进迎迓至前面六步之处，撇刀行礼。再进至适宜之地位，报本日出场军官以下人员总数，然后抱刀，在右前侧引导阅兵大臣阅看各队。此时，凡属指挥官之总参谋官以下诸员，均应随从指挥官之后。

第二十一条　阅兵大臣行近整列军队最右翼时，军乐队奏崇戎之乐。

第二十二条　阅兵大臣抵各镇、协右翼时，统制官及统领官当前进数步，撇刀行礼。应申告该镇、协之称号，然后抱刀。

第二十三条　统带官及独立管带官，俟阅兵大臣将至其右邻部队之左翼时，发向右看口令，然后速至阅兵大臣前撇刀行礼，申〈告〉本标或本营之称号、人员总数，然后抱刀。听以上口令时，该队官长、目兵均各行目迎、目送之礼，其号兵吹奏崇戎之乐。

第二十四条　独立管带官以上之诸带队官亦应随行阅兵大臣之后。俟阅兵大臣阅视其所部已毕，然后再行撇刀礼，复归本队。各统带官及独立管带官更发向前看之口令，惟须候阅兵大臣将至其左邻步队之中央时，方可发此口令。此队号兵应候彼邻队之号兵吹奏乐音时，方可停奏。

第二十五条 阅兵时，最左翼部队之号兵必候阅兵大臣已离其左翼二十步以外时，方可停止吹奏。

第二十六条 阅兵时，统制、统领、统带及管带各官按第二十二条或二十三条申告其军队称号、人员总数，特口音务当明了。按第二十四条随行之时，统制官应越过阅兵式指挥官与其总参谋官之间，随于指挥官右后，统领、统带、管带各官当随行于阅兵大臣之左后。

第二十七条 凡对于受礼者目迎目送之时眼光他注及注视不能严正沉静者，均于军容大有损害，故各官长务须严密训示部下为要。

第三节　走　　排

第二十八条 阅兵大臣行过之后，各队长毋庸听候他令，即向所定之走排起处，将队伍由右翼挨次靠拢，以为走排之准备。惟该处以马兵为标示。

第二十九条 诸队施行走排之次序，与阅兵时站队之次序同，即步队、工程队、过山炮队、陆路炮队、马队是也。

第三十条 走排时各队应用队形图列于左(参见第二图)：

步队：用一队面之标竖队，与阅兵时队形同。惟其各队前后之距离，以七步为率。统带、管带、教练、执事、督队各官及标旗等，均在该标前行走。步队各标间之距离六十步，镇内各协间之距离八十步，各镇步队与各混成协步队间之距离一百步。步队与工程队间之距离八十步。

工程队：队形用营纵队，即各队用横队，而前后重叠之每队距离七步是也。管带官、督队官、队官均在该营前行走。工程队各营间之距离六十步。工程队与过山炮队之间距离八十步。

过山炮队：队形用营纵队，各队用收缩间隔之横队，前后重叠，每队距离二十步。过山炮队各营之间距离六十步。过山炮队与陆路炮队之间距离五百步。陆路炮队队形，与过山炮队同。但其各标及各独立营之间距离六十步。各标内各营之间距离四十步。陆路炮队、马队之间距离八十步。

马队：队形在标用标纵队，在营用营纵队，各标及各独立营之间距离八十步。各标内各营之间距离五十步。在前述该队形，官长应为一列时，须依官阶之次序，由右而左排列。

第三十一条　走排间之看齐，均以右翼为准。

第三十二条　走排时行进目标，以旗帜二面为之标示，各标之教练官、各独立营之督队官，务于走排以前，将目标详细指示右翼排长，毋使误解为要。右翼排长行至行礼地位，虽闻向右看口令，亦毋庸向右看，依然向行进目标前进为要。

第三十三条　陆路炮队、马队之走排，均用快步。但换行快步之时，当在徒步兵最后之队伍经过行礼之处为要。

第三十四条　走排以阅兵式指挥官开步走口令开始，军乐队应最先头，步标闻该口令，即以该军乐队长及该统带官之口令前进。军乐队同时奏乐。于是，各军队逐次向走排起处挨次靠紧，遵照第三条及第二图。

第三十五条　行礼之处，以马队军官标示起点及终点。

第三十六条　阅兵式指挥官统率各军队前进，抵行礼起点，即撇刀行礼。抵行礼终点之后，即抱刀，用跑步向右方转进绕至阅兵大臣右后立定,待各队走排毕。惟参谋以下诸官,均直向前进。

第三十七条 军乐队行至阅兵大臣前约三十步之处,即向左转前进,抵不至碍于走排之处,即再向右转前进,行至阅兵大臣对面地方向右停止,连续奏乐。

第三十八条 统制官及混成协统领官抵行礼起点均撇刀行礼,抵行礼终点之后即抱刀,用跑步绕至阅兵大臣之左后,按资格之深浅由左而右依次排列,候其所属诸队通过之后,再行撇刀礼,用跑步以归本队。

第三十九条 除前条诸官之外,独立管带官以上诸带队官抵行礼起点,撇刀行礼,抵行礼终点之后抱刀,均直向前进。其余各官长只行注目之礼,不必行撇刀礼。

第四十条 在步标,资深之管带,在工营,该管带,在马、炮营,各队官,行至行礼起点,发向右看口令。其队尾走过行礼终点时,即发向前看口令,军队听该口令行注视之礼。如尚未至行礼起点,而已发向右看口令,则头向右看,而行走时稍长,恐行至阅兵大臣之前时,队伍必不能十分整齐。是故发令者于此处不可不深为注意。

第四十一条 走排尽处及方向变换处亦均以马兵为标示,各军队至走排尽处,即换便步。至方向变换处,即换方向至阅兵大臣回节时行礼之地,以便整齐队伍。惟其号令,总宜低声无哗为要。

第四十二条 走排时须注意第十五条及第二十七条所述者外,徒步军官之步法,亦当严正。

第四十三条 走排至终,即阅兵式指挥官至阅兵大臣之前行撇刀礼,待其命令。

第四节　阅兵大臣回节

第四十四条　准备阅兵大臣回节时，行礼之诸队，其应用队形如左：

步队及工程队：将原队形各队七步之距离改为四步，向左转成路纵队停止，面向阅兵大臣之位置，各协内之左翼标在右翼标后方二十步之位置。

过山炮队及陆路炮队：各队距离均改为十步，成营纵队。

马队：各队距离均改为十步，成营纵队。

以上诸队之间隔，均与阅兵时之间隔为一与二之比例。

统领、统带、管带等官各在其所属队前方十步之处，统制官则更在其前方十步之处。阅兵式指挥官在诸队之前方百步处，与阅兵大臣正对。其参谋以下诸官，在该指挥官之后方十步之处。军乐队之位置，在其左后方五十步之处。

第四十五条　阅兵大臣回节时，吹奏一声号音时，军乐队及诸队按照第十六条行各种敬礼（即阅兵大臣将莅阅兵场时之敬礼）。

（甘厚慈辑：《北洋公牍类纂》（二），沈云龙主编：《袁世凯史料汇刊》（7），第 927—935 页）

（三）阅兵处办事章程与人员

阅兵处办事章程

目　　录

第三章　综理司,自第十三条至第十六条。

第四章　递运司,自第十七条至第二十三条。

第五章　传达司,自第二十四条至第二十九条。

第六章　接待司,自第三十条至第三十三条。

第七章　宪兵队,自第三十四条至第三十七条。

第八章　信号队,自第三十八条至第四十一条(目录原文如此,与下文不相对应——引者注)。

第一章　总　　纲

第一条　阅兵大臣麾下应置阅兵处。

第二条　总参议辅佐阅兵大臣,总理阅兵处一切事务。

第三条　阅兵处除审判官及随员外,分四司及二队如左:

一、综理司。

二、递运司。

三、传达司。

四、接待司。

五、宪兵队。

六、信号队。

第二章　审判官及随员

第四条　凡审判官及随员之责任,除按《野外勤务书》所载遵行外,均照本条规办理。

第五条　审判官分为中央及两军专属,各配属员若干员。

第六条　中央审判官掌管统裁、指导大操之细务，接收两军作战命令、报告及使用号球队等事。

第七条　两军专属审判官，掌管传达方略及阅兵处之命令、制令，通报各项于该军，并通报该军之命令等于总参议。且须设法将指挥官之决心及关乎统裁大操上重要事件，并该军颁发命令或呈送报告之先，务求迅速呈报其要旨。

第八条　凡审判官将其已经判决各事，务须交总参议转为呈报阅兵大臣，且将本日会操上有何意见及所判决之理由，简略记载，每晚九点钟前后呈交总参议。

第九条　阅兵大臣如调集两军主将，其专属审判官亦须同时前往。

第十条　专属审判官之处，均由本军选派官长一员、马目二名、马兵九名，以为传令之用。如不敷用，再请本军添派。

第十一条　专属审判官及其属下之住所、马棚，均须本军预备。

第十二条　专属审判官办公处所，如有迁移，当从速与官商常设电报局及军用电话通信所连络，以便阅兵处通息。

第三章　综理司

第十三条　综理司，设综理官及参赞、随员若干员。

第十四条　综理官，统辖所属经理该司一切事宜。

第十五条　参赞及随员分掌各事如左：

一、准备阅兵处驻扎处所。

二、预备内外宾随观员宿舍及马棚事宜。

三、承管阅兵处购办及支发等一切会计事宜。

四、照料阅兵处人员及内外宾随观员之伙食及马匹喂养。

五、经理赔偿物产各事。

六、凡有与地方交涉事宜。

七、布置阅兵处守卫事宜。

八、管辖军乐队。

九、管辖巡警队。

第十六条 凡内外宾随观员人数或临时别有变故,均应由综理官随时告知传达司。

第四章 递运司

第十七条 递运司,设递运官及参赞、随员若干员。

第十八条 递运官,统辖所属经理该司一切事宜。

第十九条 参赞及随员分掌各项事务如左:

一、铁路运输各事。

二、水道运输各事。

三、通信各事。

第二十条 掌管铁路运输员,与铁路局协商筹备阅兵处及外宾随观员之运输并监督运输等事。

第二十一条 掌管水道运输员,专司监督军队水路运输等事。

第二十二条 掌管通信员,专司电信队之使用及关于电报、电话等事。

第二十三条 阅兵处电信队所设之电话,除阅兵处官员外,其余不准擅用。

第五章　传达司

第二十四条　传达司，设传达官及参赞、随员若干员。

第二十五条　传达官，统辖所属经理该司一切事宜。

第二十六条　参赞及随员分掌各项事务如左：

一、印刷、发送之事。

二、接待报馆员之事。

第二十七条　掌管印刷发送员，凡方略及作战命令等要件迅速印刷，分送于阅兵处各官，其专属审判官随员及随观员亦宜分别传送。

第二十八条　掌管接待报馆员，有专管关于报馆员一切之事，并任说明战况、通知要件、检查报章各事。

第二十九条　凡接待报馆员者，当其解说之际，须考度作战上之经过。若是两军应用秘密之处，务就业已经过者明确开示，决不可涉及将来操演上之事件，庶免发录报章，致将军机泄露。

第六章　外宾接待司

第三十条　外宾接待司，设外宾接待官及参赞、随员若干员。

第三十一条　外宾接待官，统辖所属经理该司一切事宜。

第三十二条　参赞及随员分掌各项事务如左：

一、接待外宾。

二、翻译情况、命令并印刷、传达事件。

三、引导外宾往赴操演地界。

第七章　内宾接待司

第三十三条　内宾接待司，设内宾接待官及参赞、随员若干员。

第三十四条　内宾接待官，统辖所属经理该司一切事宜。

第三十五条　参赞及随员分掌各项事务如左：

一、接待内宾。

二、转送情况、命令等事。

三、引导内宾往赴操演地界。

第八章　宪兵队

第三十六条　宪兵营长指挥其部下宪兵遵照《野外勤务书》，尽其职务，且担任阅兵大臣行辕及阅兵大臣出入之警戒。惟行辕之警戒，须与综理官协商办理。

第三十七条　地方人民及学生随观员等规则，另有定章。

第九章　号球队

第三十八条　号音照《野外勤务书》下编办理，另设号球队一队，与之并用，以通声息。

第三十九条　号球队长须受阅兵处所审判官及随员之指示，掌管大操统裁上所需之信号。

第四十条　号球队表示所在位置与记号及其用法，另有定章。

第四十一条　号球队未用信号以前，各队已发号信，则亦随之施用号音。

（练兵处王大臣鉴定:《光绪三十二年秋季大操阅兵处勤务条规》,《武备杂志》1906 年第 20 期,汇录,第 1—3 页）

阅兵处人员

阅兵大臣:直隶总督袁世凯、户部尚书铁良。

随员:即补侍读、内阁中书徐致善,四川特用道沈翊清,二品衔候选道娄晋,二品衔存记直隶补用道阮忠枢,二品衔存记直隶补用道刘燕翼,候选知府丁士源,直隶候补直隶州知州刘宝泰,咨调直隶差遣直隶州用、山东候补通判相国治,直隶州用、准补直隶饶阳县知县张一麐。遵奉阅兵大臣之谕,调查各项事务,并综核文牍。

总参议:署军令司正使、副都统王士珍。总理阅兵处各项事务,遵奉阅兵大臣之谕,施行方略、监视军情、节制宪兵队并指导会操等事。

中央审判官长:署军令司副使哈汉章。

中央审判官:军令司署向导科监督冯耿光,军学司教育科监督罗泽暐,候选道章亮元,陆军学生、知府衔吴元泽,陆军学生唐在礼、宝瑛、邓承拔、蒋尊簋。遵奉阅兵大臣之命,传布命令、审判战况、监视行军并节制号球队等事。

中央审判官委员二十员:段世琛、汪庆辰、宫邦铎、康宗仁、崔霈、王汝勤、童焕文、毛继成、吴鸿昌、张国仁、吴元斌、孙棣安、黄道魁、刘文吉、鲍恩培、韩廷瑛、高鹤、霈泽、延龄、孙光瑞。经管接发电信、报告、日记,通送命令、训令,查核文牍等件。

南军专属审判官长:副都统衔军学司正使冯国璋。

南军专属审判官:军政司器械科监督应龙翔,陆军学生蒋雁行、祝谦、韩国饶、贾德耀、齐灏、张仲元。

南军专属审判官委员二十员:魏家昌、吴宗煌、赵俊卿、谭振德、田书年、孙树林、冯家佑、魏其忠、崇欢、双安、陈德麟、赵金城、王福海、文治、居登榜、温如珩、王典型、周献章、陈光宪、顾荣光。掌管阅兵处命令、训令,传告南军,并将南军命令、报告报知阅兵大臣等事。

北军专属审判官长:军学司副使良弼。

北军专属审判官:军学司训练科步队监督岳开先,军学司训练科炮队监督万廷猷,候选道吴锡永,陆军学生朱廷灿、杨寿柱、张树元、李成霖。

北军专属审判官委员十二员:林调元、苗启昆、李成霖、萧良臣、陈蔚、周良才、林之夏、张复泰、朱克赓、吴荫桐、陈泽沛、刘景烈。掌管阅兵处命令、训令,传告北军,并将北军命令、报告报知阅兵大臣等事。

综理司综理官:署军政司正使、直隶大名镇总兵王英楷,二品衔留直补用道陆安清,河南南汝光道吴峝。总理阅兵处一切庶务。

综理司参赞:军政司搜讨科监督易迺谦,调署河南彰德府、归德府知府岑春煦,候选知府曹锐,分省补用同知饶昌龄,直隶候补通判叶澂,调署河南彰德府通判、河南府通判谢嘉祜,候选知县李大鹏。

综理司委员四十二员:方镇庚、徐方震、陈秉钧、武兰泰、施煜章、李文彨、吴贞魁、卓德徵、余荫元、丁宗英、汪怀瑜、魏国铨、陆炳文、刘翥桐、解良、延年、丁得胜、赵震元、孔广达、陆澐、宁存铨、董荫棠、陈鸿烈、钱金声、姚崇寿、俞纪瑞、侯维申、吕本藩、杨葆初、严绪钧、庞训彝、章绍钧、王文光、李麟阁、徐家璘、何家鄭、吕钟渭、马长丰、王松林、张鸿森、谢忱、周志椿。掌管综理司各项事宜,经理地方军民交涉、内外宾宴会供给、收支银钱、采运粮草、支应车马等事。

递运司递运官：军令司运筹科监督卢静远。总理阅兵处各项运输事宜。

递运司参赞：陆军学生易甲鹇、吴茂节、吴金声、程尧章、李荣光。

递运司委员十三员：徐家麟、萧耀南、贾德懋、范棪、钟继贤、宋玉峰、张敬尧、尹之鑫、王应祺、林家瑛、郭树棠、夏文荣、马惠田。掌管铁路运送军队并各军驻屯处所转输等事。

传达司传达官：军学司训练科监督章遹骏。总理印发方略、命令、训令等事，兼管阅兵处所属电信、电话、递信并统辖电信队。

传达司参赞：分省补用知县刘恩源，陆军学生王麒，尽先拔补千总刘询。

传达司委员十二员：张国宾、许国卿、赵其钧、宋大霈、周铮、孙定贤、钱德芳、董书春、鲍立铉、张文郁、张召棠、姚江。掌管编校、刷印，接收递送旗灯信号并接待报馆员等事。

内宾接待司接待官：二品衔前记名留直补用道倪嗣冲。总理接待各省各处观操人员一切事务。

内宾接待司参赞：三品衔留直补用知府江朝宗，三品衔分省补用知府张鹏，直隶候补知府范守佑。

内宾接待司委员十员：王绍烈、黄元祯、牛维栋、朱正元、程文浚、张鸿书、吴鸿宾、段芝荣、高皋言、南元超。掌管分配各省各处观操人员住处，致送方略、命令、印件并导引观操等事。

外宾接待司接待官：二品衔记名道蔡绍基。总理接待各国观操人员一切事务。

外宾接待司参赞:候选道程经世,候选知府何守仁、汇谦、卫兴武,前补用游击蔡廷干。

外宾接待司委员二十二员:潘骥呈、王承传、桂荣、金在业、甘联超、余后年、冼应勋、郭成玉、居贤举、卢廷忠、李维忠、何树声、金采、王曾彦、董春泉、谭学芹、黄兆麟、侯良登、唐润、海文、关景贤、钟穆生。掌管分配各国观操人员住处,致送方略、命令、印件并导引观操等事。

(《续陈校阅陆军会操详细情形折(附清单六件)》(15—548),骆宝善、刘路生主编:《袁世凯全集》第15卷,第400—401页;《光绪三十二年大操阅兵处职员表》,1906年石印本,北京大学图书馆藏)

(四)观操规则

《内宾随观规则》

第一条 京内各衙署、京外各省旗如愿派员随观大操,均应于七月内将官职、姓名并所带仆从人等及马匹之数咨呈练兵处。随观员若不能自带仆从人等及马匹,应均豫请练兵处代为备办,届时由内宾接待司拨给。

第二条 按照第一条咨呈之后,如欲增减人数或拟更换,必须从速报告练兵处。

第三条 随观员应于九月初三日至彰德府城阅兵处内宾接待司报到,领取红布缝绽左臂之上。

第四条 随观员若为新军官佐,各按现充之军职穿制定之军服,参与阅兵式时即穿制定礼服。若非新军官佐,如绿营、防营武员或文官之属,均一律行装,不得滥穿军服。

第五条　随观员自九月初三日起至九月初八日止，由内宾接待司供给住房及伙食。

第六条　随观员每人给以各种地图一份，惟笔墨纸张等类，均应自带。

第七条　由内宾接待司派应接员若干名，分担内宾应接之事，以便传达随观上必要之指示及通知事件。此外，地图、方略及一切图书、文件等，亦由该员发给。

第八条　各处随观员以官高资深者为领袖，凡关于随观之指示、通知及授受印刷物件等事，均归该员掌管。

第九条　第八条所载各领袖宜按照两军次日之豫定作战部署，属下随观员分往考查，以便多收随观之利益。

第十条　第八条所载各领袖若欲使属下随观员分别专随某军进退宿泊，必须由内宾接待官报明总参议后，始行分派。此等分派员之领袖可随时指定，该领袖之任务亦照第八、第九两条办理。

第十一条　随观员由应接员指示集合地段及时刻，必须勿误时机，由铁路往返会操地时，尤当遵照勿违。

第十二条　随观员群集两军各级指挥官之处，欲听取命令、报告或欲观察一切处置之时，须临时商定一二员为之。其余各员稍离该指挥官人位置，勿滋烦累为要。

第十三条　阅兵之时，随观员应在阅兵式职员及阅兵处诸员之后排成两行，跟随前进，不准随带差役、仆从等。

第十四条　大宴会时，随观员须于所定之时刻到大宴会场，将入场证据交付场员，以为凭照。该证据豫由内宾接待司发给。

第十五条　本规则所定之外,如有续增事件,随时示知。

《接待报馆随观员规则》

第一条　大操时各报馆有陈请派员观操者,准每一报馆派笔记者一人、照像者一人随观。

第二条　前条准派人员,各将年岁、籍贯、姓名、履历、本身相片一张,限于七月内呈报练兵处军令司候核。

第三条　核定允其随观与否,均于八月初十日以前分别颁布。

第四条　已经核允随观之报馆员,如欲另易他人,至迟限于八月二十日以前呈请候核。

第五条　各报馆随观员经练兵处核准之后,应于九月初四日午后齐集彰德府,至传达司报到,听候指示。但因不得已之事故报到过迟者,传达司查其事由,请总参议核定。

第六条　传达官每人发给特别之记号,悬于胸部,以为允许随观之证,无记号者不许随观。

第七条　该随观员观操之际,宜令着短式衣服,以便乘马,不能乘马者听。

第八条　关于随观之事,应照阅兵处办事细则第九十九条至百四条办理。惟仍由传达司于大操开始前,将各随观员所应知之件恳切说明。

第九条　随观员宿舍伙食,均自九月初四日午后起至九月初八日午后止,由阅兵处给与。

第十条　随观员宿舍可酌派夫役数人,以供使役。各随观员不许自带仆役。

第十一条　随观员如能乘马，宜给与马匹。该员自带乘马，亦可酌许。

第十二条　随观员可给二万五千分之一彰德府、三十里铺、汤阴县三张地图及百万分之一一览图。

第十三条　阅兵式时可适宜指定一地，令随观员陪观。惟不许任意行动，致有妨碍。

第十四条　大宴会场不设随观员之位置，另于适宜之地分别供给酒馔，以飨宴之。

第十五条　九月初八日午后，宴会毕，随观员应即解散。如有欲仍住宿舍一夜者亦可照准，并给晚餐。

第十六条　随观员若有不遵诸规则、命令者，当请总参议禁止随观，停止接待。

《地方人民学生随观应守规则》

本年九月在河南彰德府附近举行会操，凡地方人民、学生等应许随观。惟在会操地段，不得有碍军队之动作，尤当细玩军事之尊重，借以发育尚武之精神。除饬宪兵协同巡警依下列各条及临时所发各训谕剀切指导外，并应先期详密晓谕，务使随观者听宪兵及巡警之指示、严守规则为要。

一、学生、人民不得填塞道路妨碍军队行动，更不得任择捷径，蹂践耕地。

二、学生编列队伍者，应在军队后行走，不得滥入行军纵队之距离内,以免敌军误认为军队。

三、学生、人民不得在尖队之前行走,以免彼军察知此军之接近。

四、学生、人民不得在战斗线之前或行或止,以妨害军队之射击,并招意外之险。又不得在援队、备分队之前驻止,以妨害军队之运动。

五、学生、人民不得在前哨线或露营地附近群聚露宿,以免敌军误认为军队之露营地。

六、学生、人民服装有与军队相混者,应令速行更换,或不准近于战斗线。

七、学生、人民应肃静无哗,以免淆乱口令之传呼。

八、宪兵或巡警如指定随观者应停止或应随行之位置,学生、人民等应速从其指示,静赴该位置为要。

九、军旗(即标旗)系表章军队之协力同心而保护国家者也,凡我国民均宜诚心尊敬,故每遇军旗,必行礼致敬。

十、阅兵大臣乃朝廷特派大员代阅两军操演者也,凡随观者对之必行礼致敬。

十一、军用电线为军事上最紧要之物,仓卒之间,原未架设稳固。若随观者偶因登高瞻望,误将电线脱落,致有践踏损坏之事,或讶为罕见,以手触线,甚至有故意切断等事,贻害军队,实非浅鲜。如有故意损坏或窃取截断者,一经查明,必当严行惩办不贷。

十二、此外如有续定之条,届时另行训谕。

(甘厚慈辑:《北洋公牍类纂(二)》,沈云龙主编:《袁世凯史料汇刊》

(7),第 935—939 页)

三、太湖秋操

(一)阅兵大臣荫昌、端方会奏校阅太湖秋操折

奏为本年校阅陆军会操情形分别缮单绘图恭折具陈仰祈圣鉴事。窃臣等钦承简命校阅江、鄂陆军会操,业将大略情形先后电请军机处代奏在案。臣等伏查我国自创办陆军以来,举行秋季大操者凡三次,一为河间,一为彰德,一即本届之太湖。河间一役,系征调近畿军队会操于北地,是为全国特别大演习之始。彰德一役,系征调近畿及湖北军队会操,是为南北两方军队联合运动之始。本年太湖一役,系征调湖北与江南、苏州、江北各军队会操,是为南方军队就南省地方会操之始。风气所开,由京而外。地形之变,自北而南。南方各省军队,除鄂省之军,曾经参与秋操一次,其余自编练以来,虽常有野外之演习,大抵皆自行操演,操演之地不过驻营附近,未尝远出千余里、动众万余人,与他省相当兵力,俨然对抗于疆埸。此诚挂名军籍者难得之遭逢。惟此次所选之太湖操地,截然与北方不同,一切行军、驻军、开进、战斗,以及阵地之据守,桥梁之架设,防御之工事,与夫士马药弹之补充,粮秣柴草之储备,水路舟车之输送,均因地形之险阻,愈觉经画之艰难。究之兹事体大,虽经纬之万端,仍同条而共贯,形式虽微有同异,而精神所在,悉本之前两届之规则,以作准绳。

请先言其编制。南军则以湖北步队混成第十一〔五〕协、步队第二十一协、马队第八标第一营、过山炮队第八标、工程队第八营、辎重队第

八营及机关炮二队、轻气球队一队、电信队一队、卫生队一队、桥梁队一队，编成混成第十一镇，派统制张彪暂充指挥官。北军则以江宁第九镇原有之步队三十三标、三十四标仍编为第十七协，步队第三十五标、江苏步队第四十五标编为第十八协，加以江北步队第二十五标、马队第九标第一营、炮队第九标、工程队第九营、辎重队第九营及机关炮三队、轻气球队、电信队、卫生队、桥梁队各一队，编为混成第九镇，派统制徐绍桢暂充指挥官。其筹备，则一曰粮秣，一曰军械。粮秣之分类六：曰大米、曰干粮、曰麸料、曰铺草、曰马草、曰柴薪。积储分配之地，属于南军者有四：曰洪家小屋、曰洪家小屋附近、曰洪家嘴、曰李家屋；属于北军者有五：曰曹家屋、曰曹家老屋及东北沙滩、曰魏家湾、曰刘家店及狭窄口、曰太湖县城西北沙滩。军械，则枪炮马匹、阵营器具、土木工作器具、架桥材料、电信材料、医药器具材料，先期由各督练公所筹足。子弹每炮八十出，每枪百余出，皮件、背囊，均一律配备整齐。其大小接济之运输，则新制两轮一马之车，小接济需带各物，则由各兵分携。至行军，则南军共分八起，由鄂省以轮船输送，会于九江，登陆以后，在黄梅以北自行演习；北军则苏州、江北军队先会于江宁，连同宁省军队，共分十一起出发，以轮船输送，齐集安庆，登陆以后，在潜山以南自行演习。以十月二十四日夜，南军宿营于太湖县东北，北军宿营于枫香铺，时机既迫，暂候令而不行，摩厉以须，待诘朝之相见。以上皆准备秋操之大略情形也。

近时战争剧烈，每一战役，动众辄十数万之多，兹合两军并计才三万余人，不得不有假设之军，作为本战，以期虚实相生，正奇相用。此次之总方略，本定为南退北追。南军本军退却地点，假设于安庆、石牌之间，而以混成第十一镇为〈枝〉队，其任务在逆击追师，掩护本军之左侧，北军本军追蹑之所在，亦假设于南军本军之前方。作为南北本军，正相对峙。而以混成第九镇为枝队，其任务在击退敌军枝队，以便本军行总攻时，威胁该军左侧。一迎一距，一却一前，不期遭遇于太湖，遂同以太湖境地为两军对垒之区，此预定之方略也。方略之规定，虽参合各种之方面而成，而战地情形，实为重要之条件。太湖地势，群山环抱于外，森林掩蔽于中。岗陵溪泽，所在皆是，崎岖湫隘，通过维艰，天然一南方地形之代表，而为研究各局地战之最好战场。案：此次演习地段，系以太湖县西〔东〕北之枫香铺为战事之发端，而以太湖县南之枫香驿为战端之归宿。计自枫香铺通过太湖县南共有三路：其一由王家牌楼、陈家河而至五洋堡，由五洋堡遵大路前进，而高家坦，而喇叭潭，经徐家村绕太湖县西北而南，达于曹家老屋、曹家祠〈堂〉之间，是为中路；一由殷庄、刘家山〔铺〕经五羊坂而至赤土岭，再由赤土岭西南行而汪洋铺，而岔路口，经徐家村绕太湖县西北而南达于西山堡、望湖墩、雷家大湾、木家凉亭之间，是为东路；一由湖荡凸通过虎头山、宋家大屋而至观音山、观音寺，再由观音寺南下经过分水岭、纱帽山麓，取道太湖城南，达于花香坂、花香坡之间，是为西路。至太湖南境之区域，以会友堡为中心，东至汪洋屋，西连唐李坊，均属平衍之地。平地之尽处，在其北者曰无忧堡、曰汪家屋、曰刘家店、曰狭窄口，自东而西成为第一弧线，再进曰曹家屋、曰大岭头、曰五里墩、曰莲池头、曰烽火尖，亦自东而西成为第二弧线。进而益北，则太湖县城南之境矣。在其南者曰戴家湾、曰魏家湾、曰最码晏、曰河南坂、曰猫儿岭、曰严福岭，自东而西成为第一平线，再进曰李家屋、曰界址河、曰洪家小屋，亦自东而西，成为第二平线。进而益南,曰刘其堡、曰刘其冲、曰八里岗、曰洪家嘴、曰月塘角、曰唐家冲,亦自东而西,成为第三平线。其偏东为张家冲、曰土门岭,其偏西曰朱家嘴、曰吴家河、曰杨家屋,再进则枫香驿矣。盖无不陂陀起伏,沮洳纵横,此地形之大较也。

二十五日,开始演习。北军以追击之目的,分三路前进,其前锋马队搜索于赤土岭以西,与敌之马队相遇,徒步战斗。北军司令官既侦知敌已迫近,参以地形,决计向敌右翼进攻。遂令右翼纵队之前卫及左侧枝队之一部,由赤土岭、五洋堡为助攻;命左侧枝队所余之一部与右侧枝队之本队,由五洋堡高地及观音山方向为本攻,并以炮兵二营在赤土岭东北端高地,向朱家汛之敌炮射击,复以一营在五洋堡附近放列,向高家坦敌人步队射击。南军亦分路抵御,以右翼占领观音山、观音寺之线,以当宋家大屋之敌;左翼占领汪洋堡〔铺〕一带高地,以当赤土岭之敌;其中央本队则在高家坦一带展开,以与敌之中央部队相持,辅以炮队遥相轰击。鏖战既久,观音寺一部南军第一线之火力较优,北军在宋家大屋之步队颇形苦战。北军司令官乃决计向此方面增加兵力,实行主攻,并饬中央纵队与左翼会合猛烈放射,阳示主攻。南军此时亦派一营向观音寺东方逆袭,北军亦增加兵力,互相冲锋。卒以北军兵力甚优,南军不能保持原地,乃派步队一营占领喇叭潭高地,炮队一营赴徐家村东方高地放列,以收容诸队,仍分为三路,向猫儿岭、河南坂之线退却。北军用全力跟追,直达太湖县南方,乃令前卫占领木家凉亭,令左翼纵队占领曹家屋高地,本队则停止太湖西南,并各派前哨警戒宿营。是日之战遂止。

二十六日,南军因得通报,知步队四十三标将于本日来会,决计在猫儿岭附近占领阵地仿〔防〕御，俟援师到来，再行决战。而北军亦侦知敌之援军将至，决计于其未至以前，再击走之。于是南军取守势，北军取攻势。南军之炮队阵地一营占猫儿岭西北高地，两营占河南坂南方及西南方高地，其步队则以一标散开于猫儿岭、树林冲之间，一标防御三台岭、最码晏之间，另以二标阵于河南坂西南为总预备队。北军则以炮队两营阵于狭窄口高地，其步队则以中央主力由魏家湾方面前进，向最码晏、三台岭之敌主攻；其前卫则进由狭窄口向猫儿岭之敌遥为牵制，另由本队派出两营赴会友坂展开，向河南坂之敌协力夹攻；再由本队派出两营，自魏家湾、会友坂之间展开进攻；其余诸队阵于严福岭西北谷地为总预备队。两军既接，炮火喧阗。未几，北军之第一战线愈逼愈近，进至敌军火线自二三百密达至五六百密达之间，其一部队直前冲锋。斯时，南军增援队第四十三标已到。南军乃决计逆袭，命增援队速赴李家屋西方谷地开进，亲率总预备队由战线中央奋进逆袭，北军亦令总预备队迅速增加。两军主力决战，其势甚烈。迨至日没，胜负未决。北军于是退抵狭窄口及魏家湾一带宿营，其警戒线则由树林冲而至唐李坊、魏家湾之线，南军则就原占阵地以战备队形彻夜警戒。是夜，两军各派斥候及小部队侦探敌情，并派步队向敌威力侦察，均因警戒严密，互被击退。

二十七日，两军均因得总司令处之训令，本军将于是日开战，均令各就任务，以争胜利，而便参预本战。而北军复得有第五十标克日来援之信，北军遂决计占领由烽火尖至曹家屋之线，以待增援队到来，再行反攻。南军则以任务所在，决计攻击，以步队一标向烽火尖及狭窄口阳攻，并以炮队掩护其前；另以步队一协占领魏家湾及严福岭一带高地，炮队则分阵于魏家湾左右高地；其余各队，阵于李家屋谷地为总预备队。于是北攻南守之局面，一变而为北守南攻。北军之守烽火尖者，与欲进据狭窄口之敌相持不下。北军在刘家店之步队一营及右翼预备队步队两营，乃进据狭窄口两侧高地，与烽火尖部队协力御敌。南军陆续前进，进距火线二三百密达之处，其他一部有向烽火尖冲击之势，终被北军猛射，不能前进。南军司令官因烽火尖之敌势甚优，测知汪家屋一带兵力必单，决计向中央主攻。以步队三标展开于严福岭西方、最码晏北方，其战线渐次进逼汪家屋、唐李坊一带，全力进攻。其第一线直前冲锋，严守刘家店、曹家屋之北军正向敌猛烈射击，悉力抵御。时则第五十标已行抵曹家祠堂，北军司令官乃命增援队暨总预备队由花香坂方面向敌右翼逆袭，南军则悉力占据严福岭东北高地，以阻遏其前进。两军战事，遂于是结局。此三日以来实习战况之大略情形也。

操演既毕，臣等督同各审判官依据战理，为之讲评。如二十五日，南军之决心在占领虎头山、赤土岭之线，迎击敌军，以期牵制，用意甚善。其左翼炮队运动活泼，尤合遭遇战之宗旨。北军主力向五洋堡方面转进，以图包围敌军右翼，颇为合法。旋因宋家大屋之步队稍受损伤，乃决计向观音寺附近主攻，即大增兵力，以鼓舞之。按之当时战况与地形，实为上计。二十六日，两军措置大致均甚妥协。惟南军于猫儿岭之方面，兵力稍嫌单弱，未免可危。北军之前卫炮队，未俟本队之炮队占领阵地，遽与敌炮相攻，不免过骤。二十七日，南军以其一部在猫儿岭牵制敌军，复以其主力向中央攻击，颇为得势，惟其步队一标单独暴进，稍失后方联络，未免冒险。北军经营防御阵地，颇形坚固，且便于逆袭，所有配备均甚合宜。惟其右翼分占狭窄口两侧，与总指挥官之命意不符，不无遗憾。此等情形，嗣后两军均当注意改良。又若散兵之运动，后方部队之队形，则又当参酌新法，亟加研究者也。先是臣等先后奉到电传哀诏，当即传谕两军一律挂孝，并告以此次秋操，为大行太皇太后、大行皇帝之所注重，是以迭遭大故，仍不废操。所望各军将士，默体在天之灵爽，勉为圣世之干城，以期张我国威。各军将士备闻斯言，莫不感激泣下。是以此次操演战况，虽各有短长，而精神皆异常发越。臣等复念各将士长途跋涉，辛苦备尝，因即敬体朝廷德意，颁赏犒师，以广皇仁而作士气。至于阅兵之式、饮至之筵，一律停罢。此评判战况，诰诫诸军之大略也。

综计此次会操，南北两军共二万四千四百余名，官佐一千四百余员，工匠夫役六千七百余名，乘马、挽马、驮马共三千八百余匹，大接济车共一千三百余辆。各国来观操者计三十七员，各省各处来观操者共二十六员。此外，尚有贵胄学堂及皖省各学堂学生，均随臣等出入太湖，周历备览。此一役也，运筹决算，陆军部实握其总权。所派办事之员，只以综理、交通、警务、接待四司，执简驭烦，主持全局。统会计、度支、经理、庶务、筹备、供给地方征发、军马粮秣、饩牵馆舍、道路工程、信号机关、物品运送，以及颁示科条、维持风纪、照料宾客、妥慎交际，罔弗措施悉当，条贯靡遗。所置总参议官冯国璋、副参议官哈汉章，佐臣等发号施令，臂助深资。各该指挥官，服从于中央一号令之下，有如身之使臂、臂之使指。论其规模，较之河间、彰德两役，大致相同。而语其成绩，则因军器之进步，地形之不同，如轻气球队也，机关炮队也，皆前两届之所无。马队之不便盘旋也，给养之多困难也，小接济之由各兵丁分携也，大接济之用新制之车也，所应考究之事较前两届为多。至于智识之增长、战术之进步,则又举行秋操一定之公例矣。南方地形复杂,不经实验,处置为难。自有此役以后,再加以研究改良,可定为南方行军之标准,将来推之各省,行之通国,得失互证,考较益精。无论如何形势,皆有驾轻就熟之功。万一有事疆埸,亦收以逸待劳之效。近鬯皇威,远张国力,系斯举矣。臣等业饬各镇、协分起回防,暂充南北两军指挥等官均复旧差,仍饬该统制等督率将佐,认真教练,精益求精,总期故步勿封,日新月异,庶于圣世经武整军、实事求是之至意,或有当于万一。

谨缮具阅兵处办事人员衔名清单一件、方略编制清单一件、战报清单一件、讲评清单一件、中外观操人员清单一件、阅兵处各项章程清单七件,并战图六幅,恭呈御览。所有校阅秋操详细情形,理合恭折会陈,伏乞皇上圣鉴训示。谨奏。

(《阅兵大臣荫、端会奏校阅江鄂两军会操情形折》,《南洋兵事杂志》1909 年第 29 期,奏议,第 7—18 页)

(二)太湖秋操教令

第一节 大操日期

第一条 大操日期开列于左:

十月二十五日,第一日会操。

十月二十六日,第二日会操。

十月二十七日,第三日会操。

十月二十八日,阅兵式。

第二节 开设阅兵处日期及选派该处陆军警察队、军乐队、卫兵、传令人员等办法

第二条　阅兵处于十月二十二日在太湖县城开设。

第三条　阅兵处之陆军警察队、军乐队均由两江督练公所酌量编成，卫兵人员、马匹由湖北督练公所编成，于十月二十二日以前先行驰抵太湖县。陆军警察队则赴阅兵处报到，军乐队、卫兵则赴综理司报到，听候差遣。其额数如左：

一、陆军警察队。队长一员，官三员，目六名，兵十五名，马四匹。

二、军乐队。其人员编制遵照奏定营制。

三、卫兵。卫兵长一员，马一匹；步队官一，目二，兵二十八名（内号兵一名）；马队官一，目一，兵十名（内号兵一名），马十二匹。

第四条　由第八镇、第二十一混成协各选派马队官长一员、目二名、兵九名，并由第八镇选司号长一员、号兵二名，以备阅兵处传令之用。该人员等于十月二十二日下午到太湖县阅兵处，听候差遣。

第五条　各军十月二十三日于齐集地方，选官长一员、马目一名、马兵五名、步目一名、步兵四名，归专属审判官传令之用。如专属审判官再请多派数员，则照其所请办理。

第六条　凡选充传令之马、步目兵，均以伶俐敏捷、口音清楚为要，马目兵尤须马术熟练，步目兵尤须足力矫健，故各该镇协应慎重挑选。

第七条　阅兵处卫兵及传令马、步目兵之供给，归综理司办理。惟属于专属审判官者，则归该镇司令处办理。

第三节　通　　信

第八条　阅兵处及各镇应置电信队一队，携带行军电话机、电报机两种,以备通信。

第九条 各电信队,即冠以所属各处之名称。如阅兵处电信队、第某镇电信队是也。

第十条 镇司令处于该镇各队之电信,均可任意使用,以通声息。

第十一条 阅兵处电信队之编制及服务等法,另有条规。

第十二条 阅兵处电信队之人员、马匹、车辆,由近畿督练公所选第六镇之工程队编成,限五月上旬内,将其花名清册报告陆军部,听候指示。

第十三条 各镇电信队之编制,由各督练公所酌定,限七月内,报告陆军部。至其服务等事,参照阅兵处电信队条规,酌定办理。

第十四条 阅兵处电信队,会操间,须视为中立。

第四节 信 号

第十五条 号音照《野外勤务书》下编所定办理外,并用号球以通声息。

第十六条 号球队由直隶调用,限十月二十三日以前,先行驰抵太湖县,速至阅兵处中央审判官之处报到,听候差遣。

第十七条 号球队表示安设位置之记号及其符号,另有定章。

第十八条 各队当留意号球队之动静,见有信号时,号兵听军官命令,随之鸣号。若号球队先闻鸣号,亦应随即揭扬。

第五节 禁 止

第十九条 会操各队,除镇司令处、协司令处及独立马队本署外,不准占用官民房舍。

第二十条　凡属阅兵处之宿舍、马号、电线，均不准擅用及有阻碍情事。

第二十一条　敌军所设之电线，不准掠夺毁坏，虚演则可。

第二十二条　凡安设号球队之处，不得施放枪炮及吃烟等事。

第六节　阅兵处与两军之连络

第二十三条　由阅兵处所派之两军专属审判官，除遵照《野外勤务书》所定责任办理外，应保持阅兵处与该军之联络。

第二十四条　两军主将，有呈报阅兵处关于作战之命令、报告等文件，悉交专属审判官转达。该文件之函面记号，南军当画一红线，北军当画一蓝线，以示区别。

第二十五条　两军主将，未发命令、报告以前，务将其决心及处置之大要，迅速通报附近之审判官。

第二十六条　两军主将所决意见，倘临时有改变之处，应即再行通报于附近之审判官。

第二十七条　两军统制，限十月二十八日内，将作战一览图、每日会战略图，呈送阅兵处。再，大操毕归营之后一月半内，应将该军大操记事，呈由该督练公所转报陆军部，其记法照《野外勤务书》所载要领办理。

第二十八条　记载命令、报告及其他操演诸事，所用地名，均照秋季大操地图办理。其在此图以外者，则照一百万分之一一览图办理。

第二十九条　专属审判官及随员之宿舍、马号，应由各该军在其司令处左近准备。

第三十条　中央审判官及随员，或其他阅兵处人员，有时须驻于两军宿营地之时,则两军应允其所请,为之准备宿舍、马号。

第三十一条 前条所揭诸员及马匹之供给,由该两军随时照料。

第七节 赔偿土地物产之损坏及预防危害

第三十二条 人民之土地、物产,凡因大操致有损坏者,统归阅兵处赔偿。故各镇司令处,如见有系该镇军队损坏之处,务速将其地段及损毁之多寡,报告阅兵处,设有不当损坏而亦遭损坏者,则其赔偿,即责成该军队办理。

第八节 大操应用军需及军械弹药

第三十三条 各督练公所须为各该镇军队准备大操所用空子,其数每枪五十、每炮八十,机关炮空子尚须多备。

第三十四条 军械、被服、马匹、车辆、帐棚等项之军需,其筹备情形,至迟限于七月内,由各该督练公所报明陆军部。

第九节 大操时供给

第三十五条 大操日期内,各队人员,除照平日所给粮食外,另给干粮,由各督练公所适宜准备。

第三十六条 大操时,阅兵处就两军每日宿营地附近,设立粮秣集积所,预购米豆、柴草。十月二十五日起至二十八日止,每日均由该所分配各队,各队大接济内,均带一日分之米豆。就宿营时,须派员先领柴草,为当日之用,后领米豆补充大接济。

第三十七条 前条所开米豆、柴草之费,由陆军部发给。其余一切供给之费，概不发给。

第十节　服装旗帜

第三十八条　凡参与大操之军人，各按原充之军职，着用制定之军服。官佐则用蓝色常服、青色礼帽(金银辫)，目兵则用礼服，其余人等均一律行装，不得滥穿军服。参与阅兵式时亦然。

第三十九条　鄂军诸队自十月二十四日薄暮起，至二十七日操毕止，均加土黄色帽罩。

第四十条　审判官及所属人员，左臂均缚白布。其余阅兵处人员，左臂均缚黄布。惟递运司人员，在黄布上另附红绒车轮记号。电信队人员，在黄布上另附红绒 Y 字记号。

第四十一条　随观员，左臂均缚赤布。

第四十二条　各队须照《野外勤务书》下编携带假设旗，其用法如下：即假设步、工兵一队时，用旗一面，兵丁四名；假设马兵一队时，用旗一面，马名〔兵〕四名；假设炮队一队时，用旗一面，炮一尊，附以一炮应用之人马。

(《陆军部颁发江鄂两军秋季大操教令》,《南洋兵事杂志》1908 年第 24 期，公牍，第 1—8 页)

(三)阅兵处办事章程与人员

阅兵处办事章程

第一章　总　　纲

第一条　阅兵处办理大操期内审判及一切设备事宜。

第二条 阅兵大臣统监两军,总理阅兵处一切事务。

第三条 总参议辅助阅兵大臣,经理阅兵处应办事宜。

第四条 阅兵之勤务,应按左列各项职司,分任责成:

一、中央审判处。

二、两军专属审判处。

三、综理司。

四、交通司。

五、外宾接待司。

六、警务司。

第二章 中央审判处

第五条 中央审判处设长官一员,审判官及随员若干员。

第六条 中央审判处掌管统裁、指导大操之细务,并接收两军作战实施报告、使用信号等事。

第七条 审判官凡已经判决各事,应随时报由总参议转呈阅兵大臣,并将关于本日会操上之意见及所判决之理由,简明记载,每晚九点钟呈交总参议。

第八条 中央审判处设传达官一员,随员若干员,掌管印刷发送之事。凡方略、作战命令等要件,迅速印刷,分送于阅兵处各员及中外随观人员。

第九条 中央审判处附设号球队一队,以通声息。凡大操统裁上所需之信号,由号球队长受阅兵处派定之审判官及随员指挥,按时施用。其记号及用法,另有规则。

第三章　两军专属审判处

第十条　两军专属审判处各设长官一员，审判官及随员各若干员。

第十一条　两军专属审判处掌管颁发方略及阅兵处之命令、限令、通报等事项，随时将该军之命令、报告各件交中央审判处转呈阅兵大臣，除该军指挥官之决心及统裁大操上重要事件应随时通报外，即该军颁发命令，或呈送报告之前，亦应将其要旨迅速通报中央审判处（譬如该军行军命令中所载宗旨，军队区分法，前护队、支队、大队或各纵队等运动开始之时刻、地点、进路、任务各项，均应通报）。

第十二条　两军专属审判官，将其已经判决各事，务须速交中央审判处，转由总参议呈报阅兵大臣，并将关于本日会操上之意见及所判决之理由，简明记载，每晚九点钟呈交总参议。

第十三条　阅兵大臣如调集两军主将，该专属审判官亦须同时前往。

第十四条　专属审判处，均由该军遣派官长一员、马目一名、马兵五名、步目一名、步兵四名，以为传令之用。如不敷用，再请该军添派。

第十五条　专属审判处各员住所、马棚，均归该军预备。

第十六条　专属审判处，如有迁徙，当速与通信所连络，以便与阅兵处通电。

第四章　综理司

第十七条　综理司设长官二员，综理官及随员各若干员。

第十八条　综理司掌管事务如左：

一、准备阅兵处驻扎处所。

二、预备外宾宿舍及马棚事宜。

三、承管阅兵处购办之件，及收发一切会计事宜。

四、照料阅兵处人员，及外宾之伙食，供给马匹之喂养。

五、经理赔偿物产各事。

六、与地方官交涉各事。

七、管辖军乐队。

八、照料随观员。

九、照料报馆员。

第十九条　凡外宾及随观员、报馆员人数，或临时别有事故，应由综理司随时通报中央审判处，转知传达官。

第二十条　照料报馆人员，专管关于报馆员一切事项，并任说明战况、通知要件、检察报章各事。

第二十一条　照料报馆员人员，准将经过之战况详细宣示。惟不得涉及两军秘密之件（如兵力、任务、军队区分之类）及操演上未来之事，以免登载泄露。

第五章　交通司

第二十二条　交通司设长官一员，递运官、通信官及随员各若干员。

第二十三条　交通司掌管各项事务如左：

一、铁路运输各事。

二、水路运输各事。

三、陆路运输各事。

四、通信各事。

第二十四条　掌管铁路及水陆运输各员，筹备阅兵处及外宾之运输，并监督军队运输等事。

第二十五条　掌管通信员，专司电信队之使用，马拨之分遣及关于电报、电话等事。

第二十六条　阅兵处电信队所设之电话，除阅兵处官员外，其余不准擅用。

第六章　外宾接待司

第二十七条　外宾接待司设长官一员，接待官及随员各若干员。

第二十八条　外宾接待司掌管各项事务如左：

一、款接外宾。

二、翻译情况命令，并印刷、传达等事。

三、引导外宾往复操演地界。

第七章　警务司

第二十九条　警务司设长官一员，办事官及随员各若干员。

第三十条　警务司附设陆军警察队、巡警队、卫兵，掌管各项事务如左：

（甲）陆军警察队。

一、陆军警察队长，受警务司长之指挥，遵照《野外勤务书》尽其职务。并担任阅兵大臣行辕之守卫，及出入之警备。

二、警务司长在大操期内，有监督两军陆军警察队之责。

(乙)巡警队。

一、巡警队长,受警务司长之指挥,掌管大操地段,及阅兵处所指定各要地方之警备。

二、巡警队按照随观规则,指导地方人民、学生,毋许有践踏、妨碍等事。

三、巡警编制另有定章。

(丙)卫兵。

卫兵长受警务司长之指挥,专任阅兵大臣之守卫及出入之护从。

(《光绪三十四年秋季大操阅兵处勤务条规》,《南洋兵事杂志》1909年第29期,秋季大操记事,第32—38页)

阅兵处人员

阅兵大臣:荫昌、端方。

总参议:冯国璋。

副参议官:哈汉章。

中央审判处

审判官长:良弼。

审判官:应龙翔、岳开先、曲同丰、吴晋、魏宗瀚、王培焕、孙树林、吴介璋、姚鸿法、李辰身、毛继成、吴琇文、陶云鹤。

传达官:刘恩源。

南军专属审判处

审判官长:冯耿光。

审判官:张联芬、王麒、陈文运、宫邦铎、李玉麟、田书年、许崇智、苑尚品、张树元、祝谦。

北军专属审判处

审判官长：朱泮藻。

审判官：王廷桢、刘良弼、特克慎、上官建勋、何丰林、张怀斌、李馨、王汝勤、张敬尧、杨祖德。

综理司

司长：易迺谦、孙廷林。

综理官：凤仪、恒龄、蔡学培、宣保章、杨葆元、宋学周、方振麟

交通司

司长：卢静远。

递运官：邓承拔、吴绍璘。

通信官：吴金声。

警务司

司长：丁士源。

办事官：张文元、李方、李应泌、周伸曾、江绍沅。

外宾接待司

司长：温秉忠。

接待官：曾磐、岳昭燏、宋文翔、饶怀文、汪树壁。

（林开明等编辑：《北洋军阀史料·徐世昌卷（四）》，第629—630页）

（四）会操方略

总方略

南军主力由桐城折回安庆方向，其一枝队转向太湖，北军正在

追击。

南军特别方略(二十四日午后四钟由专属审判官长交付该军)

南军混成第十一镇(少步队第四十二标及炮队第八标第三营)有掩护本军左侧之任务。十月二十四日晚退抵太湖县东北端宿营,午后八点钟以前所得情报如左:

一、敌之马队约一营,今日午后三点半钟追到赤土岭停止。

二、追蹑前进之敌军纵队约一镇。今日午后三钟,其步队先头经过小池驿。

三、步队第四十二标统带官之报告如左:

甲、本标及炮队第八标第三营,今晚(二十四晚)可抵华凉亭宿营。

乙、明日拟续行北进。

丙、据侦探报称,华凉亭至太湖道上桥梁损坏,道路难行,不免前进延滞。

四、安庆总司令处发来之训令概略如左:

甲、本军昨晚退抵安庆、石牌间之山脉线上(由安庆东北至石牌北方),拟即在此固守,俟援军到后,再行进攻。

乙、该镇务须遏止其前面之敌,以免本军左侧危险。

北军特别方略(二十四日午后四钟由专属审判官长交付该军)

北军混成第九镇,由桐城附近追敌前进,十月二十四日晚行抵枫香铺(太湖东北)附近宿营。午后八点钟以前,所得情报如左:

一、据马队报称,今日追敌前进,午后三点半钟到赤土岭,尚未见有敌军步队。

二、据间谍报称，敌军步队约一标、过山炮十余门，今早由黄梅拔队北进。

三、练潭总司令处发来之训令概略如左：

甲、敌之本军昨晚退抵安庆、石牌间之山脉线上，似即在此防守。

乙、本军现与敌军对峙，拟俟后方诸队整顿完毕，再行总攻。

丙、该镇务将其前面之敌击退于太湖以南，期在总攻之时威胁敌人本军左侧。

（林开明等编辑：《北洋军阀史料 · 徐世昌卷（四）》，第 595—599 页）

（五）南北军演习计划及行动

南北两军作战计划

南军

南军混成第十一镇，按十月二十四日午后八点钟所得之情报（参照方略），拟牵制追击前来之敌军，使不得妨碍我本军之侧背，决计于明二十五日更向赤土岭前进。本日午后八点钟所下镇命令之大要如左：

一、本镇明日拟占领虎头山、赤土岭之线，迎击敌人。

二、马队第一营早八点三十分钟，拔队搜索宋家大屋及刘家山铺方面。

三、右纵队（步队两营）早九点钟，由陈家村北方拔队，经分水岭向虎头山前进。

四、左纵队（步队两营、炮队一营）早九点钟由陈家村拔队，经大道向赤土岭前进。

五、中央纵队(步队五营、炮队一营、工程队三队,其余一队监视军桥)早九点钟由陈家村拔队,经高家坦向五洋堡南方高地前进。

北军

北军混成第九镇,按十月二十四日午后八点钟所得情报(参照方略)决心前进。本日晚八点钟所下镇命令之大要如左:

一、本镇明日拟分三纵队,续行追击,向太湖县前进。

二、右纵队(步队三标、马队三队、炮队二营、工程队二队)早八点半钟,由枫香铺拔队,经大道向太湖县前进。

三、中央纵队(步队五营、马队一队、工程队一队)早八点钟由殷家老洼(枫香铺东南方)拔队,经虎头山附近向太湖县前进。

四、左纵队(步队一营)早八点钟,由殷家老洼拔队,经观音山(虎头山南方)附近,向太湖县前进。

(《南北两军作战计划》,《南洋兵事杂志》1909 年第 29 期,秋季大操记事,第 5—6 页)

演习第一日南北两军之行动

南军之战斗经过

二十五日,南军各纵队,按昨晚所下命令,于午前九点钟开始前进。

马队主力,由中央道路经高家坦向五洋堡前进,其一部由大道经岔路口向赤土岭前进。午前九点二十分钟,大道上之马队行抵汪洋铺之西方,与敌之多数马队(由赤土岭来者)相遇,遂用徒步战,以俟后方步队,中央道上之马队于午前九点三十分钟行抵五洋堡南方高地,击退敌之马队一队。至九点五十分钟，遇敌之步队行近该处，遂向观音山方面转进，而与右纵队相合。

右纵队用步队两队为前卫，经分水岭向虎头山前进。午前九点五十分钟，行抵观音山附近，探得敌之步队已至虎头山一带，立即占领由观音山至观音寺之线，以拒止敌军前进。

中央纵队用步队一营为前卫，经高家坦向五洋堡前进。午前十点钟，其先头行抵观音寺西北方高地，见汪洋铺方面友军业与前面敌人开战，且敌之步队已到观音寺北方高地，遂即展开，拒止前面之敌。其本队在高家坦一带开进。

左纵队用步队两队为前卫，向汪洋铺前进。午后九点五十分钟，行抵汪洋铺西方，见敌之步队先头行抵张家梆，即行展开，占领汪洋铺南方高地至其西北方高地（标高百〇三高地）之线。其他炮队一营，在汪洋铺南方高地放列，向赤土岭附近之敌人步队猛烈射击。午前十点十分钟，南军司令官行抵高家坦东方高地，观察情形，并接到各纵队之报告，知敌之主力向五洋堡、虎头山附近前进，即派步队一营在中央及左纵队之间展开，派炮队一营赴高家坦北方高地放列，又用步队一标在高家坦附近为总预备队。午前十点四十分钟，南军司令官探得敌之多数步队在我中央纵队前面逐渐增加，即派步队两营向观音寺北方战线增加，且令炮队向观音寺东北方附近之敌猛烈射击。至午前十一点钟，赤土岭方面之敌军步队逐渐增加，向汪洋铺附近进攻。南军因恃其火力，暂时未出击，以图抵制。午前十一点二十分钟以后，敌之多数步队向观音寺渐次进攻，南军司令官即派步队一营赴观音寺东方，向之逆击，敌军亦增加兵力，互相冲锋。然北军之兵力甚优，故南军战况终难保持原地。

午后十二点三十分钟,南军司令官接得步队第四十二标之报告如左:

一、本标及炮队第三营于今日正午行抵凉亭河镇,今晚可到枫香驿附近。

该司令官拟与增援队相合,再行决战。乃决心向猫儿岭附近退却,所下命令之大要如左:

派步队一营占领喇叭潭西方高地,并派炮队一营赴徐家村东方高地放列,以收容诸队之退却。

二、其余诸队为三纵队向猫儿岭、河南坂之线退却。

北军之战斗经过

二十五日,北军诸队按昨晚所下命令,午前九点钟开始前进。

马队主力经大道前进,其一部向观音寺前进,大道上马队于午前九点二十分钟行抵张家梆,见敌之马队在汪洋铺西方徒步战,即下马展开,向之进攻。午前九点三十分钟,敌之步队行抵汪洋铺西方,遂向赤土岭退却,其一部于午前九点五十分钟行抵汪洋堡,见敌之多数马队接续前进,乃向虎头山东方退却。

右纵队用步队一标、炮队一营、工程队两队为前卫,经大道前进。午前九点五十分钟,其先头行抵赤土岭西方,北军司令官接到前卫之报告云,敌之步队已占汪洋铺西方。此时闻及观音山及五洋堡方面之枪声,判断敌军必于此处向我前进,决心以主力由五洋堡南方进攻。即令前卫由赤土岭方面,向汪洋铺附近攻击,令本队向五洋堡转进,但派炮队一营归属于前卫。午前九点五十分钟,行抵五洋堡,遇敌之多数马队，遂击退之，而占领其南方高地。

中央纵队用步队两队、工程队一队为前卫，经虎头山向高家坦前进。午前十点钟行抵虎头山，见敌兵已占领观音山，而我右纵队之主力，业已占领五洋堡南方，遂向观音山进攻。

左纵队经宋家大屋前进，午前九点五十分钟行抵该村西方，见敌兵已占领观音山，即向之进攻。

北军司令官，午前十点十分钟在五洋堡东方村落观察敌情，并接到诸方面报告，其大要如左：

一、敌之步队展开，占领观音山至汪洋铺之线，其炮队在汪洋铺南方高地放列。

二、我右纵队之前卫，既在张家梆开始攻击，其本队及中央纵队、左纵队之先头，亦先后展开，参与战斗。

北军司令官按以上各情形，遂决心急向观音寺附近主攻，其处置如左：

一、炮队一营在虎头山附近放列，一营赴赤土岭西方及南方高地分别放列。

二、令中央纵队及左纵队向观音山及观音寺附近之敌攻击。

三、令本队内步队一标，赴五洋堡东方开进，为总预备队。

午前十点四十分钟，北军司令官于观音寺北方，即派总预备队向下汛附近前进。午前十一点三十分钟，见敌军由观音寺附近出击，即令中央及左纵队之预备队增加战线，前进冲锋。鏖战之后，遂将敌人击退。午后一点半钟以后，敌军渐次退却，即令各纵队分三路追击前进，南军后卫在陈家村及徐家村附近回战，且破坏三桥梁，向猫儿岭附近退却。

北军以全力追击之，令前卫占领木家凉亭，令左纵队占领曹家屋高地，本队在太湖西南方停止。

(《演习第一日南北两军之行动》,《南洋兵事杂志》1909 年第 29 期，秋季大操记事，第 6—11 页)

大操第一日之讲评(二十五日)

南军

一、南军统制官探得敌军由小池驿追击前进，恐该敌妨害我本军之左翼，即决心占领由虎头山至赤土岭之线，迎击敌军，以牵制之。此法甚为妥善。惟命令不甚明了。

二、南军右翼部队所占地势，颇形隐蔽，而且错杂不齐，然各队之运动尚能敏捷整齐，其左纵队所属炮队之动作尤为迅速活泼，尚合遭遇战之宗旨。此当日经过之情形也。

北军

一、北军统制官之决心及处置颇为得当，又对于连日退却再向我前进之敌军，即行决意攻击，用主力向五洋堡方向转进，以图包困敌军右翼，此法亦甚妥适。

二、按照当时战况及地形，拟向观音寺附近行主攻，此法亦称得当。但有宜注意者，各纵队之前卫，须自顾其任务，不可独自暴进，以失连络。然左右兵力较厚，布置尚属周密，差占优胜之势。

(《大操第一日之讲评》,《南洋兵事杂志》1909 年第 29 期，秋季大操记事，第 11—12 页)

演习第二日南北两军之行动

南军之战斗经过

南军退抵猫儿岭附近，适其增援队来会，决心在该地附近宿营。步队一标在猫儿岭，一标在李家屋附近，其余诸队在洪家小屋附近，其警戒线由猫儿岭西北高地经河南坂至最码晏东南高地。

午后六点钟，司令官所得通报之大要如左：

一、步队第三十四标，奉总司令处派来增援贵镇，今早八点钟已在宿松全部登岸，向太湖急行。

南军司令官决心在猫儿岭附近占领阵地防御，俟四十三标来到，再行决战。午后八点半钟，所下命令之大要如左：

一、命步队二营及炮队一营，占领猫儿岭高地。

二、命令步队一标，占领李家屋东南高地。

三、命炮队两营在河南坂南方高地占领阵地。

四、其余诸队，在河南坂南方谷地为预备队。

北军之战斗经过

北军司令官以队伍疲劳，日已云暮，决心在太湖西南宿营。其前卫在曹家老屋附近、本队在太湖西南沙地、左支队在曹家屋附近，其警戒线由雷家大湾经曹家屋西南高地至严福岭。

午后七点钟，司令官探得有敌人一千五六百名，今早航抵苏松登岸，拟于敌军未得增援队以前，再击破之，决心续行追击。

午后八点半钟，所下命令之大要如左：

一、左纵队（步队四营）二十六日午前八点半钟，由曹家屋经严福岭向三台岭前进。

二、右纵队(其余诸队)午前八点半钟,由曹家老屋拔队,向狭窄口前进。

二十六日,南军诸队按昨晚所下命令,在猫儿岭至三台岭之线占领阵地。其部署如左:

一、步队一标占领猫儿岭高地东南端至树林冲南方约五百密达高地之间。炮队一营,占猫儿岭西北高地。

二、步队一标,占三台岭至最码晏之间。

三、炮队二营,占河南坂南方及西南方高地。

四、步队二标在河南坂西南方六七百密达谷地,为总预备队。

午前九点半钟,南军右翼部队见敌之步队展开于张家冲附近,即对之开始射击。午前九点五十分钟,河南坂南方之炮队见敌之步队展开于狭窄口两侧高地,即对之开始射击。午前九点四十分钟,又见敌之炮队放列于狭窄口东南高地,我猫儿岭西北高地及河南坂西南高地之炮队即对之开始射击。午前十点五分钟,敌之炮队约二十尊增加于狭窄口东南高地,又有四尊放列于戴家湾北方高地。于是两军炮战渐次猛烈。

午前十点二十分钟以后,敌之步队由狭窄口高地前进,渐次占领树林冲东南方至唐李坊附近之线。又,三台岭方面之步队,展开于张家冲至戴家湾之间。

午前十点五分钟,敌之步队由会有坂及戴家湾附近前进,展开于魏家湾及唐李坊之间。午前十一点钟以后,敌之第一线向我阵地全正面前进。至午前十一点五十分钟,进抵树林冲东南方,经猫儿岭东北村落及河南坂北方五六百密达水田，至魏家湾及张家冲南方之线，两军步队火线渐次猛烈。

午前十一点半钟，增援队四十三标已到洪家嘴，南军司令官决心向敌军中央逆袭，所取处置如左：

一、命增援队速赴李家屋西方谷地。

二、命总预备队步队两标，即展开于最码晏至河南坂西方之间，准备逆袭。

午前十一点五十分钟，敌之第一线绕行前进，在三台岭方面，两军相距二三百密达，有互相冲突之势。增援队一标，已到李家屋开进，故南军司令官亲率总预备队，由战线中央奋进逆袭，猛烈冲锋，两军决战甚剧。

二十六日，北军诸队按照昨晚所下命令，于午前九点钟开始运动。

左纵队（今早加入炮队一队）用步队一营、工程队一队为前卫，经严福岭前进。午前九点半钟，其先头行抵严福岭南方高地，见敌之步队由最码晏至三台岭之线，即令前卫于张家冲展开。其炮队在严福岭西方高地放列，本队在严福岭南方高地开进，我前卫与前面敌人枪火交接，开始战斗。

右纵队用马队约三队、步队四营、炮队一营、工程队一队为前卫，向狭窄口前进。午前九点半钟，马队行抵狭窄口西端，敌之少数步队，由猫儿岭向之射击，故马队即在该村北侧停止。彼时我前卫步队先头亦行抵狭窄口，该纵队司令官立赴狭窄口东南高地，观察敌情，决心占领狭窄口高地，以护本队之运动。所取处置之大要如左：

一、命步队两营在狭窄口两侧高地展开，一营赴唐李坊东方高地展开。

二、命炮队赴狭窄口东南放列。

三、命其余诸队在狭窄口东南高地后开进,为总预备队。

午前九点五十分钟,敌之炮队约一营,由河南坂南方高地,向狭窄口附近之步队开始射击。午前十点五分钟,我前卫炮队进入阵地,向之应射。未几,敌之炮队约一营,由猫儿岭西北高地开始射击。

北军司令官午前九点五十分钟接到诸报告,得知敌军占领猫儿岭至三台岭附近之线,所下命令之大要如左:

一、本镇拟由魏家湾方面,向敌右翼主攻。

二、由本队派炮队两营(欠一队)赴狭窄口东南高地(在前卫炮队左翼)放列。

三、前卫由狭窄口向猫儿岭附近进攻。

四、由本队派步队两营,赴会友坂附近(在前卫左翼)展开,向河南坂进攻。

五、左纵队向三台岭进攻。

六、由本队派步队两营赴魏家湾(在左纵队右翼)展开,向三台岭西方高地进攻。

七、本队所余诸队,赴严福岭西北方谷地为总预备队。

午前十点半钟,本队炮队已在阵地开始射击,此时两军炮火逐渐猛烈。至午前十点五十分钟,前卫步队由该高地奋迅而下,占领由唐李坊附近至树林冲东南无名河岸之线。又,步队两营在前卫步队左翼河川展开,敌之步队由猫儿岭及河南坂一带高地开始射击,两军枪炮火线,渐次激烈。

午前十一点钟，左纵队之步队三营，已于张家冲及魏家湾之线展开。再，由本队所派步队两营，其时亦到所命地点，在魏家湾北侧水田展开，向三台岭及最码晏附近渐次进攻。

午前十一点二十分钟以后，北军第一线渐次前进，至十一点五十分钟进抵由树林冲东南、过猫儿岭东北方村落、最码晏西北五六百密达之线。此时左纵队之第一线，已接近敌之阵地，相距二三百密达，其一部向敌突击，所派总预备队一标亦到魏家湾西方水田。

午前十一点五十分钟，敌之多数步队，猝由最码晏至河南坂西方之线展开，向我中央猛烈逆袭。我总预备队迅速增加，在河南坂北方一带，两军主力决战，其势甚烈。本日之战，即于斯结局。

（《演习第二日南北两军之行动》，《南洋兵事杂志》1909 年第 29 期，秋季大操记事，第 12—19 页）

大操第二日之讲评（二十六日）

南军

一、南军部署大概适当。惟猫儿岭方面之兵力稍觉薄弱。北军若固守魏家湾及其西方土堤附近，而由大道方面主攻，则南军左翼恐被击退，且失其退路。

二、南军逆袭之时机及其方法，均甚妥当。

北军

一、北军前卫占领狭窄口高地，俟主力前进，与之连系进攻，其动作概称适当。惜前卫之炮队一营未俟本队之炮队占领阵地，即开始射击，与优势之敌炮交战，恐不无受损害之虞，亟宜注意。

二、北军攻击时,左右各队互相连系,协同之动作尚可。惟在严福岭方面,使用主力,其前进及攻击之动作,偶有迂缓之处。此时南军若由大道方面逆袭,则北军前卫恐被击破,且失其退路。但该处地形错杂,运动极其困难,殆限于势之无可如何,若非该军鼓勇前进,尚不能得此结果。于此可见行军用兵之难,亦见该军奋力用命之效。

(《大操第二日之讲评》,《南洋兵事杂志》1909 年第 29 期,秋季大操记事,第 19—20 页)

演习第三日南北两军之行动

南军之战斗经过

二十六日至日没,未决胜败。北军退抵狭窄口及魏家湾之线,南军仍在原阵地,以战备队形彻夜警戒。午后七点钟,南军司令官接到总司令官之训令,其大要如左:

一、本军拟于二十七日举行总攻击。

二、贵镇务须击攘其前面之敌,而参与本战。

于是南军司令官决心以攻击之目的,明早侦察敌情。所取处置其大要如左:

一、以一部在猫儿岭附近集合,搜索烽火尖及狭窄口附近之敌情。

二、以主力在河南坂南方集合,搜索会友坂及魏家湾附近之敌情。

二十六日午后九点半钟,南军司令官所下命令之大要如左:

一、步队一标、炮队一队,午前七点钟由猫儿岭方面开始运动,占领狭窄口高地,进攻时务与主力连系。

二、步队一协,午前七点钟开始运动,占领魏家湾及严福岭附近之高地。

三、炮队一标(少一队),午前六点钟派一营占领最码晏高地。

四、其余诸队(步队二标、炮队五队、工程队一营)为预备队,在李家屋东方谷地候命。

二十六日夜,南军警戒诸队,多派斥候及小部队侦察敌情。至二十七日午前三点钟,自猫儿岭派步队向狭窄口行威力侦察,因北军之守备严密,故被击退。午前七点钟,猫儿岭方面之步队一标向烽火尖及狭窄口高地展开前进。北军多数步队占烽火尖西南方及狭窄口东南方高地,对之猛射。此时南军炮队一队占猫儿岭南方高地,向烽火尖附近开始射击,掩护步队进攻。

午前八点钟,南军步队一协占领魏家湾及严福岭一带之高地,同时南军炮队一营占最码晏高地,两队占魏家湾高地,一营占严福岭高地,向木家凉亭南方高地之北军炮队开始射击。北军炮队亦即向之应射,炮战渐次猛烈。

午前八点十分钟,南军司令官见猫儿岭方面之部队既接近敌人阵地,而烽火尖附近之敌势甚优。又,判断汪家屋北方一带高地之敌军兵力为甚寡少,立即决心向敌阵中央主攻。所取处置之大要如左:

一、命步队一标占领严福岭北方一带高地,掩护我军右翼。

二、命步队三标展开于严福岭西方至最码晏北方之线,其战线渐次右转,向汪家屋、唐李坊一带高地迅速进攻。

午前八点五十分钟,步队三标均已开展全线进攻。午前九点半钟,其第一线进抵会友坂及唐李坊一带高地下,向敌冲锋。此时北军多数步队亦由花香坂方面向我右翼展开前进。南军右翼之步队一标,即向之开始射击。直至冲锋,始行停战。

北军之战斗经过

二十六日至日没,未决胜败。北军退抵狭窄口及魏家湾之后方,即在该地宿营。其警戒线由树林冲经唐李坊至魏家湾之线。

午后六点钟,北军司令官接得总司令官之训令,其大要如左:

一、现派步第五十标二十六日早由青口驿(潜山县东北)起程,向太湖急进。

二、该镇须俟该标到时,会合击攘前面之敌,以图威胁敌人本军左侧背。

午后七点钟,接到报告云,增援队今晚已到小池驿等语,北军司令官决心明早占领由烽火尖至曹家屋附近之线,以便俟增援队到后,举行反攻。其部署如左:

炮队一营,五里墩西方高地。

炮队一营,木家凉亭南方高地。

步队四营,烽火尖附近。

步队五营,由五里墩南方至曹家屋。

步队两营,在五里墩西北为右翼预备队。

步队四营及炮队一营,在曹家祠堂附近为左翼预备队。

二十六日夜,北军警戒诸队,多派斥候及小部队侦察敌情。至二十七日午前三点半钟,派步队由会友坂向河南坂行威力侦察,然南军警戒严密,即被击退。

二十七日早,北军诸队按昨晚所下之命令占领阵地,但炮队二营占领木家凉亭南方高地,其一营占领熊家冲东方高地。

午前七点钟以后，南军步队自猫儿岭西侧展开，向烽火尖西南高地及狭窄口附近前进，占领烽火尖西南高地之北军步队，即向之开始射击。此时南军炮队一队，由猫儿岭高地开始射击，于是在刘家店附近之步队一营及右翼预备队步队两营一齐前进，占领狭窄口两侧高地，猛射敌军。午前八点钟，南军步队约一标进抵距我二三百密达之处，其一部有向烽火尖西南高地冲锋之势，然被北军步队猛射，不能续行进攻。

午前八点十分钟，南军炮队由严福岭、魏家湾、最码晏等高地，向我炮队开始射击。北军炮队即行应射，嗣后炮战渐烈。

午前八点四十分钟以后，南军多数步队由严福岭西方至最码晏北方之间展开前进，北军步队占在刘家店、曹家屋之间者，即向该敌开始射击。

午前九点钟增援步队第五十标行抵曹家祠堂，北军司令官即令总预备队及增援队由花香坂方面向敌右翼逆袭。

午前九点半钟，南军第一线已到唐李坊及会友坂一带，向高地上冲锋。此时北军步队在花香坂展开，向敌右翼开始前进。南军步队占严福岭东北高地，抵制其前进，于此停战。

(《演习第三日南北两军之行动》，《南洋兵事杂志》1909 年第 29 期，秋季大操记事，第 20—25 页)

大操第三日之讲评(二十七日)

南军

南军以其一部在猫儿岭牵制敌军，以其主力向敌阵中央攻击，此法按地形及助攻方向情形而论，甚为得当。然猫儿岭附近之步队一标，单独暴进。倘北军向之逆袭,则南军之退路不免危险之虞。假设之第四十三标统带,因误听命令,致右翼稍形空虚,亟宜注意。

北军

北军所占之阵地颇形坚固,且便于逆袭。所有配备,亦甚得当。然其右翼误占狭窄口附近,似不合总司令官命占烽火尖线上之要求,该统带官亟应注意。

以上总讲评专就三日间会战中高等指挥之巧拙而言。兹再说关于各队动作,将来应行研究且改良之要件如左:

关于命令之件

两军司令官所下之命令,概得其当。然各部队官长,往往有不知编作命令之法者,宜研究之。

关于报告及通报之件

各警戒部队及战斗间各部队长之报告,以至各队互相通报之事皆极鲜少。凡一镇以上之队伍,战时战斗正面甚广,指挥官非得诸方面之报告,难于指挥。各部队非互相通报,不能确实连系协同动作,不可不留意者也。

步队

在敌火之下,散兵之动作及后方部队之队形,近来各国视为最要。我国军队于该二件尚欠完善,各长官亟宜研究之。

机关炮

战斗时该炮之位置,概得其当,然其射击之时机,多不得要领。凡机关炮之射击,在防御时或对于攻者之冲锋,或为准备逆袭,在攻击时或为准备冲锋,或对于敌之反攻,固守所占据之要点。而其位置务须隐蔽，不可为敌探知。又，该炮所费弹药极多，尤须选择好机而发射为要。

马队

马队最要之任务，在于搜索，其法非近接敌军，而由远处上高地瞭望诸方面，派多数斥候，以侦查广大地域之敌情为要。

炮队

此次两军炮队进入阵地后，射击之指挥、目标之选择、分火之法等，往往不得其要领，恐不能发扬火力，将来务宜研究。

工程队

此次大操应用工程队之时机甚少，所有桥梁皆系预先架成，非系随时架设者。工兵官长除关于用纵列材料、架设桥梁外，尤应注意应用材料架桥之法，以期改良而求进步。

大接济

各部队长每晚所下大接济之命令，不甚合宜，且其运动甚形缓慢。故不但妨碍军队动作，亦于军纪有碍，务宜注意。

卫生队

秋操时练习卫生队之动作甚便，乃此次见该队之举动甚少，未免失练习之机会。

通信队

现今指挥大部队，概用电信、电话，故该队工作之迟速，于胜败大有关系。然此次该队之动作缓慢，往往有贻误时机之事，将来务宜注意。

（《大操第三日之讲评》，《南洋兵事杂志》1909 年第 29 期，秋季大操记事，第 25—28 页）

(六)观操人员

近畿:第六镇步二十三标统带官吴金彪,第一镇马一标三营管带官兴福,第五镇炮五标一营管带官李馨。

东三省:督练处参议田中玉,参谋处提调万其谊,混成第二协一等参谋官聂庆恭。

直隶:补用游击张绍曾。

山东:知府张起滨。

江苏:参谋处总办刘笃烈,二十三协统领官刘锡钧,陆军速成学堂提调苏谦,协部执事官吴本植。

浙江:第□标标统、日本士官毕业生蒋尊簋。

两广:教练处总办吴晋。

安徽:督练处副参议兼代正参议郑祖年,混成协统带官顾忠琛。

湖南:常备军第一协统领官杨晋。

山西:常备军第一标统带官齐允。

福建:第十镇统制孙道仁,步队统带官张显仁,炮队统带官许崇仪。

四川:六十六标统带官刘鸿达,武备毕业生彭光烈,队官黄鹄举。

陕甘:知府鲁尔斌。

德国:本署武参赞游击威同龢,武随员都司陶伯,都司开司尔。克虏伯厂总理宝勒格,广州府礼和洋行代表人布斯域士,克虏伯炮厂代理人都司衔阿拉斯,以上三人系德公使函请随观,业经允准。

奥国:武参赞参谋处游击达瓦,新任卫兵帮统马黑纳雷池,新任副帮统伯爵门斯一。

意国：海军守备罗塞理。

英国：军务参赞参将柏来乐，总参谋处游击德卫士，步队都司乐伯逊。

美国：卫队官水师守备佛格乐，本馆武随员陆军都司犁富思，陆军守备马克纳。

比国：卫队守备蓝博尔，卫队游击拉里珀，卫队守备瑞瑙尔。

日本国：参谋本部部员陆军炮兵中佐田中冲之甫，参谋本部部员陆军步兵大尉永谷清治，驻华公使馆附陆军步兵大尉松井石根。

俄国：参谋处参将崑罗福，副办参谋处参将万特尔，都司那发阿斯。

和国：卫队统带海军炮队都司哈福，本馆兼办卫队武医员葛达默。

法国：驻越法军中军官何凯，留津属军游击官贝诺，本馆武职随员游击伯理索。

（《中外观操人员清单》，《南洋兵事杂志》1909 年第 29 期，秋季大操记事，第 28—31 页）

（七）观操规则

《光绪三十四年陆军军官随观规则》

第一条　本年秋季大操随观员，应由陆军军官中选派，其额数每省以一员为限，惟近畿各镇，准其每镇各派一员。

第二条　随观军官，无论官阶大小，均可带仆从一名。

第三条　各处所派随观军官，应于八月内将其职衔、姓名及仆从之有无，呈报陆军部。

第四条　随观军官应于十月二十三日齐集太湖县，赴阅兵处综理司报到，并红布记号，缝缀左臂，以示区别而便照料。

第五条 随观军官应按照现充军职,着用制定蓝色便服、金辫礼帽,阅兵式时应着貂纬冬帽,仍穿蓝色便服。

第六条 随观军官自十月二十三日起,至二十八日,由综理司供给。

第七条 随观军官所需地图、方略、训令、限令、命令、情报各项,均由中央审判处发给,此外关于随观军官之指示、通知各项,亦由中央审判处分送。

第八条 随观军官就宿舍后,应就宿舍内轮派值日官一员。所有图书、文件及指示、通知各项,即由中央审判处派送该员分发传布。

第九条 随观军官如有愿随两军进退宿营者,可由综理司报明中央审判处,再行分派。所有图书、文件及指示、通知各项,发由该军随观员之高级官长,受领分布。

第十条 凡中央审判处之指示、通知各项,该随观员均当遵照,不得违误。

第十一条 随观军官可赴两军各级指挥官处,探听命令、报告及考查一切布置。惟不宜琐碎,免滋烦累。

第十二条 阅兵时,随观军官应在阅兵式职员及阅兵处诸员之后,不准随带仆役。

第十三条 宴会时,须于所定之时刻到宴会场。其入场证据由综理司发给,届时携带入场缴还。

第十四条 随观军官所有关于大操之闻见及其心得,务于年内经由该管长官转呈陆军部,以验该军官之程度,并为军事参考及改良之用。

(《光绪三十四年陆军军官随观规则》,《南洋兵事杂志》1909 年第

29 期，秋季大操记事，第 46—48 页）

《学生人民随观规则》

本年十月在安徽太湖一带，举行会操。凡各处学生、人民自愿，准其随观，俾增进军事之知识，以养成尚武之精神。惟在会操地段，若非格外检束，不免损害地方，妨碍军队。除饬陆军警察队协同巡警队按照下列各条及临时所发训谕明白指导外，合先期详细晓谕随观学生、人民等，务须听从陆军警察队及巡警队指示，严守规则，是为至要。

第一条　学生、人民不得填塞道路，妨碍军队运动。尤不得纷拥路外，蹂躏耕地。

第二条　学生编列队伍，应在军队后面行走，不可过于逼近，以免妨碍。

第三条　学生、人民或行或止，不得当战斗线之前，以妨军队射击，并自招意外之险，亦不得当援队及备分队之前，以妨军队增加及前进等事。又不得当尖兵之前，以致彼军误认。

第四条　学生、人民于夜间不得在前哨线或露营地附近群聚露宿，以助敌军推测。

第五条　学生、人民服装有与军队相混者，应即更换，否则不准接近战线。

第六条　学生、人民均应肃静无哗，以免混乱口令。

第七条　学生、人民如遇陆军警察队及巡警队等指定停止，或随行之位置时，即应遵照赴该位置为要。

第八条　阅兵大臣，为朝廷特派代阅两军操演之大员，凡随观者均应行礼致敬。

第九条 军用电线为军队交通紧要之物。若随观者偶因凭高望远,误使电线脱落,致有践踏损坏之事,或诧为罕见,故意摇撼切断之时,贻误军队,必非浅鲜,一经查明,当即分别情节,酌令赔偿。其故意损坏或截断窃去者,查明严办不贷。

第十条 此外如有续定之条,届时另行晓谕。

(《学生人民随观规则》,《南洋兵事杂志》1909 年第 29 期,秋季大操记事,第 48—50 页)

《报馆随观规则》

第一条 本年秋季大操时,各报馆有愿随观者,准每报馆派遣笔记者一人、照像者一人。

第二条 各报馆所派人员,应于八月内将姓名、年岁、籍贯、履历,并本身像片一张,呈报陆军部、军谘处,听候核夺。其允准随观与否,均在九月中旬以前,分别颁示。

第三条 核准随观之报馆员,如欲更换,仍须于九月内呈明候核。

第四条 各报馆随观员经陆军部核准后,务于十月二十四日齐集太湖县城,至综理司报到。并领阅兵处制定记号,悬挂胸部,以为允许随观之证。

第五条 报馆随观员应一律着换短衣。其善骑者,准其携带马匹,乘之随观。惟不得任意驰骋,以避危险。

第六条 报馆员需用马匹、宿舍、伙食等项,由综理司备办。

第七条 报馆随观员所需地图、方略、训令、情报各项,由传达官发给。

第八条　每日会操前，齐集之地段、时刻均由照料报馆员通知。当日会操毕后，准其向照料报馆员询明作战经过之概要。

第九条　报馆随观员遇照料报馆员通知检查之件，均应恪遵，不可故违。

第十条　报馆随观员在两军会战地区时，无论有无引导，不得妨碍军中之动作。

第十一条　报馆员或发电报，或发日报，均由照料报馆员转送中央审判处，传达官检定允许后，方准发递。倘有不合之处，即应更正。

第十二条　报馆员如有不遵规则、命令者，由总参议即行禁止随观。

（《报馆随观规则》，《南洋兵事杂志》1909 年第 29 期，秋季大操记事，第 50—51 页）

四、永平秋操

（一）永平秋操教令

第一节　大操日期

第一条　大操日期：

八月二十六日，第一日会操。

八月二十七日，第二日会操。

八月二十八日，第三日会操。

八月二十九日，阅兵式。

第二节　设总监处及选派该处陆军警察队、军乐队、卫兵、传令人员等办法

第二条　总监处于八月二十三日在开平镇开设。

第三条　总监处之陆军警察队、军乐队、卫兵均由禁卫军、陆军部分别编成，于八月二十三日以前先行驰抵开平镇，赴综理处报道，听候差遣。其额数如下：

一、陆军警察队二队，禁卫军、陆军部各编一队。设管带官一员，禁卫军选派。

二、军乐队一队，由禁卫军酌量编成。

三、卫兵三排，卫兵长一员，马匹由禁卫军选派。

步队二排，由陆军部按照营制编成。

马队一排，由禁卫军按照营制编成。

第四条　由两军马队协各选派马队官长一员、目二名、兵九名，并由东军马队协选司号长一员、号兵二名，以备中央审判处传令之用。该员人等于八月二十三日下午到开平镇中央审判处听候差遣。

第五条　各军八月二十四日于齐集地方选官长一员、马目二名、马兵九名，归专属审判官传令之用。如专属审判官再请多派数员，则照其所请办理。

第六条　凡选充传令之马目、兵，均以伶俐敏捷、马术熟练、口音清楚为要。故各镇及马队协，除由马队挑选外，亦可由各司令处或由他队内挑选。

第七条　总监处卫兵及传令马目兵之供给，归综理处办理。惟属

于专属审判官者，则归该军司令处办理。

第三节　通　　信

第八条　总监处及混成镇、协均置电信队，携带行军电话机，以备通信。

第九条　各电信队即冠以所属各处之名称。如总监处电信队，第某混成镇、第某混成协电信队是也。

第十条　各镇、协电信队之架设，均归军工程队参领官指挥。

第十一条　总监处电信队之编制及服务等法，另有条规。

第十二条　总监处电信队之人员、马匹、车辆，由陆军部编成，于五月下旬内将其花名清册通报军谘府。

第十三条　各混成镇、协电信队之编制，由禁卫军、陆军部酌定，务于六月内通报军谘府。至其服务等事，参照总监处电信队条规，酌定办理。

第十四条　总监处电信队，会操间，须视为中立。

第十五条　两军因马队通信，可利用官商常设电线，惟只能作电话之用。

第四节　信　　号

第十六条　号音照《野外勤务书》下编所定办理外，兼用号球，以通声息。

第十七条　号球队一队由陆军部编成，于八月二十三日以前先行驰抵开平镇，至中央审判处报到，听候差遣。

第十八条　号球队表示安设位置之记号及其符号，另有定章。

第十九条 各队当留意号球队之动静,见有信号时,号兵听军官命令随时鸣号。若号球队先闻鸣号,亦应随时揭扬。

第五节 禁 止

第二十条 会操各队,除军司令处、混成镇司令处、混成协司令处及马队协司令处外,不准占用官民屋舍。

第二十一条 凡铁路不得以战术便宜使用。

第二十二条 凡属总监处之宿舍、马号、电线,均不准擅用及有阻碍情事。

第二十三条 敌军所设之电线,不准略夺毁坏,演习则可。

第二十四条 凡安设号球队之处,不得施放枪炮及吸烟等事情。

第六节 总监处与两军之连络

第二十五条 由总监处所派之两军专属审判官,除遵照《野外勤务书》所定责任办理外,应保持总监处与该军之连络。

第二十六条 两军主将有呈报总监处关于作战之命令、报告等文件,悉交专属审判官转达。该文件之函面记号,东军应划一红线,西军当画一蓝线,以示区别。

第二十七条 两军主将未发命令、报告以前,务将其决心及处置之大要,迅速通报附近之审判官。

第二十八条 两军主将所决意见,倘临时有改变之处,应即再行通报于附近之审判官。

第二十九条 两军总统官限八月二十九日内将作战一览图、每日会战略图呈送总监处。再，大操毕归营之后一月半内，应将该军大操记事径呈军谘府，其记载法照《野外勤务书》所载要领办理。

第三十条　记载命令、报告及其它操演诸事所用地名，均照秋季大操地图办理。其在此图外者，则照一百万分之一一览图办理。

第三十一条　专属审判官及随员之宿舍、马号，应由各该军在其司令处左近准备。

第三十二条　中央审判官及随员，或其他总监处人员，有时须驻于两军宿营地之时，则两军应允其所请，为之准备宿舍、马号。

第三十三条　前条所揭诸员及马匹之供给，由该两军随时照料。

第七节　赔　　偿

第三十四条　人民之土地财产，凡因大操致有损坏者，统归总监处赔偿。故各混成镇司令处及各混成协司令处，如见有系该镇、协军队损坏之处，务速将其地段及损坏之多寡报告总监处。设有不当损坏而亦损坏者，则其赔偿即责成该军队办理。

第三十五条　各队除遵照《野外勤务书》下编预防危害而外，如有因灌溉田园所设之井坑等类足以危害人马者，务当随时注意。

第八节　大操应用军需及军械弹药

第三十六条　禁卫军及陆军部为各该军队准备大操所用空子，其数每枪七十、每炮八十、机关枪每枪五十。

第三十七条　军械、被服、马匹、车辆、帐篷等项之军需，其筹备情形务于六月中旬，由禁卫军及陆军部通报军谘府。

第九节　大操时供给

第三十八条　大操日期内,各队人员除照平日所给粮食外,另给干粮,由禁卫军及陆军部适宜准备。

第三十九条　大操内各队应需之柴草、麸料,由军谘府预集于要地,临时由总监处使两军专属审判官每日将其分配时刻及地段指示该军,则该军即派军需官前往领用。

第四十条　前条所开柴草、麸料之费,由军谘府发给,其余一切供给之费概不发给。

第十节　服装旗帜

第四十一条　凡参与大操之军人,所着军服均应遵照此次奏定新制,各按原充军职分别着用;参与阅兵式时,亦均着新定战时服装。其余非军人者,一律行装,不得滥着军服。

第四十二条　东军诸队自八月二十四日薄暮起至二十八日操毕止,均用蓝色帽罩。

第四十三条　审判官及所属人员左臂均缚白布,其余总监处人员左臂均缚黄布。惟交通股人员在黄布上另附红绒车轮记号,电信队人员在黄布上另附红绒 Y 字记号。

第四十四条　参观员左臂均缚赤布。

第四十五条　各队须照《野外勤务书》下编携带假设旗帜,其用法如下:假设步工兵一队时,用旗一面、兵丁四名。假设马兵一队时,用旗一面、马兵四名。假设炮队一队时,用旗一面、炮一尊,附以炮队应用之人马。

第十一节　归营运送

第四十六条　大操毕，军队归营。如须铁道运送，由禁卫军及陆军部酌定施行，但不可有碍总监处之运送。

第四十七条　前条所揭之运送，其队名及乘车、下车地等项，希于七月上旬由禁卫军及陆军部通报军谘府。

（载涛、毓朗鉴定：《宣统三年秋季大操教令》，1912 年铅印版）

（二）总监处办事章程与人员

总监处办事章程

第一章　总　　纲

一、总监处，办理大操期内审判及一切设备事宜。

二、总监统督两军，总理总监处一切事务，设参议一员为总监之幕僚。

三、总监处之勤务，应按左列各项职司，分任责成：

（一）中央审判处。

（二）两军专属审判处。

（三）综理处。

（四）外宾接待处。

（五）参观照料处。

（六）警务处。

第二章　中央审判处

四、中央审判处,设长官一员,审判官及随员若干员。

五、中央审判处,掌管统裁、指导大操细务,并接收两军作战实施报告,使用信号、电信、马拨等事。

六、审判官,凡已经判决各事应随时报由审判官长,转呈总监,并将关于本日会操上之意见及所判决之理由,简明记载。每晚九点钟,呈交审判官长。

七、中央审判处,设传达官一员、随员若干员,掌管印刷、发送之事。凡方略、作战命令等要件,分送于总监处各处。

八、中央审判处,附设号球队一队,以通声息。凡大操统裁上所需之信号,由号球队长受总监处派定之审判官及随员指示,按时施用。其记号及用法,另有规则。

第三章　两军专属审判处

九、两军专属审判处,各设长官一员、审判官及随员若干员。

十、两军专属审判处,掌管颁发方略及总监处之命令、训令、通〈告〉等事项,随时将该军之命令、报告各件交中央审判处,转呈总监。除该军指挥官之决心及统裁大操上重要事件,应随时通报外,即该军颁发命令或呈送报告之前,亦应将其要旨迅速通报中央审判处(譬如该军行军命令中所载宗旨,军队区分法,前队、支队、大队或各纵队等运动开始之时刻、地点、进路、任务各项,均应通报)。

十一、两军专属审判官,将其已经判决各事,务须速交中央审判处,转呈总监，并将本日会操上之意见及所判决之理由，简明记载。每晚九点钟，交中央审判处。

十二、总监如调集两军主将，该属审判官亦须同时前往。

十三、专属审判处，由该军遣派官长一员、马目二名、马兵九名，以为传令之用。如不敷用，再请该军添派。

十四、专属审判处各员住所、马棚，均归该军预备。

十五、专属审判处如有迁徙，当速与通信所连络，以便与总监处通电。

第四章　综理处

十六、综理处，设长官一员，交通、军需、庶务三股，各股设股长一员、股员若干员。

十七、综理处，掌管事务如左：

（一）准备总监处各处房舍。

（二）预备马棚事宜。

（三）承管总监处购办之件，及收发一切会计事宜。

（四）发给人员伙食费用，及供给马匹喂养事宜。

（五）经理赔偿物产各事。

（六）掌管综理处一切运输、电报事宜。

（七）与地方官交涉各事。

（八）管辖军乐队。

十八、凡外宾及参观员、报馆员人数，或临时别有事故，应由综理处随时通报中央审判处，转知传达官。

第五章　外宾接待处

十九、外宾接待处，设长官一员、接待官及随员各若干员。

二十、外宾接待处，掌管各项事务如左：

（一）款接外宾。

（二）翻译情况、命令并印刷、传达等。

（三）引导外宾往复操演地。

第六章　参观照料处

二十一、参观照料处，设长官一员，照料官、随员各若干员。

二十二、参观照料处，掌管各项事务如左：

（一）照料参观员及报馆员。

（二）转送情况、命令等事。

（三）引导参观员往复操演地界。

二十三、照料报馆人员，专管关于报馆员一切事宜，并认〔任〕说明战况、通知要件、检察报章各事。

二十四、照料报馆员人员，准将经过之战况详细宣示。惟不得涉及两军秘密之件，如兵力、任务、军队区分之类暨操演上未来之事，以免登载泄漏。

第七章　警务处

二十五、警务处，设长官一员，办事官及随员各若干员。

二十六、警务处，附设陆军警察队、巡警队、卫兵，掌管各项事务如左：

（甲）陆军警察队。

一、陆军警察队管带官，受警务处长之指挥，遵照《野外勤务书》尽其职务，并担任总监行辕与外宾接待处之守卫，及总监出入之警备。

二、警务处长，在大操期内有监督两军陆军警察队之责。

（乙）巡警队。

一、巡警队长，受警务处长之指挥，掌管大操地段及总监处所指定各重要地方之警备。

二、巡警队，按照参观规则指导地方人民、学生，毋许有践踏、妨碍等事。

三、巡警编制，另有定章。

（丙）卫兵。

卫兵长，受警务处长之指挥，专任总监之守卫，及出入之护从。

（《秋操总监处勤务条规》，《大公报》1911 年 10 月 2 日，第 2 张第 4 版；《秋操总监处勤务条规（续）》，《大公报》1911 年 10 月 3 日，第 2 张第 4 版）

总监处人员

中央审判处处长：卢静远。

中央审判官：陶云鹤，李炳之，袭尚义，噶勒炳阿，张士元，吴元泽，童焕文，许崇智，蔡锷，孙铭，谭振德，程夔，周家树，周道刚，丁慕韩，李辰身，何佩瑢，尹枝一，吴鸿昌，萧耀南，吴骧龙，李济臣，李铎，李正溶，张治华，郝福田，徐定清，张翼鹏，徐镇坤。

西军审判处处长：良弼。

西军审判官：张名准，张承礼，张世膺，朱克赓，金永炎，吴祐贞，毛维经，毓狄，汪萤，袁华选，许葆英，周斌，杨志澄，锦铨。

东军审判处处长：陆锦。

东军审判官：张朝基，朱廷燦，冯家祐，张松柏，张树元，兆有，张培勋，元陞，孙国英，戈宝琛，吴观乐，马连田，卢香亭，靳云鹗，田作霖，梁心田，吴乐之，万其谊。

外宾接待处处长：冯耿光。

接待员：徐孝刚，呈经邦，唐宝潮，李宣倜，何澄，王书绅，陈宗达，陈焕赉，唐豸，丁文玺，温应星，杨耀岚，吴元斌，恒印，缪安臣，金在业，冯家遇，卢静恒，张民宝，文祺。

参观照料处处长：哈汉章。

照料员：李祖植，霈泽，熊祥生，陈之骥，黄凯元，华世中，凤起，门书绅，马肇明，李春霆。

综理处处长：陈其采。

综理处办事员：方清，粟养龄，蔡世炌，徐继焜，周葆江。

综理处军需股股长：张国仁

股员：崔承炽，翟作模，马燦斌，许钟荣，门书绅，徐有德，林荫秾，刘春麟。

综理处交通股股长：吴荣鬯。

股员：胡大猷，吕景臣，文海，桂砺锋，朱豪，杨孚恩，罗序和，朱锡麟，龚家任，王熙蔚，姚江。

综理处庶务股股长：江绍沅。

股员：刘元任，萧光礼，文芳，史悠禄，周维霖，张崇富，张书森，常之华，齐国横，邓锦标，张智良，济煦，叶毓文。

（《派定永平秋操各员》，《民立报》1911 年 9 月 29 日，第 2 页；《永平秋操派定各员一览表》，《大公报》1911 年 9 月 9 日，第 6 版）

（三）会操方略

本年八月间大举秋操，一切组织，均已完备。昨由军谘府颁发两军总方略。大致东军作为敌军，由秦皇岛登岸向北京方面进行，先占据抚宁、迁安等处，分屯重军，以防西军沿边墙一带抄击后路，前锋向永平一带进攻。以西军为主军，在丰润、玉田等处分屯防御，以杜敌入间道袭击。而大军则向滦州方面进发，以迎敌军云。

（《秋操两军攻守地点》，《民立报》1911 年 7 月 8 日，第 2 页）

（四）陆军警察队服务规则

《秋操陆军警察队服务规则》

第一章　总　　则

第一条　本规则依《野外勤务书》及《秋季大操总监处勤务条规》所载，规定陆军警察队在秋操时应服之勤务及服务之方法。

第二条　陆军警察队，依《秋季大操总监处勤务条规》受警务处长之指挥、监督，任维持演习人员之军纪风纪，及演习地段之秩序安宁。

第三条　陆军警察队，当服勤务中认为必要时，有向人请问职官、姓名及所属部队之权，而被问之人均有确实对答之义务。

第四条　陆军警察队于密集部队或哨兵之作为，不得加以干涉。

但密集部队及哨兵等有违军纪或认定接济辎重有必须维持其安静之时，可告知各该部队之长官办理。

第五条 陆军警察队，当服行勤务之必要时，得向附近军队之官长头目、兵丁或军医等要求协助，各该官兵均有协助之义务。

第六条 陆军警察队须与地方巡警或铁路巡警官兵切实连络，以便执行各种监察。

第七条 陆军警察队管带官或队官无论属于何军，各认定职务上有紧要之事件，可以彼此通信，并同时告于警务长。但演习之方略备配中有应行秘密者，对于局外宜严守秘密。

第八条 陆军警察队官长，宜时常监视某部下是否实行任务，并时常检察是否爱惜马匹或有无病员服务者。

第九条 陆军警察队，如发见军人、军属有犯罪行为时，须依陆军审判章程执行检察。

第十条 陆军警察队，对于随观人员须参照另订之各种规则办理。

第十一条 凡演习地域内之烟馆、娼妓，及其它有碍军纪风纪诸所在，陆军警察有禁止从事演习一切人员出入之权。

第十二条 陆军警察队官长目兵非受上官命令或准许不得受人私托代为调查各项事件。

第十三条 陆军警察队当执行任务时，遇有强暴举动、持凶器抵抗，或以保守特定土地、人体、物件等事，必须用公力者，方准使用军械，否则禁用。

第十四条 陆军警察队遇有紧要事件奉令密查时，准着用便服。

第二章　警察队之职务

第十五条　陆军警察队于大操时所担负之职务分四种：

一、总监及内外宾处所之护卫暨警备事件。

二、军队演习前之职务。

三、演习中之职务。

四、演习后之职务。

第十六条　总监及内外宾处所之护卫暨警备事如左揭：

（甲）总监及内外宾处所之护卫及出入之警备，由警务处长分别支配。如警察队人数不敷时，可参用卫兵或地方巡警。

（乙）总监起程之前，陆军警察队宜将经由之道路、驻节之地方严加巡视，并须注意道路之歧分点或桥梁、街市、巷口等。

（丙）总监行进时，凡前条所举之歧分点、桥梁、街市、巷口等，须配置巡视哨兵。

（丁）前所配各处之警察队，值总监通过时，须防止人民之拥入道路，并监视有无特别举动之人。

（戊）总监行进后，警察队宜注意居民之状态，倘有特异举动，即速报告于警务处长。

第十七条　演习前之职务如左：

（甲）当行军时，陆军警察宜在军队之侧面或其后方行进。

（乙）陆军警察队于行军队伍休息时，须防其有侵害所在民人家屋，或伤害物件，或借端匿藏、希图逃亡等事。其应任职务如左：

一、休息地域及各要口之监视。

二、休息步队之监视。

三、休息地附近人民之监视。

四、民家及附近地域之巡警。

五、休息地附近之树林、围篱、掘穴、凹道、孤立农厦之搜索。

六、队伍出发后,民家及休息地附近之视察。

(丙)陆军警察队,如遇有落伍兵,即应讯明其所属队号,令其从速归队,并将大概情形记入勤务手折,以备参考。其罹病或受伤时,将其姓名及病状报告于该兵队所属营队官长,并同时将该兵送入附近卫生队。但于逃亡目兵,得即行逮捕,讯明其姓名、队号,记于勤务手折后,即将该逃兵送致于所属部队。

(丁)凡从军商人及常人等,须概由所属司令长官发给执照,粘注面貌,陆军警察队并须详记于册,时常检验各该执照有无造假伪冒,或其它有违定则等事。

(戊)凡从军商人之货物价值及度量衡,陆军警察得酌为核定,并须时常考察该商人等是否确实遵行。其品物有腐败或妨害卫生之处,并得禁止其贩卖。

(己)陆军警察队,对于辎重队,或因辎重人员不敷雇佣夫役,或召募地方人民临时编成之辎重队,须加意维持其军纪风纪,并宜注重左列各件:

一、辎重及辎重车之监视。

二、行进道路及支路之监视。

三、纵列人夫及驭者举动之监视。

四、休息间,在休息地域附近酒馆、茶馆等之监视。

五、检察其所用车及其定制标记号数等。

六、驾驭夫及班长等之姓名、年龄、籍贯、面貌等，详记于册，以便考察。

七、车之号数、形状，马之号数、相貌、产地等，亦须列记。

（庚）陆军警察队，如遇见遗失之马匹，即将该马扣留，随时报告其年龄、毛色、高度于所属司令官，听其命令，再行通报于命令中所指之营队。其发见遗失兵器时，即详其种类、号数依前项办理。但其发见遗失物品系属军人等私有物时，将物品暂行存留，并详记于发见遗失物品簿，即于二三日内通报于附近各司令处，出示招领。

（辛）凡民家之暴露物品，如薪柴、菜果等，往往易被休息之军队侵害。陆军警察队对于此类，务宜从严保护。其遇民人家宅或地方宗教、技艺、学术、慈善所，病院，纪念碑等建筑物，均宜从严监视，勿令军人滥入。但有司令官命令或许可时，不在此限。

（壬）军队如将宿营于某地时，陆军警察队须先至该处，将其地域之分配、居民之状态、饮水之良否、传染病之有无、交通之形势等详细调查，以便对于为饮水、井池、家屋、道路等有所指导。其宿营在城市或通商口岸时，陆军警察队宜巡视街市。凡外人居住所在，以及酒楼、茶馆等公众出入场所，更宜严密巡视。

（癸）当野营时，陆军警察队应负左之任务：

一、野营地区之监视。

二、野营地区附近之道路、森林及其它建筑物等之监视。

三、野营地之军纪风纪。

第十八条　演习中之职务如左揭：

（甲）当演习时，陆军警察队应在战斗军队之后方，专司战线后之监视,及其它一切随观人员之行止。

(乙)警察队如发见有无故离去战线或队伍者,即令其速复原位。其有擅离演习地者,即命令或劝告其速复原位,并将其姓名、官队号等详记于册,并报告于该管官。

(丙)陆军警察队,如发见有投弃弹药及食料者,亦同前条办理。

(丁)警察队,如发见有形迹可疑之军民人等,即可讯问。

(戊)陆军警察队,如发见有负伤者,即宜告知卫生队员从速疗治。

(己)演习人员有不知演习地病院所在或弹药厂或军、镇、协司令处者,陆军警察队有指导之责。

(庚)随观人员,如有妨碍军队演习及乱进田亩损坏禾稼等事,陆军警察队得与该处巡警协同动作,指导彼等于适当之地点,勿令其有妨碍演习、损坏禾稼等事。

(辛)凡损坏禾稼,陆军警察队宜加意注意,分别民损、军损或为其它一般人民所损,详记于册,并报告于本管长官。

第十九条　演习后之职务如左揭:

(甲)演习既终,陆军警察队宜搜索演习地域有无遗失兵器、弹药、图书等物。

(乙)陆军警察队,如发见遗失物品时,依本则第十七条庚项所载办理。

第三章　报　　告

第二十条　报告分日报、总报、特报三种。日报,须将当日所发生之事件及其处理之方法,简明记载,于每晚十点钟前呈报警务处长。总报,自编入演习之日起,〈至〉演习队解散之日止,将所有日报各项汇齐列表，于解散后三日内呈交警务处长。凡遇重要事件须行特报者，除报告本管官长外，均须直接报告警务处长，特报得依时机以口述、笔记或电信、电话行之。

第二十一条　凡报告，应将该事件之发现日时、场所及其关系者之对号、等级、姓名，详细记入。

第二十二条　应行日报各事项，概列于左：

一、犯罪行为。凡违犯军事法规、章程及现行律所揭各罪，须行检查者。

二、违式行为。

（甲）关于礼节。子、不行敬礼者。丑、行礼不合定式者。寅、怠于礼节之交换者。

（乙）关于服装。子、不合奏定服装之式样者。丑、服装不照定章者。寅、紊乱服装者。

（丙）关于态度。子、酗酒蹒跚者。丑、在列外高声谈话及歌唱、争论者。寅、在多众群集处不慎威容者。卯、对于地方人民嬉笑或傲慢者。辰、姿势动作上有失军人之体面者。

（丁）其它之违式。子、落伍。丑、违背通行禁止者。寅、手持物品有伤军人之品位及身份者。卯、出入有碍军纪风纪诸处者。

三、损害状况。凡演习地域内一切田亩、禾稼之损害，须分别军损、民损及损坏之状况。

四、其它应报告之各事项。子、地方人民对于军队之倾向。丑、地方盗贼、火灾事件。寅、军队购买物品之当否。卯、地方人民对于军队之损害。辰、关于内外参观人员事项。巳、其它军民关系事件。

第二十三条 应行特报各事项,概列于左:

一、非常事项。

二、人马死亡事项。

三、关于军事机密事项。

四、关于军官犯罪事项。

五、关于内外参观员临时发生事项。

第二十四条 本规则所定于各镇、协自行演习时,亦适用之。

(《秋操陆军警察队服务规则》,《大公报》1911 年 10 月 4 日,第 2 张第 4 版;《秋操陆军警察队服务规则(续)》,《大公报》1911 年 10 月 5 日,第 2 张第 3—4 版;《秋操陆军警察队服务规则(续)》,《大公报》1911 年 10 月 6 日,第 2 张第 3—4 版;《秋操陆军警察队服务规则(续)》,《大公报》1911 年 10 月 7 日,第 2 张第 4 版)

(五)观操规则

《报界随观秋操规制》

一 本年秋季大操期内,各报界有愿随观者,准有京、津、汉、沪四处报界,公同各派遣主笔记者二人、照相者二人。

二 各报界所派人员,应于七月二十五日以前将姓名、年岁、籍贯、履历并本身相片一张,呈报军谘府,听候核夺。其允准随观与否,均在八月中旬以前呈明核候。

三 核准随观之报馆员,如欲更换,仍须于八月二十以前呈明候核。

四 报馆随观员经军谘府核夺后,务于八月二十五日齐集开平镇,至参观照料处报到，并制定记号挂于胸部，以为允许参观之证。

五　报馆随观员应一律着换短衣，其善骑马者，准其携带马匹，乘之随观。惟不得任意驰骤，以避危险。

六　报馆员宿舍、伙食及自带马匹所需食料等项，由参观照料处筹办。

七　报馆随观员所需地图、方略、训令、情报各项，由应接员发给。

八　每日会操前齐集之地段，均有应接员通知。当日会操毕后，准其向应接员询明作战经过之概要。

九　报馆随观员遇应接员通知检查之件，均应恪遵，不可故违。

十　报馆随观员在两军会战地区时，无论有无引导，不得妨碍军中之动作。

十一　报馆员或发电、发报或日报，均由接应员汇齐，待参观员照料处检定允许后，方准发送。倘有不合，即应更正。

十二　报馆员如有不遵规制、命令者，由参观照料处即行禁止随观。

（《永平秋操报馆人员随观规则》，《盛京时报》1911 年 9 月 14 日，第 2 版；又见《附报界随观秋操规制》，《民立报》1911 年 9 月 30 日，第 3 页）

《学生人民随观秋操规则》

本年八月在永平、滦州一带举行会操，凡各处学生、人民自应准其随观，俾增进军事之知识，以养成尚武之精神。惟在会操地段，若非格外检束，不免损害地方、妨碍军队。除饬陆军警察队协同巡警队，按照下列各条及临时所发训谕明白指导外，合先详细晓谕随观学生、人民等,务须听从陆军警察队及巡警队指示,严守规则,是为至要。

第一条 学生、人民不得填塞道路,妨害军队运动,尤不得纷拥路外,蹂躏耕地。

第二条 学生编列队伍,应在军队后面行走,不可过于接近,以免妨害。

第三条 学生、人民或行或止,不得当战斗线之前,以妨军队射击,并自招意外之险,亦不得当援队及预备队之前,以妨军队增加及前进等事,又不得当尖兵之前,以致彼军误认。

第四条 学生、人民于夜间不得在前哨线或露营地附近聚众露宿,以助敌军推测。

第五条 学生、人民服装有与军队相混者应更换,否则不准接近战线。

第六条 学生、人民均应静肃无哗,以免混淆口令。

第七条 学生、人民如遇陆军警察队及巡警队等指定停止或随行之位置时,即应遵照赴该位置为要。

第八条 总监,恭代大元帅统督两军操演之大员,凡随观者均应行礼致敬。

第九条 军用电线为军队交通紧要之物。若随观者偶因凭高望远,误使电线脱落致有践踏损坏之事,或诧为罕见,故意摇撼切断之时,贻误军队,必非浅鲜。一经查明,当分别情节酌令赔偿,其故意损坏或截断窃去者,查明严办不贷。

第十条 此外如有续定之条,届时仍行晓谕。

(《学生人民随观秋操规则》,《盛京时报》1911 年 9 月 30 日,第 2 版)

征引文献

一、档案、官书、史料汇编

北洋督练处:《野外勤务书》,1905 年活字本,北京大学图书馆藏。

陈克、岳宏主编:《新军旧影:清末新军照片文献资料选》,天津古籍出版社 2008 年版。

段祺瑞:《三十一年第三镇秋操战报丛录》,中国社会科学院近代史研究所图书馆藏。

《光绪三十一年秋季大操阅兵式教令》,1905 年铅印本,中国社会科学院近代史研究所图书馆藏。

《光绪三十二年大操阅兵处职员表》,1906 年石印本,北京大学图书馆藏。

《光绪三十二年秋季大操阅兵处细则》,1906 年抄本,国家图书馆藏。

国家图书馆:《清季钞电汇订》,全国图书馆文献缩微复制中心 2003 年版。

国家图书馆:《清陆军部档案资料汇编》第 1 册,全国图书馆文献缩微复制中心 2004 年版。

国家清史编纂委员会编,宋建昃、王雪迎点校,孙昉等整理:《晚清文献七种》,齐鲁书社 2014 年版。

甘厚慈辑:《北洋公牍类纂(二)》,沈云龙主编:《袁世凯史料汇刊》(7),文海出版社 1966 年版。

故宫博物院明清档案部编:《清末筹备立宪档案史料》上册,中华书局 1979 年版。

故宫博物院编:《钦定中枢政考三种》第 6 册,海南出版社 2000 年版。

何良栋辑:《皇朝经世文四编》,沈云龙主编:《近代中国史料丛刊》第 77 辑,文海出版社 1972 年版。

近畿陆军督练处编印:《光绪三十三年近畿陆军一六两镇涿州一带秋操纪略》,1907 年铅印本,北京大学图书馆藏。

昆冈等修:《钦定大清会典事例》卷 704,光绪重修本。

《练兵处光绪三十二年大操会议记事》,1906 年抄本,国家图书馆藏。

来新夏主编:《中国近代史资料丛刊·北洋军阀》(一),上海人民出版社 1988 年版。

林开明等编辑:《北洋军阀史料·徐世昌卷(四)》,天津古籍出版社1996年版。

刘锦藻撰:《清朝续文献通考》,商务印书馆1936年版。

梁启超辑:《西政丛书》第21册,上海书局1897年版。

清高宗敕撰:《清朝文献通考》第2册,商务印书馆1936年版。

《清实录·太宗文皇帝实录》,中华书局1985年版。

《清实录·德宗景皇帝实录》,中华书局1987年版。

《清实录·(附)宣统政纪》,中华书局1987年版。

日本亚洲历史资料中心藏:日本防卫省防卫研究所档案。

仁和琴川居士编:《皇清奏议》第10册,沈云龙主编:《近代中国史料丛刊三编》第99辑,文海出版社2006年版。

沈敦和编次,洪恩波参校:《自强军创制公言》,上海顺成书局1898年石印本。

沈敦和纂辑,洪恩波参订:《自强军西法类编》,上海顺成书局1898年石印本。

沈祖宪、吴闿生编纂:《容庵弟子记》,沈云龙主编:《袁世凯史料汇刊》(9),文海出版社1966年版。

上海商务印书馆编译所编纂:《大清新法令(1901—1911)》(点校本)第3卷,商务印书馆2011年版。

台北故宫博物院故宫文献编辑委员会编:《宫中档光绪朝奏折》第19辑,台北故宫博物院1974年版。

汤若望授,焦勖述:《火攻挈要》,中华书局1985年版。

魏源撰,陈华等点校注释:《海国图志》上册,岳麓书社1998年版。

王定安纂,王廷学校:《曾文正公水陆行军练兵志》,文海书局 1884 年刊本。

训练总监部编订:《军事讲话》,公孚印书局 1929 年版。

徐世昌撰:《东三省政略》,李毓澍主编:《中国边疆丛书》第 1 辑,文海出版社 1965 年版。

徐宗泽编:《明末清初灌输西学之伟人》,沈云龙主编:《近代中国史料丛刊》第 56 辑,文海出版社 1970 年版。

奕劻等撰:《奏定陆军营制饷章》,中国社会科学院近代史研究所图书馆藏。

载涛、毓朗鉴定:《宣统三年秋季大操教令》,1912 年铅印本,国家图书馆藏。

中央审判官内务日记员:《光绪三十二年彰德附近秋季大操》,1906 年刻本,国家图书馆藏。

中国社会科学院近代史研究所档案馆藏:《兵部全宗(26)》。

中国社会科学院近代史研究所中华民国史组编:《清末新军编练沿革》,中华书局 1978 年版。

中国社会科学院近代史研究所编,虞和平主编:《近代史所藏清代名人稿本抄本(第一辑):奕劻档》第 75 册,大象出版社 2011 年版。

中国社会科学院近代史研究所《近代史资料》编译室主编:《辛亥革命资料类编》,知识产权出版社 2013 年版。

中国社会科学院近代史研究所编,虞和平主编:《近代史所藏清代名人稿本抄本(第二辑):张之洞档案》第 90、104 册,大象出版社 2014 年版。

中国社会科学院近代史研究所《近代史资料》编辑部编:《近代史资料》总 122 号,中国社会科学出版社 2010 年版。

中国社会科学院近代史研究所《近代史资料》编辑部编:《近代史资料》总 130 号,中国社会科学出版社 2014 年版。

中国第一历史档案馆藏:《军机处录副奏折》。

中国第一历史档案馆编:《清代档案史料丛编》第 10 辑,中华书局 1984 年版。

中国第一历史档案馆:《北洋新军初期武备情形史料》,《历史档案》1989 年第 2 期。

中国第一历史档案馆编:《光绪朝朱批奏折·军务》第 35、53 辑,中华书局 1995 年版。

中国第一历史档案馆编:《光绪宣统两朝上谕档》,广西师范大学出版社 1996 年版。

中国史学会主编:《中国近代史资料丛刊·戊戌变法》,上海人民出版社 1957 年版。

中国史学会主编:《中国近代史资料丛刊·辛亥革命》,上海人民出版社 1957 年版。

中华书局编辑部、李书源整理:《筹办夷务始末》(同治朝),中华书局 2008 年版。

赵尔巽等撰:《清史稿》,中华书局 1976 年版。

章开沅、罗福惠、严昌洪主编:《辛亥革命史资料新编》第 4 卷,湖北人民出版社 2006 年版。

张侠、孙宝铭、陈长河编:《北洋陆军史料(1912—1916)》,天津人民出版社 1987 年版。

二、文集、日记、书信、笔记、回忆录

[澳]莫理循著,窦坤译:《一个澳大利亚人在中国》,福建教育出版社 2007 年版。

《北洋秋季大操日记》,1905 年抄本,北京大学图书馆藏。

段祺瑞:《阵中日记:光绪三十年十月常备军第三镇在任邱附近镇操》,中国社会科学院近代史研究所图书馆藏。

段祺瑞:《光绪三十二年陆军第三镇秋季演习统裁部阵中日记》,中国社会科学院近代史研究所图书馆藏。

丁士源著:《梅楞章京笔记》,中华书局 2007 年版。

[德]恩司诺著,[美]熊健、李国庆译:《清末商业及国情考察记》,国家图书馆出版社 2014 年版。

[德]李希霍芬著,[德]蒂森选编,李岩、王彦会译,华林甫、于景涛审校:《李希霍芬中国旅行日记》下册,商务印书馆 2016 年版。

[法]白晋著,马绪祥译:《康熙帝传》,中国社会科学院历史研究所清史研究室编:《清史资料》第 1 辑,中华书局 1980 年版。

冯自由著:《革命逸史》第 5 集,中华书局 1981 年版。

冯玉祥著:《冯玉祥自传(1):我的生活》,中国青年出版社 2015 年版。

顾颉刚著,顾洪编:《顾颉刚学术文化随笔》,中国青年出版社 1998 年版。

顾廷龙、戴逸主编:《李鸿章全集》,安徽教育出版社 2008 年版。

蒋雁行:《庚子十月日本军队秋季演习日记》,中国社会科学院近代史研究所图书馆藏。

梁廷枏撰,邵循正点校:《夷氛闻记》,中华书局 1959 年版。

骆宝善、刘路生主编:《袁世凯全集》,河南大学出版社 2013 年版。

王宝平主编:《晚清东游日记汇编(2):日本军事考察记》,上海古籍出版社 2004 年版。

吴虬撰:《北洋派之起源及其崩溃》,中华书局 2007 年版。

徐树铮撰:《参观宁镇湘鄂皖陆军禀报》,1911 年铅印本,北京大学图书馆藏。

徐世昌著,吴思鸥、孙宝铭整理:《徐世昌日记》(点校本)第 21 册,北京人民出版社 2013 年版。

姚锡光著,王凡、汪叔子整理:《姚锡光江鄂日记(外两种)》,中华书局 2010 年版。

赵德馨主编:《张之洞全集》,武汉出版社 2008 年版。

周家驹编:《周武壮公(盛传)遗书(附年谱)》,沈云龙主编:《近代中国史料丛刊》第 39 辑,文海出版社 1969 年版。

周馥撰:《醇亲王巡阅北洋海防日记》,李德龙、俞冰主编:《历代日记丛钞》第 118 册,学苑出版社 2006 年版。

曾国藩著,李瀚章编撰、李鸿章校勘:《曾文正公全集》,线装书局 2014 年版。

曾国藩著,贾泓杰、王诚伟整理:《曾国藩日记》中册,九州出版社 2014 年版。

曾国藩著,李瀚章编撰、李鸿章校勘:《曾文正公家书》上册,线装书局 2015 年版。

张集馨撰,杜春和、张秀清点校:《道咸宦海见闻录》,中华书局 1981 年版。

左宗棠撰,刘泱泱等校点:《左宗棠全集》,岳麓书社 2009 年版。

中国科学院历史研究所第三所工具书组整理:《锡良遗稿·奏稿》第 2 册,中华书局 1959 年版。

中国人民政治协商会议武汉市委员会文史资料研究委员会编:《武汉文史资料:张之洞遗事》第 1 辑(总第 23 辑),1986 年内部资料。

中国国家博物馆编,劳祖德整理:《郑孝胥日记》第 2 册,中华书局 1993 年版。

三、报刊

《北京新闻汇报》

《北洋官报》

《东方杂志》

《大公报》

《大同报(上海)》

《大陆报(上海)》

《吉林官报》

《江西官报》

《民立报》

《南洋兵事杂志》

《南洋官报》

《申报》

《盛京时报》

《四川官报》

《时事新报月刊》

《The Washington Post》

《武备杂志》

《万国公报》

《协和报》

《政艺通报》

《政治官报》

《政府公报》

四、著作

[澳]冯兆基(Edmund S. K. Fung)著,郭太风译:《军事近代化与中国革命》,上海人民出版社 1994 年版。

陈高华、钱海皓总主编:《中国军事制度史:军事组织体制编制卷》,大象出版社 1997 年版。

陈高华、钱海皓总主编:《中国军事制度史:军事教育训练制度卷》,大象出版社 1997 年版。

樊百川著:《清季的洋务新政》第 2 卷,上海书店出版社 2009 年版。

[法]佩雷菲特(Peyrefitte,A.)著,王国卿等译:《停滞的帝国:两个世界的撞击》,生活·读书·新知三联书店2013年版。

侯宜杰著:《袁世凯全传》,当代中国出版社1994年版。

济南市社会科学研究所编著:《济南简史》,齐鲁书社1986版。

姜克夫编著:《民国军事史》第1卷,重庆出版社2009年版。

罗尔纲著:《绿营兵志》,中华书局1984年版。

罗尔纲著:《湘军兵志》,中华书局1984年版。

罗尔纲著:《淮军志》,《晚清兵志》第1卷,中华书局1997年版。

罗尔纲著:《甲癸练兵志》,《晚清兵志》第3卷,中华书局1997年版。

刘凤翰著:《新建陆军(新军志第一篇)》,中研院近代史研究所:《中央研究院近代史研究所专刊》(20),精华印书馆1967年版。

李宗一著:《袁世凯传》,中华书局1980版。

李细珠著:《张之洞与清末新政研究》,上海书店出版社2003年版。

来新夏等著:《北洋军阀史》上册,南开大学出版社2001年版。

[美]拉尔夫·尔·鲍威尔(Ralph Lorin Powell)著,陈泽宪、陈霞飞译:《1895—1912年中国军事力量的兴起》,中国社会科学出版社1979年版。

茅海建著:《天朝的崩溃:鸦片战争再研究》,生活·读书·新知三联书店2005年版。

[苏]M. A. 加列耶夫著,王勤译:《诸兵种合成军队演习》,解放军出版社1987年版。

史全生主编:《中国近代军事教育史》,东南大学出版社1996年版。

尚小明著:《留日学生与清末新政》,江西教育出版社 2002 年版。

天津市政协秘书处编:《天津文史参考资料简辑之十二:北洋军阀集团的起源和形成》,1977 年内刊。

唐向荣:《辛亥滦州起义》,中国人民政治协商会议河北省滦县委员会编:《滦县文史资料》第 7 辑,1991 年内刊。

吴伯娅著:《康雍乾三帝与西学东渐》,宗教文化出版社 2002 年版。

王定安著,朱纯点校:《湘军记》,岳麓书社 1983 年版。

王兆春著:《中国火器史》,军事科学出版社 1991 年版。

王尔敏著:《淮军志》,广西师范大学出版社 2008 年版。

文公直著:《最近三十年中国军事史》上册,周蓓主编:《民国专题史丛书》,河南人民出版社 2016 年版。

萧一山编:《清代通史》(四),华东师范大学出版社 2006 年版。

佚名:《袁世凯全传》,沈云龙主编:《袁世凯史料汇刊》(17),文海出版社 1966 年版。

章开沅、林增平主编:《辛亥革命史》下册,东方出版中心 2010 年版。

赵润生、马亮宽著:《辛亥滦州兵谏与滦州起义》,天津人民出版社 2003 年版。

张华腾著:《北洋集团崛起研究(1895—1911)》,中华书局 2009 年版。

张英辰、王树林主编:《中国近代军事训练史》,军事科学出版社 2010 年版。

《中国军事史》编写组编著:《中国历代军事思想》,解放军出版社

2006 年版。

《中国军事史》编写组编著:《中国历代军事装备》,解放军出版社 2006 年版。

中共中央马克思恩格斯列宁斯大林著作编译局编译:《马克思恩格斯全集》第 16 卷,人民出版社 2007 年版。

五、论文

Asada Masafumi: *The China-Russia-Japan Military Balance in Manchuria, 1906—1918*, Modern Asian Studies 44: 6 (November 2010).

[德]Elisabeth Kaske(白莎):《晚清在华的德国军事教官概况》,北京大学历史学系编:《北大史学》第 13 辑,北京大学出版社 2008 年版。

杜春和:《张绍曾与"滦州兵谏"》,《近代史研究》1985 年第 3 期。

何瑜:《嘉庆皇帝与木兰秋狝》,戴逸主编:《清史研究与避暑山庄:中国承德清史国际学术研讨会论文集》,辽宁民族出版社 2005 年版。

李学通:《清末新军的一批珍贵图像史料》,《中华读书报》2011 年 2 月 2 日,第 18 版。

彭贺超:《1908 年太湖秋操考实》,《历史档案》2012 年第 4 期。

彭贺超:《北洋新军会操研究》,《中央研究院近代史研究所集刊》2013 年第 80 期。

彭贺超:《甲午战后新军军事对抗演习述论》,《军事历史研究》2013 年第 4 期。

彭贺超:《宣统三年的永平秋操》,《历史档案》2014 年第 2 期。

彭贺超:《清末新政伊始地方督抚编练新军研究》,《中央研究院近代史研究所集刊》2016 年第 91 期。

孙夕华、李德彪:《由“分粥规则”看军事制度创新》,《解放军报》2006 年 4 月 18 日,第 6 版。

《太湖历史——擦肩而过的“太湖秋操”》,《安徽文化网》2007 年 11 月 8 日,http://www.ahage.net/anqing/1197.html。

杨典锟:《近代中国における日本人军事顾问・教官并びに特务机关の研究(1898—1945)》,东京大学大学院人文社会系研究科博士论文,2008 年。

杨典锟:《日本陆军士官学校的中国留学生——以第一至第十一期毕业生为中心的分析》,《台大历史学报》2012 年第 49 期。

张华腾:《北洋军河间会操兵力考订》,《历史档案》1998 年第 4 期。

张华腾:《河间、彰德会操及其影响》,《近代史研究》1998 年第 6 期。

张华腾:《武昌起义后清廷组编新军三军考略》,《南开学报》2014 年第 1 期。

张小青:《明清之际西洋火炮的输入及其影响》,中国人民大学清史研究所编:《清史研究集》第 4 辑,四川人民出版社 1986 年版。

六、工具书

太湖县地名办公室编:《安徽省太湖县地名录》,1986 年内部资料。

夏征农主编,郑申侠编著:《大辞海·军事卷》,上海辞书出版社2007年版。

后　　记

新军会操，是清末新政史和中国近代军事史研究中的重要问题。在相关论著中，1905 年河间会操、1906 年彰德会操、1908 年太湖秋操及 1911 年永平秋操皆是被反复提及的对象，通常以个案的形式呈现。在既往叙述模式的影响下，人们印象中或言谈中的新军会操，即指新军四次会操。最初，我也不例外。

在陕西师范大学攻读硕士期间，我对晚清新军产生兴趣，拟以新军会操为毕业论文选题。当时，学界已有河间、彰德会操的专题论文，珠玉在前，压力不小；而太湖、永平秋操，则因史料匮乏，长期未见像样的专题研究。在搜集史料之初，我本计划前往北京各档案馆、图书馆，限于经费未能成行，只好利用本校图书馆的有限资源。图书馆藏有晚清民国报刊，考虑到新军会操为清末练兵一大盛举，应是当时报界的焦点话题，我决定由此入手。幸运的是，我埋头翻阅了《申报》、《盛京时报》、

《民立报》、《东方杂志》后,史料搜集工作终于柳暗花明,迎来转机。在旧报刊中,我不仅搜集到前人较少注意的新军四次会操的教令、电文、时评等史料,而且查到各省新军每年秋季会操的报道。如果说发现前一类史料是在情理之中,那么后一类史料则纯属意料之外。这确实令人兴奋!结合其他史料,我开始意识到,新军会操绝不等同于新军四次会操,那种简单划等号的做法不过是人为简化了中国近代军演的复杂性。几经思考,我认为仅围绕新军会操进行个案研究是远远不够的,将其放到中国近代军事转型进程中去考察,或更有利于今人认识其本来面目。最终,我从中国近代军演发展史的角度切入,以晚清新军从西方引入近代军演并对之发展、完善的过程为主线,完成了毕业论文。硕士毕业之际,该文被评为陕西师范大学2012年度研究生优秀学位论文,这为我后来继续研究相关问题带来了极大的鼓舞。

硕士毕业后,我考入中国社会科学院研究生院近代史系攻读博士,博士毕业后又申请进入北京大学历史学系博士后流动站,从事博士后研究工作。在北京的五年间,我对新军会操的兴趣丝毫未减,也未停止对硕士毕业论文的修改。值得一提的是,我在中国第一历史档案馆、中国社会科学院近代史研究所图书馆和档案馆、北京大学图书馆及国家图书馆搜集到数量可观的新史料,算是弥补了此前未能入京查阅资料的遗憾。通过"亚洲历史资料中心"(https://www.jacar.go.jp/),我还搜集到日本防卫省防卫研究所档案中日本人观摩河间、彰德会操的图文资料,尤以两次会操的战斗序列图、演习地图最为罕见。在酝酿出版之时,我深知硕士毕业论文在结构、内容、史料方面存在很多不足,故在原思路基础上调整文章结构、增补新见史料,几乎重写了全文。同时，鉴于新军四次会操史料散乱难觅，我整理了部分稀见史料并附录于文末，以便读者参考。

本书从选题、撰写、修改到出版，历经我的硕士、博士、博士后三个阶段。陕西师范大学历史文化学院的张华腾教授、中国社会科学院近代史研究所的崔志海研究员、北京大学历史学系的尚小明教授依次作为硕士导师、博士导师、博士后合作导师，在不同时期给予我指导和启发。张老师指导我完成了硕士毕业论文，并为我提供了参加国家社科基金项目“清末新军研究”的机会，使得毕业论文的部分内容在结项成果中有所体现。崔老师同意我以清末十年的军事改革为博士论文选题，我由此对晚清政治、军事问题有了更为全面、深刻的认识，重新去审视硕士论文中的遗留问题。博士毕业之际，承蒙尚老师厚爱，我得以在燕园度过来之不易的两年时光，继续思考相关问题，修改书稿。尚老师曾数次批阅书稿提纲，从多种角度提供了令我受益的修改意见。三位导师对我的教诲和帮助远不止此，略谈如上，敬致谢意。

本书申请出版阶段几经波折，我在此应做些说明。书稿于 2016 年夏季参加了季我努学社、赞赏联合主办的中国近代史青年学者出版资助计划，经过青年学者、专家委员会的两轮评审，有幸入选青年文库。是年 12 月我将修改稿率先提交主办方后，一直没有下文。后来始知，青年文库的资助形式发生变化，从赞赏众筹的方式变为申报国家社科基金后期资助的方式。然而，根据相关规定，我承担的国家社科基金青年项目“督练公所与清末军事改革研究”尚未结项，是无法再申报后期资助的，加上出版时间遥遥无期，不得不中途退出，另谋他法。其后，围绕书稿出版又生出一些纷扰，无奈搁置下来。幸蒙中华书局的张荣国先生不弃,促成选题立项,并担任本书的责任编辑。暨南大学历史系的刘增合教授获知个中缘由,施以援手;人事处的王兵处长、熊强老师在科研启动经费方面予以方便,解我燃眉之急。若无诸位先生的大力支持,本书恐难付梓成册,在此深表感谢。虽然本书遗憾退出前述出版资助计划,但我仍须向该计划的发起人范国平社长,以及认真评阅书稿的专家学者们表示感谢。

此外,还有多位师友从不同方面为我提供了直接或间接的帮助,在此一并致谢。他们是:北京大学历史学系的王奇生教授,中国社会科学院近代史研究所的李细珠、马忠文、李学通、顾建娣、马晓娟等研究员,陕西师范大学历史文化学院的王玉华、杜海斌、曹学恩等教授,安阳师范学院的丁健副教授,中国社会科学院研究生院的廖文辉博士、刘学谦博士、郭循春博士,北京大学的韩策博士,武汉大学的陶祺谌博士,中央民族大学的吕学良博士,北京师范大学的傅正博士。

最后,感谢父母、哥嫂的成全,他们在清贫的生活状态下竭力供我完成学业。感谢女友何秋一路相伴,从西安北上入京、南下广州,陪我走过从撰写初稿到修改成书的全过程。

2017 年 4 月写于北京大学畅春园博士后公寓

8 月改于暨南大学第一文科楼